앨리슨 모건은 놀라운 사람이다. 깊은 신앙심의 소유자인 그녀는 그리스도인 교사이자 복음 전도자로서 현장 경험을 십분 되살려 예수 그리스도의 제자가 된다는 것이 어떤 의미이며, 교회를 주님과 더 깊은 관계로 나아가도록 서로 돕는 공동체로 만들어간다는 것이 어떤 의미인지 새롭게 생각해보도록 도전한다. "어떻게 해야 오늘 그리스도를 믿는 나의 믿음을 현실에서 구현할 수 있는가?"라는 문제를 고민하도록 도전하는 이 책은 마치 지혜서나 예언서를 읽는 듯한 착각에 빠지게 한다.

존 센타무(John Sentnamu) 박사, 전 요크 대주교

하나님은 이미 앨리슨 모건의 영감이 넘치는 글을 사용하셔서 수많은 사람의 삶을 만져주셨다. 이번에 새롭게 선보이는 이 놀라운 책은 오늘날 교회에 중대한 과제로 떠오른 제자도 문제를 다룬다. 예수님의 제자가 된다는 것이 무슨 의미인지 번뜩이는 통찰력으로 호소력 있게 설명하고 있으며, 함께하는 제자로서 오직 교회만이 개인뿐 아니라 그리스도 안의 모든 피조물을 변화시키는 하나님의 놀라운 사명을 효과적으로 감당할 수 있다고 정확하게 주장한다.

존 잉게(John Inge), 우스터 주교

앨리슨 모건은 오늘날 선교의 핵심에 자리하고 있는 문제들의 맥을 다시 한번 정확히 짚어준다. 저자의 이 시도 덕분에 우리가 제자를 양성하려고 노력할 때 이 도전에 대해 중요한 반응 하나를 추가하게 되었다.

데이비드 픽컨(David Picken), 뉴아크 부주교이자
파이어 미션(Fire Mission) 네트워크 의장

앨리슨 모건은 성경에 대한 깊은 사랑과 지식을 기반으로 예수 그리스도의 제자가 되고 교회의 일원으로 산다는 흥미진진한 과업을 탐험한다. 실제 경험담에서 나온 훌륭한 예시도 적절히 곁들인다. 많은 사람이 이 책을 읽고 그 지혜에서 혜택을 누리기를 바라마지 않는다.

앨런 스미스(Alan Smith), 세인트 알반스 주교

제자도는 기독교 신학과 기독교적 실제에 절대적으로 중요한 부분이다. 앨리슨 모건은 뛰어난 기독교 작가 중 한 사람이다. 그녀는 이 훌륭한 책에서 성경적이고 교리적인 전문 지식으로 제자도를 살펴보되 교회를 사랑하는 일념으로 하나님이 사랑하시는 세상을 진정으로 변화시키는 데 집중한다. 단테, 셰익스피어를 비롯해 기독교 영성을 대표하는 위대한 작가들에 대한 풍부한 지식을 유감없이 활용한다. 그러나 그녀에게 진정한 영감의 원천은 아프리카, 영국, 그 외 세계 각지의 교회에서 직접 목도한 하나님의 역사다. 그녀의 작품에는 시적이고 창조적인 재능이 곳곳에서 빛나고 있다. 그리스도 안에서 성장하기를 원하며 또한 영적으로나 양적으로 그리스도의 성숙한 제자로서 교회 공동체가 함께 성장하기를 바라는 모든 이에게 이 책의 일독을 권한다.

폴 베이즈(Paul Bayes), 리버풀 주교

예수님의 제자가 된다는 것이 무슨 의미인지 우리 시야를 넓혀주는 책이다. 읽기 편하게 쓰인 글이지만, 흥미진진하며 매우 도전적이다. 하나님의 생명을 더 깊이 체험하고 하나님의 선교에 더 적극적으로 참여하도록 우리를 부른다. 이 책은 공동체에서 제자도를 재발견하라는 요청이다. 이런 제자도는 희생을 마다하지 않는다. 세상을 변화시키며 나아가 큰 성취감을 보상으로 받는다. 삶에서 실제로 벌어진 이야기로 가득한 이 책은 하나님의 위대한 이야기에 우리 자신을 의탁하며, 그렇게 해서 풍성한 생명을 발견하도록 우리를 부른다.

마틴 브레이텐바흐(Martin Breytenbach), 남아프리카 공화국의 성 마가 교구 주교이자 교회 성장(Growing the Church) 의장

예수님은 '나를 따르라'고 우리를 부르시면서 또한 우리를 '가라'고 부르신다. 예수님께 배우는 제자는 또한 예수님이 보내신 사도이기도 하다. 교회는 따르고, 가며, 예수님께 배우고, 보내심을 받는 사람들의 공동체다. 이 시의적절한 책이 이 모든 내용을 이해하도록 도와줄 것이다.

스테판 코트렐(Stephen Cottrell), 첼름스퍼드 주교

앨리슨 모건은 그리스도인이라 함은 오직 예수님의 제자로 사는 것이라고 이구동성으로 외치는 수많은 최신 주장을 하나로 통합하는 작업으로 교회에 지대한 공헌을 했다. 그러나 저자는 이 표현을 개인주의적이고 개념적인 의미로만 연결하지 않는다. 실제로 이런 변화가 어떻게 일어나고 있는지 추적하며 제자란 '공동체를 이룬 예수님의 도제들'이라는 의미임을 강조한다. 예수님을 더욱 닮아가고자 열정적으로 추구하는 개인을 부각하는 동시에 그런 개인이 모인 복수의 제자가 교회임을 논리적으로 강조하고 적용하여 아름답게 균형을 유지한다. 이 두 측면을 동시에 강조하는 주장의 근거를 제시하고자 삶이 변화된 사람들의 사례와 공동체로 동참해야 할 과제들을 소개한다. 이것이 읽기와 사고하기와 생활의 표준이 되어야 한다.

조지 링스(George Lings), 처치 아미(Church Army) 연구관

앨리슨 모건은 지혜와 영감이 동시에 돋보이는 글을 쓰는 좀처럼 보기 드문 작가다. 이 아름다운 책은 이야기와 도전과 희망으로 가득하다. 앨리슨의 책은 추천하고 또 추천하고 싶다.

마크 러셀(Mark Russell), 처치 아미 최고 책임자

핵심 문제에 집중한 놀라운 글이다. 현장에서 왕성하게 활동 중인 활동가의 창의적이고 신선하며 영감 넘치는 글이다.

캐넌 로저 심슨(Canon Roger Simpson),
대주교의 북부 지방 전도 책임자

이 책은 온 교회에 꼭 필요한 시의적절한 자료다. 이야기가 풍성하고 실제적인 지혜와 깊이 사색할 자료로 가득하다.

스티븐 크로프트(Steven Croft), 셰필드 주교

앨리슨 모건이 이 시대의 가장 중요한 도전인 제자도에 대한 탁월한 책을 선보였다. 교회 지도자들은 반드시 읽어야 한다. 하지만 신앙에 대해 신중하게 고민하는 그리스도인이라면 이 책의 내용대로 실천할 의사가 없을 경우 차라리 읽지 말기를 바란다. 이 책대로 살아보고 하나님이 우리 인생과 교회와 공동체를 어떻게 변화시켜주시는지 확인해보라.

그레이엄 크레이(Graham Cray),
'새로운 표현 운동'(Fresh Expressions)의 전 리더

참으로 유익한 책이다! 저자는 모든 그리스도인의 핵심 소명이 그리스도의 제자가 되는 것임을 명확히 드러낸다. 또한 우리 삶의 여러 현실 속에서 이것이 무슨 의미인지 끈질기게 탐구한다. 놀라운 여러 증언으로 벅찬 감동을 선사하고, 명확한 교훈으로 가르쳐주며, 제자도에 대한 일관된 틀 안에서 설명해주고, 굳건한 리얼리즘으로 격려를 아끼지 않는다. 광범위한 경험에서 우러나온 아름다운 묘사로 그리스도께 온전히 내어드린 삶의 자유로움과 은총으로 우리를 새롭게 초대한다. 나는 우리 학교 학생들에게 이 책을 적극 추천할 것이다.

마크 태너(Mark Tanner), 더럼대학교 크랜머홀 학장

앨리슨 모건은 "제자도는 공동체에서 실행하는 일종의 도제 훈련이다"라는 점을 매우 분명하게 강조한다. 제자 훈련은 우리의 소명이자 특권이다. 성경 본문의 적극적인 인용, 시의적절하고 실제적인 예시의 활용과 나눔을 위한 질문을 할애해(그리고 예수님을 따르는 내재적 대가에도 절대 타협하지 않고) 앨리슨은 의도적이고 매력적이며, 사람들을 따뜻이 환대하고 그리스도를 닮은 믿음의 공동체가 될 수 있는 방법을 알려준다(우리의 '전통'이 무엇이든 상관없이). 모름지기 하나님의 백성이라면 꼭 읽어야 할 책이다.

스튜어트 로빈슨(Stuart Robinson), 호주 캔버라와 골번의 주교이자
『선교형 교회의 시작』(Starting Mission-Shaped Churches)의 저자

제자도가 무엇인지에 대해 새롭고도 신선한 이야기를 들려주는 동시에 많은 유익한 교훈과 성찰과 생생한 증언을 곁들이고 있다.

필 포터(Phil Potter), 영국 성공회 대주교 선교 자문관이자
'새로운 표현 운동'의 팀 리더

근래 들어 매일 삶의 현장에서 믿음대로 살아가는 그리스도의 제자 만들기가 모든 교회의 우선순위가 되어야 한다는 합의가 점점 더 힘을 얻고 있다. 앨리슨 모건은 사람을 변화시키는 실제적인 제자도를 재발견해야 할 긴급한 필요성을 열정적으로 피력하며 예수님이 제자들을 어떻게 가르치셨고 초대 교회들이 '공동체를 통한 도제 훈련'을 어떻게 제공했는지 공부하도록 우리를 신약으로 이끌어간다. 앨리슨은 아프리카에서 '예수 안에 뿌리내린 삶'(Rooted in Jesus) 제자 훈련 프로그램의 책임자로서 자신의 경험을 십분 활용하며, 다양한 배경에서 나온 고무적인 이야기와 사례들을 통해 자신의 주장을 예증한다. 목회자와 지도자, 각종 교회 훈련 과정과 프로그램을 계획하는 이들에게 이 책은 오늘날 어떻게 제자를 삼을 것인지에 대한 시의적절하면서 도전적이고 실제적인 탐험을 소개한다.

폴 무어(Paul Moore), 윈체스터 교구의 미션 개발 담당 부주교이자 「엉망인
교회에서 제자 삼기」(Making Disciples in Messy Church)의 저자

앨리슨 모건은 이 책을 통해 뛰어난 지성과 깊은 영성과 신앙생활에 대한 실제적 지식을 하나로 통합하여 보여준다. 현대인이 처한 영적 노숙자 상태를 해결할 수 있는 진정한 해답을 기쁨으로 추는 춤으로 제시하는 데서 알 수 있듯이 하나님 안에서 사는 삶의 풍성한 비전을 보여준다.

피터 포스터(Peter Foster), 체스터 주교

제자 양성이 오늘날 교회가 맞닥뜨린 가장 큰 도전이라는 이야기가 점점 더 많이 들려온다. 이 책은 이런 중요한 주제에 대해 이해하기 쉽고 적용이 용이하며 실제적인 자료가 절실한 시점에서 시의적절하게 출간되었다. 앨리슨 모건은 매우 유익한 나눔을 위한 질문을 비롯해 제자도와 관련한 주제를 장별로 다룬다. 나는 특별히 이 책의 3장에서 큰 도전을 받았다. 제자도란 교회의 행위에 관한 것이 아니라 교회의 존재됨에 관한 것임을, 즉 제자들의 공동체가 교회라는 사실을 더 분명히 이해하게 되었다. 적극 추천한다.

찰스 화이트헤드(Charles Whitehead), 국제 가톨릭 대변인이자 저자이며,
에큐메니컬 세계복음화 국제협의회 회장

예수를 따르다

Following Jesus
ⓒ 2015 by Alison Jean Morgan
Originally published in English under the title *Following Jesus*, by ReSource,
13 Saddler Street, Wells, Somerset BA5 2RR, United Kingdom.
All rights reserved.

This Korean translation edition ⓒ 2023 by Timothy Publishing House, Inc.,
Seoul, Republic of Korea
Translated and used by permission of Alison Jean Morgan.

이 한국어판의 저작권은 Alison Morgan과 독점 계약한 (주)도서출판 디모데에 있습니다. 신 저작권법에 따라 한국 내에서 보호받는 저작물이므로 무단 전재와 무단 복제를 금합니다.

예수를 따르다

1쇄 발행 2023년 6월 20일

지은이 앨리슨 모건
옮긴이 김진선
펴낸이 고종율

펴낸곳 주)도서출판 디모데〈파이디온선교회 출판 사역 기관〉
등록 2005년 6월 16일 제 319-2005-24호
주소 서울특별시 서초구 서초대로 141-25(방배동, 세일빌딩)
전화 마케팅실 070) 4018-4141
팩스 마케팅실 02) 6919-2381
홈페이지 www.timothybook.com

ISBN 978-89-388-1697-9(03230)
ⓒ 2023 도서출판 디모데 All rights reserved. 〈Printed in Korea〉

교회, ─────
제자의 복수형

예수를
따르다

앨리슨 모건 지음
김진선 옮김

마틴에게 이 책을 바칩니다.

추천의 글 _15

들어가는 글 _19

1장. 예수님의 부르심을 받다 _27

2장. 제자란 무엇인가? _65

3장. 오늘 예수를 따르기 _107

4장. 현장에서 배우다 _145

5장. 제자의 복수형이 교회다 _177

6장. 목적이 있는 공동체 _227

7장. 네 십자가를 지라 _281

8장. 하나님의 이야기 안에서 살기 _319

9장. 함께 여행하기 _359

부록 1. 나눔을 위한 질문 _392

부록 2. 묵상을 위한 질문 _398

추천의 글

오늘날 그리스도인이 직면한 가장 큰 도전인 '제자도'를 둘러싸고 서로 간에 합의가 이루어지고 있는 것 같다. 그리고 앨리슨 모건은 그녀가 쓴 다른 책과 마찬가지로 핵심 주제를 규명하는 데서 나아가 그 의미에 대해 선명하고 실제적인 통찰을 제공해준다. 나는 그녀의 글을 정말 좋아한다. 실제적인 학식에 깊은 성찰을 거친 통찰과 매우 시의적절한 예화를 균형감 있게 제시하는 그녀이기에 전작과 마찬가지로 이 책 역시 지성으로나 영성으로나 매우 큰 도전을 받았고, 동시에 부담스럽지 않게 쉽게 읽을 수 있었다.

이 책이 반복해서 강조하는 주제는 '공동체'다. 앨리슨은 폭넓고 다양한 경험을 통해 제자도는 우리가 함께 배우고 발전시켜나가야 한다는 것을 발견했다. 아주 일부이지만 내가 공유할 특권을 누릴 수 있었던 그녀의 여정 중 상당 부분은 아프리카에서 성공리에 진행된 제자 훈련 프로그램인 '예수 안에 뿌리내린 삶'(Rooted in Jesus) 과정을 진척시키는 것이었다. 안일함에 젖어 있고 따분하며 개인주의적인 오늘날 그리스도인들에게 아프리카 문화가 던지는 도전은 케냐와 탄자니아와 같은 국가에서 실행 중인 제자도에서 벌어지고 있는 구체적인 사례들로 더욱 강력하게 다가온다. 이런 사례 중 일부는 '기사와 이적'에 관한 내용이며 보는 것뿐 아니라 듣는 것의 중요성과 관련이 있다. 그러나 그 중 대부분은 사람들이 서로와 더불어 그리고 서로에게서 배우는 것에 집중된다. 제자도의 성장은 예수님뿐 아니라 다른 제자들에게 헌신하는 것을 포함한다. 이런 이유로 저자는 제자도를 '공동체에서 이행하는 일종의 도제 훈련'이라고 규정한다.

나는 철저히 성경적 근거를 토대로 신학적으로 사유하는 저자의 방식이 좋다. 그녀는 특별히 강조하는 핵심을 사복음서에서 도출하며, 경험으로뿐 아니라 성경으로 어떻게 '제자 삼기가 단순히 사람들을 믿음으로 이끄는 것을 훨씬 넘어서는 일인지' 보여 준다. 이 책은 단순히 기독교 신앙에 대해 가르치는 내용이 아니다. 기독교 신앙을 삶으로 살아내고 나눌 것을 강조한다. 관찰자가 되기보다 실천가가 되는 데 중점을 둔다. 다시 말해서 다른 그리스도인들에게 책임을 지는 동시에 성경을 깊이 연구하고 묵상한다는 뜻이다. 각 장 말미에 많은 도움이 되는 '나눔을 위한 질문'이 그룹 구성원들의 경험뿐 아니라 성경 구절을 집중적으로 소개하는 이유가 여기에 있다.

나아가, 오늘날 예수님을 따른다는 것이 실제로 무엇을 요구하는지 살펴볼 때 저자는 다루기 난해한 문제들을 무시하거나 회피하려고 하지 않는다. 가령, 그녀는 '잃어버린 바 되다'라는 의미를 잘못된 방향으로 가는 것이라고 해석한다. 또한 자신을 그리스도인이라고 자처하는 3천 3백만 명에 이르는 영국 사람 중 오직 소수만이 실제로 교회에 출석하거나 예수님과 살아 있는 관계를 맺고 있다고 망설임 없이 인정한다. 진심으로 예수님을 닮고자 노력하는 이들에 대해서는 그동안 저지른 실수와 감내한 희생들 그리고 당한 고통을 솔직하게 인정한다.

이렇게 솔직하게 인정함으로 그녀는 "교회가 제자 삼기에 관심이 없다면 교회가 아니다"라는 불가피한 결론에 도달한다. 저자가 지적하듯이 교회의 건강은 제자도의 깊이가 결정한다. 그리고 이 나라의 많은 교회에 이 문제는 만만치 않은 거대한 과제다. 우리 삶의 방식과 함께 예배하는 방식과 서로는 물론이고 다른 공동체들과 교류하는 방식에 광범위한 영향을 미친다. 또한 이것은 이 과제를 성공하기 위해 메시지를 지나치게 단순화해서는 안 된다는 것을 시사한다. 저자는 자신의 신앙 여정에서 "힘든 길을 외면하고 쉬운 길로 가려고 해서는 교회가 성장하지는 않는다"라는 사실을 분명하게 확인했다. 또한 이런저런 소모임이 없이는 제자도의 성장이 일어나기 어렵다는 사실도 확인했다.

이 책은 저자의 말을 빌리자면 "우리 문화의 숨어 있는 목소리들을 평가하고 우리가 생활 방식의 근거로 삼는 전제들의 타당성을 평가하도록 돕는" 이야기와 통찰로 가득하다. 이 책은 예수님의 이야기로 들어가라는 초청을 받아들이라고 권한다. 단순히 우리의 이야기로 그분을 초청하는 것이 아니라 주님의 이야기로 들어가야 하는 것이다. 그리고 그것이 우리가 가진 참된 정체성의 비밀이다. 기독교의 제자도에 대해 사람들이 흥미를 느낄 무엇인가를 찾고 있다면 바로 여기 있다. '성장하는 제자들'이라는 비전을 추구하는 모든 목회자에게 이 책을 한 부씩 보내려고 하는 이유가 이 때문이다. 이렇게 중요한 주제에 대해 이토록 유익한 책을 선보인 앨리슨 모건에게 다시 한번 감사의 마음을 보낸다.

제임스 뉴컴(James Newcome),
칼라일 주교

들어가는 글

제자의 복수형은 교회다

    지난 4월에 나는 딸 케이티와 함께 베네치아에서 며칠을 보냈다. 오래전 학생 신분으로 오빠와 베네치아를 방문한 적이 있었는데, 그 당시 우리는 황량한 1월의 차갑고 투명한 공기를 온몸으로 맞으며 아치형 다리들과 화려한 모자이크 작품들을 구경하고 다녔다. 이제 케이티가 이 도시를 만날 차례가 되었다. 케이티는 베네치아를 둘러볼 계획을 짰고, 나는 다른 방식으로 베네치아를 경험했다. 단순한 여행이 아니라 잔잔하게 영혼으로 스며드는 것을 경험한 여행이었다. 하루는 미로처럼 복잡한 고요한 운하를 따라 걷고 있었다. 들리는 소리라고는 맑은 청록색 파도가 오랜 세월을 견딘 층계에 찰싹거리며 부딪히는 소리뿐이었다. 우리는 미로 같은 곳을 빠져나와 마돈나 델오르토 교구 교회 앞에 다다랐다. 30년 전에 오빠와 내가 머물렀던 곳임을 즉각 알아보았다. 모든 곳이 문을 닫는 바람에 주세페 목사님의 뜻하지 않은 환대를 받은 곳이었다. 앉아 휴식하기 좋은 곳이었지만, 교회는 어두웠고 그림들은 너무 대형이었다. 그 당시 오빠와 나는 중세 모자이크 작품의 우아한 아름다움을 보지 못하고 놓치고 말았다.

    그러나 케이티는 그 작품들을 꼭 보고 싶어 했다. 그래서 우리는 본격적인 관람을 시작했다. 입구 안내 데스크 위에 '베네치아 시민과 성직자는 무료'라는 안내문이 붙어 있었다. 예기치 못한 보너스였다. 나는 안내인에게 영국 성공회 소속 목사라고 정중하게 말했다. 그녀는 미소를 지으며 무료 대상에 해당한다고 확인해주었다. 입장객은 우리밖에 없었고 다시 한번 교구를 둘러 교회 안으로 친절한 안내를 받으며 들어갔다. 그늘진 성당 안을 걸으며 우리는 그곳이 16세기 화가 틴토레토가 출석하던 교회임을 알게 되었다. 그는 거의 30년에 걸쳐 그곳을 직접 장식했다. 우리는 교회의 오른쪽 벽에 높이 자리한 〈성모의 봉헌〉부터 관람하기 시작했다. 마리아는 경사가 급한 계단 맨 위쪽에서 하늘을 배경으로 실루엣을 드러내며 서 있고, 사제는 그녀를 압도할 듯이 내려다보고 있었다. 사람들은 딸을 사제에게 데려가려고 분주한 어머니들을 구경하고 있거나 자기 차례를 기다리며 조바심이 나는 듯 앉아 있었다. 마리아와 사제만 제외하고 모두가 부산하다. 이렇게 모두가 동적이고 움직임이 활발한 가운데 두 사람만 아무 움직임 없이 서 있다. 홀린 듯 그림을 감상하고 있는 케이티를 남겨두고 나는 성상 안치소의 양쪽 벽을 가득히 메우고 있는 거대한 벽화를 구경하러 발걸음을 옮겼다. 오른쪽에는 〈최후의 심판〉 벽화가 있었고, 왼쪽에는 모세가 십계명 돌판을 받는 그림이 있었다. 동일한 힘과 동일하게 격렬한 운동감을 고스란히 느낄 수 있었다. 〈최후의 만찬〉은 과장된 자세를 취하고 있는 혼란에 빠진 인간 군상을 묘사하며 온갖 자세와 온갖 과장된 감정을 생생하게 전달해주었다. 안내 책자의 설명을 보면 틴토레토는 놀라울 정도로 역동적인 예술성 때문에 '일 푸리오소'(il furioso, 분노한)로도 알려졌다. 그러던 중 이 모든 그림이 중세의 관조적

투명성과 정적인 아름다움이 결여되어 있지만, 벽화에서 꿈틀대는 그 강렬한 에너지 덕분에 우리 신앙을 길들인 상태로 매어두고 그럴싸한 포장으로 치장하는 게 실제로 불가능하다는 생각이 들었다. 우리의 관심을 요구하는 무엇인가가, 생동하는 강렬한 무엇인가가 우리를 격발하고 있는 것이 분명했다. 산토 스테파노 미술관에서도 마찬가지였다. 이곳에서는 틴토레토의 〈최후의 만찬〉이 온 벽면을 차지한 채 마치 바로 옆에 앉아 있는 것처럼 혹은 다음 와인 잔을 건네고 있는 것처럼 우리를 빨아들이는 것 같았다. '생동감 넘치는' 안내 책자의 표현은 그랬다.

마지막 날에 우리는 작은 숙소에서 운하 건너편에 있는 산 세바스티아노 성당으로 갔다. 사제들이 예배 전에 의복을 갈아입는 곳인 제의실을 먼저 들렀다. 이곳 역시 너무 어두웠고, 벽을 촘촘히 채운 일련의 그림은 나무 패널로 테두리가 되어 있었다. 모든 직업 예술가가 힘을 모아 이룬 결과로 구약과 신약의 중요 장면을 총망라하고 있었다. 예수님의 세례, 제물이 된 이삭, 예수님의 탄생, 홍해 도하, 야곱의 사다리 환상, 겟세마네 동산에서 기도하시는 예수님, 뱀 재앙, 부활이 그것이다.[1] 교회 뒤편에는 동일하게 왕성한 활동을 한 틴토레토와 동시대인인 베로네세가 천장에 에스더의 여러 장면을 그려놓은 벽화가 있었다. 단순히 사람들이 감탄해서 목을 빼고 감상하는 용도의 그림은 아니었다. 그는 회반죽의 큰 돔에 몸을 내밀고 우리를 내려다보는 성경 인물들을

---

[1] 이 그림들은 처음에는 아마 서로 두 개씩 짝을 이루어 표현하고자 했던 것 같다. 구약의 한 장면 옆에 그것이 예표하는 신약의 장면을 나란히 배치함으로 인간 역사에서 하나님의 일관된 구원사적 개입을 보여주려는 목적이었던 듯했다. 그러나 그 순서가 바뀌었고 정확한 의도가 무엇인지는 확인할 수 없다.

그려 넣었다. 그중 한 인물인 모르드개는 거의 끝부분에서 위험하게 머리를 쳐든 채 말을 타고 있었다.

이 모든 그림은 같은 질문을 던지고 있는 것 같았다. "넌 어때? 이 거대한 인생 이야기에서 네가 맡은 부분은 무엇이니? 너를 지으신 하나님이 주시는 힘을 모조리 쏟아부을 정도로 그 역할을 제대로 감당하고 있니? 이런 벽화들과 천장화에서 뿜어져 나오는 힘에서 느껴지듯이 온 힘을 다해 그 역할을 잘 감당하고 있니?" 모르드개와 그의 말을 피하려고 몸을 숙이려던 찰나 나는 로완 윌리엄스(Rowan Williams) 대주교에게서 들었던 말이 생각났다. 교회는 이제 고인이 되어 애도의 대상이 된 유명한 나사렛 예수를 기리는 추모 모임이 아니라는 것이다. 교회는 어떤 것에 관한 것이다. 교회는 현재와 관련이 있고, 너와 나와 하나님에게 집중하며, 생명과 그 생명대로 사는 방법에 관심을 기울인다. 이 베네치아의 교회들은 현실에서 도망할 도피처로 지어진 것이 아니라 하나님을 현실의 한가운데로 투사할 역할을 하도록 지어졌다. 한 교회는 무서운 역병이 휩쓸고 지나간 직후에 건축되었다. 또 다른 교회는 천장이 배의 용골 모양으로 만들어져 이 도시가 해상 무역이 흥했음을 보여주었다. 또 다른 교회는 여전히 오늘날에도 나그네들을 대접하고 생명을 보듬어주는 친절을 선사하고 있었다. 이 중 어느 교회라도 들어가 보면 그들이 전하는 메시지를 들을 수밖에 없다. 너희는 너희가 상상할 수 있는 것보다 훨씬 더 큰 세계, 아주 오랫동안 이어져 온 세계의 일부라는 것이다. 이 교회들 안에 있으면 역사가 벽에서 튀어나와 우리 품에 안기는 것 같다.

내가 하나님과 처음으로 생생하게 조우한 때는 베네치아를 처음 방문하고 3년이 지나서였다. 그 이후로 나는 그리스도인이 된다는 것이 무슨 의미인지, 특별히 예수님을 따르는 것이 무슨 의미이고 그분의 제자가 된다는 것이 무슨 의미인지 배우며 인생의 많은 시간을 보냈다. 이것은 나 혼자서 할 수 있는 일이 아니라는 것을 배웠다. 마치 다른 이들과 여행하며 새로운 곳으로 이동하는 것과 같았다. 그들의 시선으로 사물을 바라보고, 그들의 시각에 나의 시선을 맞추며, 그들의 우선순위를 따르는 것이다. 케이티와 함께 베네치아를 방문한 것은 딸아이 없이 그곳을 방문한 것과는 매우 다른 경험이었다.

또한 그리스도인이 된다는 것은 단순히 내가 지닌 지식이나 심지어 믿음의 문제가 아님을 발견했다. 틴토레토와 베로네세는 회중에게 정보를 제공하고자 그림을 그리지 않았다. 그들의 목표는 그것보다 훨씬 더 큰 것이었고 질문을 내포하고 있었다. 이것은 진짜 있었던 일이라고 그들은 말했다. '이 일이 진짜 일어났어. 이건 어떤 일과 관련이 있어.' 그러므로 이제 그들의 그림을 볼 때, 가령 모르드개의 말에 밟히지 않으려고 몸을 피할 때, 대제사장 앞에서 마리아와 함께 서 있거나 최후의 만찬에서 예수님을 섬기고 있을 때 질문하게 된다. '너는 어때? 이 거대한 이야기 속으로 정말 들어가고 싶니? 아니면 방관자로 계속 남아 있을 거니?' 그것은 가히 혁명적인 접근 방식이었다. 케이티와 내가 그 교회들의 벽화 아래 서 있을 때, 틴토레토와 베로네세가 매주 예배를 드리러 왔던 그 교회에 그려진 벽화들을 마주하고 있을 때, 우리는 수 세대가 흐르도록 사람들이 자신들보다 훨씬 거대한 것의 일부라는 사실을 의식하며 살았다는 것을 새삼 확인하게 되었다. 함께 공유하는 역사의 일부이자 강력하고 의미 있는 무엇인가의 일부라는 것을 알게 되었다. 이런 교회들은 그냥 걸어 들어갔다가 멋진 그림을 감상했노라고 말하며 나와도 되는 곳이 아니다. '맞아요' 혹은 '아니에요'라고 가부간에 대답해야 한다. 당신은 이 모든 것의 일부인가? 아니면 그냥 구경꾼인가? 이 모든 것의 일부라고 대답한다면 나의 믿음은 단순히 집에서 조용히 가꾸는 어떤 것이 아니라 나를 공동체로, 역사적인 공동체로 이끌어주는 것이라고 인정하는 셈이다. 이런 장면들은 나의 과거이기 때문이다. 나아가 현재의 공동체로 끌어들이고 있음을 인정하는 셈이다. 이것은 박물관이 아니라 발 딛고 서 있는 교회이며, 공통의 이야기에서 정체성을 확인하는 살아 있는 공동체이기 때문이다. 오늘도 이 이야기는 계속 전해지고 있다. 하나님은 틴토레토와 베로네세가 베네치아의 교회 벽면에 역사를 그릴 임무를 부여받았을 때 계셨던 것처럼 지금도 세계 속에 역사하고 계신다.

우리 세계가 항상 살기에 편안한 곳은 아니다. 그러나 깊이가 있다. 표면적인 사건들의 이면을 보는 법을 배우고 수 세기가 넘도록 계속 메아리쳐 울리지만, 우리 자신의 삶으로 세세하게 전개되는 이야기에서 우리 자신의 몫을 발견하는 법을 배울 때 더욱 깊어지는 깊이가 있다. 이 책을 통해 나는 그 의미에 대해 내가 배웠던 교훈을 조금이나마 나누고 싶다. 그리스도인이 된다는 것이, 예수님의 제자가 된다는 것이 무슨 의미인지, 그분의 이야기에서 내 몫을 찾는 것이 무슨 의미인지 체득한 내용을 함께 나누고 싶다. 나는 이런 교훈을 서재에 홀로 앉아 성경을 읽으며 배웠고, 기도로 하나님께 나를 열어드리며 배웠다. 다른 사람들과 교류하며 배운 것도 있다. 구체적으로 베네치아로 케이티와 여행을 하거나 리소스(ReSource, 영국 성공회 자선단체)에서 함께 일하는 동료나 친구들과 영국 구석구석을 여행하면서 혹은 '예수 안에 뿌리내린 삶'(Rooted in Jesus) 팀과 아프리카를 여행하며 배우기도 했다. 지역 교회 공동체의 일원이 되어 인생이 던지는 어려움과 도전을 함께 감당하면서 배운 많은 것을 나누고 싶다. 예수님의 제자가 된다는 것이 무슨 의미인가? 이것은 오늘날 교회로서 우리가 함께 마주하고 있는 거대한 질문이라고 생각한다. 그리고 이런 질문에 대해 틴토레토와 베로네세가 그림으로 대답을 준 것처럼 나도 그런 대답을 주고 싶다. 거대하면서도 생기가 넘치는 답변을 주고 싶다. 순간을 채우는 대답이 아니라 벽면을 가득 채울 답변을 해주고 싶다.

〈모르드개의 승리〉
-파올로 베로네세(Paolo Veronese),
산 세바스티아노 성당

1장

예수님의
부르심을 받다

"인생의 시기와 관계없이 누군가 내릴 수 있는
최고의 결정은 예수 그리스도의 제자가 되겠다는 것이다."

저스틴 웰비(Justin Welby)

주후 30년(우리는 이렇게 알고 있다) 어느 날, 나사렛 예수는 갈릴리 바닷가를 걷고 있었다. 예수님은 목수에 불과했지만, 그분의 가족은 나름의 역사가 있는 집안이었다. 그분의 아버지 요셉은 족보상 아브라함으로 거슬러 올라가는 집안 출신이었고, 예수님은 수백 년 후에 베네치아의 교회 벽화로 그려질 모든 이야기를 들으면서 어린 시절을 보냈다. 최근에서야 요단강에서 사촌인 요한에게 세례를 받았다. 성령의 임재가 가시적으로 나타난 놀라운 사건이었고, 요한은 이제 역사가 그 정점을 향해 가고 있다고 주장했다. 그는 이 사람이 그들이 기다리던 분이며 고대 선지자들이 그의 오심을 예언했다고 외쳤다. "아브라함이 우리의 과거라면 이 사람은 우리의 미래. 잘 살펴보라"고 외쳤다.

　이렇게 예수님이 바닷가를 거닐고 계시던 중 고기 잡는 배와 그물과 물고기를 담는 바구니들을 지나가고 계셨을 때 사람들 사이에는 긴장하는 분위기가 감지되었을 것이다. 그는 누구인가? 요한의 말은 무슨 의미인가? 예수님은 바닷속으로 그물을 던지는 시몬과 안드레, 두 형제를 지나치게 되셨다. 다음으로 배에 앉아 그물을 수선하고 있던 세베대의 아들 야고보와 요한을 지나치셨다. 이 네 사람을 향해 예수님은 단순히 "나를 따르라"고 말씀하셨다. 그런데 놀랍게도 그들은 그 말씀에 순종했다. 그다음 날 예수님은 빌립과 마주치셨고 빌립은 나다나엘을 데려왔다. 예수님은 다시 "나를 따르라"고 말씀하셨다. 이제 여섯 명이 되었다.

얼마 후 예수님은 거리를 따라 걷다가 세관에 앉아 있는 세리 마태를 보셨다. 대부분의 사람은 마태를 피해 다녔을 것이다. 당시 세리는 오늘날 세무 조사관보다 더 기피 대상이었다. 그러나 예수님은 걸음을 멈추시고 "나를 따르라"고 말씀하셨다. 이 과정은 이후로도 계속되었다. 쌍둥이 도마, 알패오의 아들 야고보, 다대오, '열심당원'으로 알려진 혁명 운동가인 시몬, 마지막으로 유다 이스카리옷이 예수님의 제자가 되었다. 유다를 제외한 이 사람들은 모두 예수님처럼 이스라엘 북부의 세 행정 지역 중 하나인 갈릴리 출신이었다. 그들은 모두 열두 명이었다.

〈주후 50년경 갈릴리〉
-윌리엄 셰퍼드(William Shepherd)

그러나 예수님은 거기서 멈추지 않으셨다. 사역의 이 초창기 시절에 갈릴리 사방을 다니시면서 많은 사람에게 자신을 따르도록 초청하셨다. 어떤 이들은 이 초청에 응했고, 어떤 이들은 응하지 않았다. 초청을 받지 않았는데도 따르는 사람들도 있었다. 곧 사람들이 예수님을 만나려고 그 지역 사방에서 몰려들었다. 누가와 요한은 이 모든 사람을 예수님의 제자라고 표현한다. 이제 예수님은 약간 범위를 좁히기로 결정하신다. 기도하며 밤을 지새우신 후 예수님은 제자가 되라고 부르신 모든 사람 중에서 단 열두 명만을 골라 자신의 정예 부대로 삼으셨다. 그분에게서 배우며 그분이 사명을 완수하도록 돕게 할뿐더러 나중에 알게 되겠지만, 그분의 사후에도 그 일을 끝까지 완수하도록 하기 위해서였다. 나중에 그분은 이 그룹의 범위를 또 다른 70명까지 확대하셨다. 그분의 죽음이 가까울 무렵 핵심 제자는 120명에 이르렀고, 가족과 함께 여행하며 지원한 여러 여인과 종교 기득권층의 일부도 여기에 포함되었다. 우리는 그들 중 28명의 이름을 알고 있다.[1] 더 많은 사람, 그분이 사역했던 마을과 도시에 그대로 남아 있었던 사람들 역시 그들 자신을 제자로 여겼고, 예수님이 부활하신 후 수천 명의 사람이 이 수에 추가되었다.[2]

---

1) 예수님이 첫 제자들을 부르신 내용에 대해서는 마가복음 1장, 마태복음 4장, 누가복음 5장, 요한복음 1장을 참고하라. 마태에 대해서는 누가복음 5장과 마태복음 9장을 참고하라. 12명의 제자에 대한 명단은 마태복음 10장, 마가복음 3장, 누가복음 6장, 사도행전 1장을 참고하라. 70명(혹은 72명)의 제자를 부르신 내용에 대해서는 누가복음 10장을 참고하라. 120명에 대해서는 사도행전 1장을 참고하라. 시몬은 나중에 베드로로 알려진다. 마태는 레위로 불리기도 했다. 나다나엘은 또한 바돌로매로 불렸고, 다대오는 야고보의 아들 유다로 불리기도 했다. 33-34쪽을 참고하라.
2) 제자도에 관한 용어는 마이클 윌킨스(Michael Wilkins), *Following the Master-A Biblical Theology of Discipleship*(Zondervan, 1992)(『제자도 신

예수님은 갈릴리뿐 아니라 인근 사마리아와 유대에서까지 제자들을 가르치시고 훈련하시며 3년을 보내셨다. 이 3년이 끝나갈 무렵 예루살렘으로 올라가셨고, 그곳에서 체포되어 사형 선고를 받고 십자가에 못 박히셨다. 남자들과 여자들도 포함된 그분의 제자들은 그분이 가시는 곳마다 함께했다. 누군가는 특유의 억양을 가진 베드로를 단박에 알아보았다. 아리마대 요셉과 니고데모라는 두 제자는 돌로 만든 무덤에 예수님을 안치했고, 이틀 후에 막달라 마리아와 야고보의 어머니이자 알패오의 아내 마리아와 야고보와 요한의 어머니 살로메가 예수님의 시신에 향유를 바르러 무덤으로 갔다. 비어 있는 무덤을 보고 공포에 질린 그들에게 흰옷을 입은 젊은이는 이렇게 말했다. "무서워 말라. 갈릴리로 돌아가라. 그곳에서 예수님이 너희를 만나실 것이다."[3] 얼마 후 그들은 예수님과 직접 상봉했다. 예수님은 흰옷을 입은 그 젊은이와 같은 말씀을 하셨다. "가서 나머지 사람들을 만나서 갈릴리로 돌아가라고 말하라. 그곳에서 나를 볼 것이다."

여기서 한 가지 의문이 생긴다. 예루살렘에서 십자가에 못 박혀 죽으시고 부활하신 예수님이 왜, 가장 가까운 제자들이 여전히 바로 같은 예루살렘 성에 겁에 질려 숨어 있는데 갑자기 갈릴리로 돌아가라고 말씀하시는가? 지금 계신 곳에서 엎어지면 코

학』 국제제자훈련원)에서 가장 폭넓게 다루고 있다. "그러므로 예수님의 제자들은 그분을 따르라는 예수님의 부르심에 반응한 자들을 모두 말한다. 이것은 구원의 부르심이자 하나님나라에 대한 부르심이며 영생을 얻도록 예수님을 믿으라는 부르심이었다. '제자'라는 용어는 예수님을 믿는 신도를 가리켰다." 복음서와 사도행전에서 누가는 예수님을 따르는 모든 자를 '제자'라고 부른다. 누가는 이 많은 무리 중에서 12명의 특별한 사명을 인정하여 그들을 '사도'라고 호칭한다.

3) 마가복음 16장, 마태복음 28장.

닿을 거리에 있는데도 160킬로미터도 넘게 떨어진 갈릴리에서 왜 그들을 만나기를 원하시는가? 묻기에도 너무나 이상한 질문 같다.

곰곰이 생각해본 끝에 나는 이것이 장소와 관련된 명령이 아니라 영적인 의미의 명령이라는 결론에 이르게 되었다.[4] 예수님은 "우리가 처음 만났던 곳으로, 나의 부름을 처음 들었던 곳으로 돌아가라"고 말씀하고 계신 것 같았다. 그들이 처음 부르심을 받은 이후로 많은 일이 있었다. 어떤 일들은 경이롭고 즐거웠고, 어떤 일들은 두렵고 절망적이었다. 그러므로 차분히 처음을 떠올려보자. 우리가 함께 여행을 시작했던 곳으로 돌아가서 거기서 다시 시작해보자. 예수님은 그들이 이렇게 중요한 순간에 잠시 멈추어 서서 지난 3년을 되돌아보라고 초대하고 계시는 것으로 보인다. 예루살렘이라는 도시의 소란스러움과 스승의 죽음이라는 트라우마를 뒤로하고 고향이 있는 촌락으로 돌아가기를 원하셨다. 그분은 "돌아가라. 그러면 (그리고 그럴 때야) 앞으로 어떻게 할지 말해주겠다"라고 말씀하셨다. 자신이 어디로 향하고 있는지 알고 싶다면 먼저 어디서 왔는지를 기억해야 한다.

예수님을 따르며 역사의 거대한 흐름 속에서 우리 자신의 몫을 찾는다는 것이 무슨 의미인지 알고 싶다면, 예수님이 그 흐름 속에서 자신이 결정적인 위치를 차지한다고 주장하고 계신 상황에서 실제로 그분의 제자가 된다는 것이 무슨 의미인지 알고 싶다면 우리 역시 기꺼이 우리 자신의 갈릴리로 돌아가야 할 필요가 있다. 인생이 혼란스럽고 실망스러울 수도 있고, 지루하고 단

---

4) 이런 개념은 마틴 카벤더(Martin Cavender)에게서 힌트를 얻었다.

조로울 수도 있다. 자신의 갈릴리로 돌아가서 그 갈릴리가 어떻게 시작되었으며 그때 어떤 심정이었는지 기억을 확인하는 것이 좋다. 우리 각자의 갈릴리는 저마다 다를 수 있다. 예수님의 첫 제자들 역시 각자 갈릴리가 달랐다. 혹은 최소한 사복음서 저자들이 들려주는 그들의 이야기는 조금씩 다르다.

복음서와 사도행전에서 이름이 확인된 예수님의 제자들

(1) 시몬 베드로

(2) 안드레

(3) 세베대의 아들 야고보

(4) 세베대의 아들 요한

(5) 빌립

(6) 바돌로매라고도 하는 나다나엘

(7) 도마

(8) 레위라고도 하는 마태

(9) 알패오의 아들 야고보

(10) 야고보의 아들이며 유다라고도 하는 다대오

(11) 열심당원 시몬

(12) 가룟 유다

(13) 막달라 마리아(눅 8장)

(14) 헤롯의 청지기 구사의 아내(눅 8장)

(15) 수산나(눅 8장)

(16) 야이로(눅 8장)

(17) 삭개오(눅 19장)

(18) 요세(막 15장)

(19) 작은 야고보와 요세의 어머니 마리아(막 15장)

(20) 살로메(막 15장): 세베대의 아내로 보임, "예수께서 갈릴리에 계실 때에 따르며 섬기던 자"(41절).

(21) 베다니의 나사로(요 11장)

(22) 베다니의 마리아(요 11장)

(23) 베다니의 마르다(요 11장)

(24) 니고데모(요 19장)

(25) 아리마대 요셉(요 19장)

(26) 글로바와 1인(눅 24장)

(27) 유스도라고 알려진 요셉 바사바(행 1장)

(28) 맛디아(행 1장)

예수님의 제자 중에는 여전히 무명으로 남아 있는 이들도 많다. 이들 중 어떤 사람은 고향에 그대로 남아 있었고, 어떤 사람은 그분과 함께 다녔다. 마가는 복음서 말미에 "또 이 외에 예수와 함께 예루살렘에 올라온 여자들도 많이 있었더라"(15:41)고 말한다.

"예수님의 제자들은 그를 따르라는 예수님의 부르심에 응답한 모든 자를 말한다. 그것은 구원의 부르심이었고, 하나님나라에 대한 부르심이자 영생을 얻도록 예수님을 믿으라는 부르심이었다. 제자라는 용어는 예수님을 믿는 신도를 가리켰다."

―마이클 J. 윌킨스(Michael J. Wilkins), 『제자도 신학』(Following the Master: A Biblical Theology of Discipleship, 국제제자훈련원 역간)

나를 따르라-단순한 부르심

사복음서 중에서 가장 먼저 기록된 복음서는 마가가 쓴 복음서로서 보통 시몬 베드로와 함께 사역한 마가를 저자로 본다.[5] 마가는 평범하면서도 투박한 헬라어로 복음서를 쓰면서 예수님이 첫 제자들을 어떻게 부르셨는지 간단하게 들려준다.

> "예수께서 갈릴리 해변으로 지나가시다가 시몬과 그 형제 안드레가 바다에 그물 던지는 것을 보시니 그들은 어부라 예수께서 이르시되 나를 따라오라 내가 너희로 사람을 낚는 어부가 되게 하리라 하시니 곧 그물을 버려 두고 따르니라 조금 더 가시다가 세베대의 아들 야고보와 그 형제

---

[5] 마가 혹은 마가 요한은 사도행전 12:12에서 처음 언급된다. 그의 어머니는 예루살렘에 집이 있었고, 그는 바나바와 바울과 함께 상당히 긴 시간을 여행했다(예를 들어 행 13장, 벧전 5:13).

요한을 보시니 그들도 배에 있어 그물을 깁는데 곧 부르시니 그 아버지 세베대를 품꾼들과 함께 배에 버려 두고 예수를 따라가니라"(막 1:16-20).

말라위 호숫가의 어부들

"예수께서 다시 바닷가에 나가시매 큰 무리가 나왔거늘 예수께서 그들을 가르치시니라 또 지나가시다가 알패오의 아들 레위가 세관에 앉아 있는 것을 보시고 그에게 이르시되 나를 따르라 하시니 일어나 따르니라"(막 2:13-14).

마가는 제자들의 신원에 관한 어떤 증명도 하지 않으며, 어떤 자세한 설명이나 수련 기간에 대해서도 보고하지 않는다. 예수님은 "나를 따르라"고 말씀하셨고 그들은 그대로 따랐다. 초대 교회의 역사를 읽어갈수록 다른 사람들 역시 이와 동일하게 확실하고 강제적인 방식으로 예수님께 반응하고 있음을 보게 된다. 사울은 하늘의 강렬한 빛 때문에 시력을 잃었고, 하늘의 음성으로 다메섹 성으로 가라는 간단한 지시를 들었다. 그곳으로 가면 어떻게 해야 하는지 듣게 될 것이다. 그가 음성을 듣고 순종하기로 결심한 순간 그의 인생 경로가 바뀌었다. 그리스도인들을 박해할 계획을 버리고 온 제국에 세워질 교회의 설립자이자 리더인 바울로 변화되었다. 로마의 군대 지휘관인 고넬료는 베드로를 불러오라는 천사의 지시를 들었다. 베드로는 그에게 예수님에 대해 말했고, 그 역시 즉시 자신을 바쳤다. 빌립보 성의 옷감 장수인 루디아는 강둑에서 바울과 실라와 나눈 단 한 번의 대화로 신생 교회의 주최자가 되었다. 누가는 "주님이 그녀의 마음을 여셨다"라고 설명한다.[6]

오늘날 이렇게 단순하고 동일한 방식으로 많은 사람이 예수님께 반응하고 있다. 어떤 이들은 루디아처럼 누군가의 도움으로 마음을 열었다. 서품 대상자 피정에서 만난 클레어는 갑자기 하나님이 자신을 사랑하신다는 사실을 깨닫게 되면서 처음 예수님을 만났다고 했다. 오랫동안 하나님을 거부하던 토니는 노포크의 교회 현관으로 마지못해 발을 들여놓던 중 하나님의 임재에 압도당했다고 한다. 케빈은 이혼하고 집도 없이 살던 중 한 번도 경험하지 못한 사랑에 대해 생생한 꿈을 꾸었고, 다음 주 교회에 나갔다고 한다.[7]

어떤 사람들은 바울과 아주 유사한 경험을 한다. 단순히 내면의 확신뿐 아니라 외적인 사건들을 동반하는 경험이다. 무슬림의 한 이맘(이슬람 교단의 지도자)은 어느 날 사원에 서 있다가 천둥이

---

6) 사도행전 9장(사울), 사도행전 10장(고넬료), 사도행전 16장(루디아).
7) 토니와 케빈의 이야기는 나의 책 *The Word on the Wind*(Monarch, 2011), 23, 31쪽에 수록되어 있다.

치는 듯한 음성을 들었다. "나는 주, 그리스도 예수다. 네가 구원받기를 바란다." 벽이 흔들리고 창문이 산산이 부서지는 듯한 충격이었다. 이맘은 사원에서 뛰쳐나가 거리를 달려 가장 가까운 교회로 들어갔고, "어떻게 해야 예수의 이름으로 구원을 받을 수 있습니까?"라고 부르짖었다. 그날 그는 예수님께 인생을 바치며 "위대한 셰이크(이슬람의 현인, 부족의 원로 혹은 지식인)가 그리스도인이 되었도다"라는 외침에 부응했다. 그 뒤로 그는 하트포드셔에 있는 열방기독대학에서 신학 학위 과정을 수료했다. 여러 번의 암살 시도에도 살아남은 그는 지금 영국에서 기독교 사역자로 섬기고 있다.[8]

지금까지 나는 자신도 놀랄 정도로 어느 날 갑자기 예수님과 관계를 맺고 신앙생활을 하게 된 수많은 사람을 만났다. 나는 지금 '예수 안에 뿌리내린 삶'이라고 하는 아프리카를 위한 제자 훈련 프로그램의 책임자로 섬기고 있다. 2009년 우리는 사업가이자 케냐의 마사이 마을에서 교회들의 네트워크를 이끌고 있는 데이비드 올레 케레토의 초청으로 남서부 케냐에 팀을 꾸려 간 적이 있다. 그곳은 나무 꼭대기가 평평한 아카시아들이 점점이 서 있고, 빨간색과 오렌지색 천으로 몸을 감싼 마사이족 여인들이 장식처럼 돋보이는 곳이었다. 우리는 어린 소년들의 휘파람 소리를 들으며 가축 떼들이 한가로이 풀을 뜯는 가운데 먼지가 풀풀 날리는 풍경을 뒤로하고 데이비드가 처음 어떻게 예수님을 만났는지 들었다.

---

8) 이 이맘의 이야기에 대해서는 존 울머(John Woolmer)의 *Encounters* (Monarch, 2007), 43-45쪽을 참고하라.

데이비드의 아버지는 촌락의 주술사로 다섯 명의 아내를 거느린 그 마을의 실질적인 권력자였다. 데이비드, 혹은 당시 이름으로 부르자면 티웨이는 그의 맏아들이었

고 따라서 그의 후계자로 일찌감치 정해져 있었다. 티웨이는 어릴 때부터 아버지의 수제자로 언젠가 그 역할을 이어받기 위해 주문 외우기, 점치기, 저주하는 법을 배웠다. 어느 날 초등학교 시절부터 절친한 친구인 다니엘이 기독교로 개종했다. 티웨이는 다니엘에게 나타난 변화를 볼 수 있었지만, 기독교 집회에 한번 가보자는 계속된 부탁을 거절했다. "기독교와 주술은 함께할 수가 없다"라고 그는 말했다. 그러나 결국 티웨이는 다니엘의 부탁을 받아들이고 집회에 참석하기로 했지만, 그의 아버지 모르게 해야 한다는 것과 뒤편에 아무도 안 보이는 곳에 서 있도록 해달라는 조건을 내걸었다. 티웨이가 교회 안으로 들어간 것은 혹은 기독교 예배를 보게 된 것은 그때가 처음이었다. 강사가 예수님을 영접하도록 초청한 즉시 그는 자신도 어찌할 수 없는 성령의 강권하심으로 앞으로 나갔고, 그곳에서 무릎을 꿇고 그리스도께 자신의 인생을 헌신했다. 그리고 그 순간 엄청난 싸움이 밀어닥치기 시작했다. 두 사람이 짙게 깔린 어둠을 뚫고 집으

로 걸어가고 있을 때 티웨이는 가공할 영적 세력의 공격을 받고 있는 자신을 보게 되었다. 그때를 회상해보면 그는 옆에 있던 다니엘의 끊임없는 기도로만 그 공격에 맞설 수 있었음을 확신한다. 하지만 그 일은 그 뒤에 벌어질 싸움의 맛보기에 불과했다. 집으로 돌아가자 티웨이는 아버지에게 자신이 그리스도인이 되었고 이제 주술사가 될 수 없다고 말했다. 아버지는 맏아들로서 그의 자리를 누구도 계승할 수 없기 때문에 3개월을 줄 테니 생각해보라고 말했다. 티웨이는 결심을 굽히지 않았고, 아버지는 그를 독살하는 것 외에 다른 방법이 없다는 결론을 내렸다. 아버지의 이 시도가 불발로 그치자 마을 장로들은 티웨이를 죽여 형제 중 한 명이 그를 대신하도록 하자는 결정을 내렸다. 티웨이는 살기 위해 도망쳐야 했고, 사정을 아는 그리스도인들이 그를 숨겨주었다. 데이비드로 개명한 그는 성경대학에서 훈련을 받고 8년 후 마을로 돌아와 예수 그리스도의 복음을 전했다. 그는 첫 교회를 세웠고 많은 사람이 예수님께로 돌아오는 것을 보았다. 데이비드는 300개의 교회를 개척했고, 현재 시무하고 있는 국제 언약 교회는 2008년에 케냐에서 가장 빨리 성장한 교회가 되었다. 데이비드는 그리스도인이 되고자 하는 기대도 하지 않았고 그럴 의지도 없었다. 그냥 그 일이 일어났을 뿐이었다.[9]

---

9) 더 많은 정보에 대해서는 rootedinjesus.net/kenya.php를 참고하라.

이것을 보고 이제 나를 따르라

　그러므로 어떤 사람들에게 갈릴리는 구체적인 순간을 의미하는 것 같다. 예수님이 주가 되신다는 정서적이고 지적인 확신에 압도당하는 순간을 가리키는 것이다. 인생이 변화되는 전혀 예상하지 못한 헌신의 한순간을 말한다. 어떤 이들에게 갈릴리는 더욱더 복합적이다. 예수님과 3년간이나 도상 여정을 함께한 후에도 도마는 예수님이 죽임당하시고 사흘 후에 부활하신 몸으로 나타나셨다는 제자들의 말을 들었지만, 여전히 그 말을 받아들이지 못하고 의심했다. 도마는 눈에 보이고 손으로 만질 수 있는 증거를 원했다. "내가 그의 손의 못 자국을 보며 내 손가락을 그 못 자국에 넣으며 내 손을 그 옆구리에 넣어 보지 않고는 믿지 아니하겠노라."[10] 보고야 믿겠다고 한 사람은 도마만이 아니었다. 사복음서 저자 중에서 도마의 이런 반응에 가장 공감한 이는 누가였다. 누가는 마가처럼 갈릴리에서 그날 최초의 제자들이 예수님께 어떻게 반응했는지 이야기해주면서도 그 앞의 이야기부터 들려주기 시작한다. 그는 이렇게 시작한다.

> "예수께서 일어나 회당에서 나가사 시몬의 집에 들어가시니 시몬의 장모가 중한 열병을 앓고 있는지라 사람들이 그를 위하여 예수께 구하니 예수께서 가까이 서서 열병을 꾸짖으신대 병이 떠나고 여자가 곧 일어나 그들에게 수종드니라 해 질 무렵에 사람들이 온갖 병자들을 데리고 나아

---

10) 요한복음 20:25.

오매 예수께서 일일이 그 위에 손을 얹으사 고치시니 여러 사람에게서 귀신들이 나가며 소리 질러 이르되 당신은 하나님의 아들이니이다 예수께서 꾸짖으사 그들이 말함을 허락하지 아니하시니 이는 자기를 그리스도인 줄 앎이러라"(눅 4:38-41).

〈예수께서 시몬의 장모의 병을 고치시다〉
-슬라부자크(Slavujac)

그러므로 시몬은 마가가 서술한 것처럼 단순하게 '나를 따르라'는 명령을 듣기 전에 이미 예수님이 병을 고치시는 것을 보았을 뿐 아니라 바로 같은 날 예수님이 매우 개인적이고 특별한 일을 행하시는 것을 보았다. 그러나 그것이 다가 아니었다.

"무리가 몰려와서 하나님의 말씀을 들을새 예수는 게네사렛 호숫가에 서서 호숫가에 배 두 척이 있는 것을 보시니 어부들은 배에서 나와서 그물을 씻는지라 예수께서 한 배에 오르시니 그 배는 시몬의 배라 육지에서 조금 떼기를

청하시고 앉으사 배에서 무리를 가르치시더니 말씀을 마치시고 시몬에게 이르시되 깊은 데로 가서 그물을 내려 고기를 잡으라 시몬이 대답하여 이르되 선생님 우리들이 밤이 새도록 수고하였으되 잡은 것이 없지마는 말씀에 의지하여 내가 그물을 내리리이다 하고 그렇게 하니 고기를 잡은 것이 심히 많아 그물이 찢어지는지라 이에 다른 배에 있는 동무들에게 손짓하여 와서 도와 달라 하니 그들이 와서 두 배에 채우매 잠기게 되었더라 시몬 베드로가 이를 보고 예수의 무릎 아래에 엎드려 이르되 주여 나를 떠나소서 나는 죄인이로소이다 하니 이는 자기 및 자기와 함께 있는 모든 사람이 고기 잡힌 것으로 말미암아 놀라고 세베대의 아들로서 시몬의 동업자인 야고보와 요한도 놀랐음이라 예수께서 시몬에게 이르시되 무서워하지 말라 이제 후로는 네가 사람을 취하리라 하시니 그들이 배들을 육지에 대고 모든 것을 버려 두고 예수를 따르니라"(눅 5:1-11).

누가에게는 예수님이 이 첫 제자들을 부르신 때가 그분의 역사를 본 뒤라는(보기 전이 아니라) 사실이 확실히 중요한 것 같다. 이 이야기를 보면 시몬, 야고보, 요한은 예수님의 활동을 눈으로 직접 본 뒤 예수님께 이렇게 반응하고 있다. 나중에 제자들이 예수님의 사역을 이어받아야 할 때 사람들은 제자들에게도 동일하게 반응했다. 욥바에서 많은 사람은 베드로의 기도로 다비다가 살아나는 것을 보고 믿음을 받아들였다. 루스드라에서는 바울의 기도로 걷지 못하는 사람이 치유되었고, 이 장면을 지켜본 무리는 전기에 감전된 듯한 열렬한 반응을 보이면서 바울을 신으로 섬기겠다고 선언할 정도였다(바울은 기겁했지만). 에베소에서 사람들은 단순히 바울이 사용했던 손수건이나 앞치마를 만지는 것만으로도 병이 낫고 고침을 받았다. 티웨이처럼 주술이나 마술에 몸담았던 많은 사람이 그리스도께 일생을 바치고 그들의 책을 가져와 공개적으로 불태웠다. 이런 일들은 오늘날에도 여전히 일어나고 있다.[11]

내 경험으로 볼 때 부르심의 한순간에 응답하는 것보다 이렇게 체험을 통해 예수님께 응답하는 이들이 더 많다. 우리는 시각과 경험에 의지하는 시대에 살고 있다. 이 시대의 사람들은 머리로 생각하는 것 못지않게 눈으로 생각하며 살아간다. 최근에 알파 그룹에서 존이라고 하는 젊은이가 이렇게 말했다. "그 일이 진실인지 아닌지는 사실 별로 신경 쓰지 않아요. 제가 알고 싶은 건 그 일이 실제로 효과가 있느냐예요." 그 일이 모두 꾸며낸 것인지 아닌지 존이 신경 쓰지 않는다는 의미로 한 말은 아닐 것이라고 생각한다. 실제로 눈으로 확인해야 한다는 의미로 그렇게 말했을 것이다. 실제로 이루어지는 것을 볼 때 사실이라고 믿는다는 것이다.

오늘날에도 여전히 많은 사람은 시몬이 본 대로 예수님이 병든 자를 고쳐주실 수 있음을 보기 때문에 믿음에 이르게 된다. 혹은 예수님이 바로 그 전주에 말씀하신 대로 "포로 된 자에게 자유를, 눈 먼 자에게 다시 보게 함을 전파할" 수 있음을 보기

---

11) 사도행전 9장(욥바), 사도행전 14장(루스드라), 사도행전 19장(에베소). 현대에 일어난 일을 보고 싶다면 나의 책 *The Word on the Wind*, 203-204쪽에 소개한 모잠비크의 목사인 아모림 로차(Amorim Rocha)의 경험을 참고하라.

때문에 믿음을 갖게 된다. 병 고침은 복음서 기자들이 반복해서 설명하듯이 '하나님나라의 표적'이다. 무엇인가 일어나고 있음을 보여줄 의도가 있다. 무엇인가 일상적인 것이 아닌 하나님에 관한 일이 일어나고 있음을 보여주려는 것이다. "내가 행하거든 나를 믿지 아니할지라도 그 일은 믿으라 그러면 너희가 아버지께서 내 안에 계시고 내가 아버지 안에 있음을 깨달아 알리라"고 예수님은 그분의 주 되심을 의심하는 종교 지도자들에게 말씀하시곤 했다.[12)]

우리 사역팀은 리소스(ReSource)를 통해 준비 자료와 과정을 제공하고 그다음으로 교구에서 실행할 과제에 대비해 팀을 꾸려준다. 2013년 10월 남편 로저는 이안과 슈 스메일의 초청으로 월트셔에 있는 오버튼 마을로 팀을 이끌고 일주일간 선교 행사를 하러 갔다. 그때 성인 30명과 어린이 30명이 처음으로 그리스도께 인생을 헌신하기로 결단한 놀라운 일이 벌어졌다. 단 일주일 만에 교회에 출석한 마을 사람이 150퍼센트 증가했다. 그러나 대반전은 선교 행사를 진행한 지 절반이 지난 어느 저녁에 일어났다. 로저는 바스의 '거리의 치유팀'(Healing on the Streets)에서 활동 중인 폴 스켈톤에게 팀 합류를 요청했고, 폴은 어느 저녁 예배를 인도했다. 그런데 여기서 수많은 사람이 오랜 지병에서 완전히 치유되는 놀라운 역사가 일어났다. 이 중에는 타고 있던 휠체어에서 일어나 아무 부축도 받지 않고 걷게 된 여성도 있었다. 이 광경을 본 그녀의 남편은 그 자리에서 그리스도께 자신의 인생을 헌신했다. 그녀의 아들도 어깨 통증에서 고침을 받고

---

12) 누가복음 4:18; 요한복음 10:38.

동일한 결단을 했다. 그들은 자신들의 눈앞에서 일어난 일을 보고 믿음의 확신에 이르게 되었다.

> 『바람결에 전해지는 말씀』(The Word on the Wind)에서 나는 스완지 교도소에서 복역하던 중 십자가에 달리신 예수님에 대한 환상을 보고 인생이 완전히 달라진 젊은 청년, 리처드 테일러의 이야기를 소개한 적이 있다.[13] 몇 년 후 나는 리처드가 레스터에서 강연하는 것을 들었다. 이 당시 그는 솔리헐에서 데이비드 카와 목회자 훈련을 받고 있었다. 훈련이 끝나자 리처드는 웨일스의 고향으로, 곧 그 자신의 갈릴리로 돌아갔다. 그는 뉴포트 정북쪽에 있는 변두리 도시인 쿰브란에 정착했고, 그곳에서 가족과 소수의 기결수들과 마약 중독자들과 함께 빅토리 교회를 개척했다. 그들이 내건 표어는 '한 번에 한 생명씩 변화를 이루어내자'였다. 3년 후인 2013년 4월 10일 수요일, 여느 때와 전혀 다를 바 없는 평범한 날이었다. 리처드는 우리의 문제를 왕 되신 그리스도의 존전으로 가져가자는 내용으로 설교했다. 그 자리에 폴 헤이네스라는 남자가 있었는데 10년 전에 도로에서 차 사고를 당한 후 휠체어에 의지해 사는 신세였다. 그의 아내 로레인이 휠체어에 그를 태우고 앞으로 나왔고, 폴은 자기 다리에 다시 힘이 들어가게 해달라고 기도드렸다. 그는 다리를

---

13) *The Word on the Wind*(Monarch, 2011), 117-119쪽.

움직일 수 있다는 생각이 들었고 실제로 자리에서 일어날 수 있었다. 그는 자기 눈으로 이 놀라운 일을 목도했다(그리고 참석 중인 누군가가 카메라로 찍었다). 그는 휠체어를 머리 위로 들어 올린 다음 그것을 들고 앞뒤로 걸어 다녔다. 정말 그의 다리가 나았던 것이다. 그날뿐 아니라 그 후로 연이어 더 많은 치유의 기적이 일어났다.

쿰브란의 많은 사람이 직접 눈으로 보고 경험한 덕분에 예수님과 살아 있는 관계를 맺게 되었다. 빅토리에서 현장을 직접 보고 놀라움을 금치 못했던 목회자 중의 한 명인 앤드류 파슨스는 이렇게 말했다. "아무 믿음이 없던 많은 사람이 교회로 찾아오고 있다. 어떤 사람은 모두가 느낄 정도로 강력한 성령의 능력이 자신에게 임하자 바닥에 꿇어 엎드렸다. 그의 말에 따르면 마치 전기에 감전된 듯한 느낌이었다고 한다. 그는 나중에 우리를 찾아와서 "이런 예수님을 어떻게 제가 알게 되었을까요?"라고 말했다. 거구의 또 다른 남자는 후에 이렇게 말했다. "그게 정말 무엇이었을까요? 정말 무슨 일이 일어난 건가요?" 그다음 5개월 동안 200명이 넘는 사람이 병 고침을 받았다고 말했다. 많은 사람이 이후에 의료적 도움을 병행해서 받았고, 예루살렘에서 바울의 손수건을 만지고 병이 나은 사람들이 있었듯이, 놀랍게도 어떤 이들은 교회 지도자들의 기름부음과 축복받은 '손수건'을 만지는 것만으로도 고침을 받았다. 그다음 해 연말이 되자 그리스도께 인생을 바치기로 결단한 사람의 수가 무려 1,600명에 달했다. 학교 교사이자 카디프 출신의

> 교회 리더인 데이비드 파이크는 이 모든 사건을 직접 목격하고 자신의 블로그에 "웨일스에서 분명히 무슨 일이 일어나고 있다"라고 썼다.[14]

병 고침은 절대 그리스도인만이 누릴 수 있는 특권이 아니다. 제자들은 "그러면 우리가 보고 당신을 믿도록 행하시는 표적이 무엇이니이까? 당신은 무엇을 하실 수 있나이까?"라고 물었다. 예수님은 역시 "그렇지 못하겠거든 행하는 그 일로 말미암아 나를 믿으라"고 말씀해주셨다.[15] 대부분의 사람은 치유의 경험을 하거나 치유를 목격하면서 신앙 여정을 시작한다.

티웨이의 경우처럼 지인 중에 누군가가 예수님을 따르기 시작하면서 일어나는 변화를 목도한 후 신앙 여정을 시작하는 사람들도 있다. 베드로는 "당신들의 인생에서 순수함과 존경할 만한 일을 보게 되면 사람들이 돌아오게 될 것이다"라고 썼다.[16] 바로 일주일 전에 예수님을 영접한 우리 이웃인 안은 "특별할 것은 없었

---

14) 2014년 12월 은사주의 리더 모임에서 과거에 마약 중독자였다가 이제 빅토리 교회의 목회자로 섬기는 클라이드 토머스(Clyde Thomas)에게서 이런 사건들을 경험한 이야기를 직접 들을 수 있었다. 데이비드 파이크(David Pike)의 블로그인 daibach-welldigger.blogspot.co.uk/2013/04/outpouring-in-cwmbran-2013.html과 bigissue.com/features/2977/victory-church-cwmbran-hands-if-you-really-believe에서 확인할 수 있다. 폴 헤이네스나 다른 이들과의 인터뷰는 vimeo.com/691160227에서 30분짜리 CBS 방송을 보라.

15) 요한복음 6:30; 요한복음 14:11.

16) 베드로전서 3:2(New Revised Standard Version, Anglicized edition, 본서에서는 NRSV로 표기함).

어요. 다만 제가 더 행복하고 더 기쁘고 더 평화로워졌어요. 욕설도 많이 줄었어요"라고 말했다. 안의 신앙 여정은 이제 막 시작이다. 그러나 그녀를 아는 사람들은 그녀에게 무엇인가 변화가 생겼다는 것을 알아차린다. "저는 참 나쁜 사람이었습니다." 마다가스카르의 외진 곳에 사는 초로의 교리문답 교사인 라코토니리나가 말했다. "하지만 지난해 집회에 왔다가 이제 예수 안에 뿌리를 내리게 되었습니다." 우리가 방문한 전후로 18개월 동안 라코토니리나는 '예수 안에 뿌리내린 삶'을 이용해 지역 주민 120명이 그리스도를 영접하도록 인도했다. 그들은 그가 변화되었다는 것을 눈여겨본 사람들이었다.

교리문답 교사 라코토니리나

이 말을 듣고 이제 나를 따르라

마가는 우리를 갈릴리로 데려간 후 어떤 만남과 반응에 관한 짧은 이야기를 들려준다. 예수님을 만나고 영적으로 정서적으로 완전히 주님께 사로잡힌 사람들은 즉각적으로 자신을 주님께 헌신한다. 누군가에게 이 과정은 더 느린 속도로 진행되었다. 그는 사람들이 예수님께 반응하기 전에 놀라운 사역의 역사를 보고 경험한 일을 보여준다. 누가의 복음서에 등장하는 사람들은 예수님이 하신 일을 보고 인생을 주님께 헌신한다.

예수님의 첫 제자 중 한 사람이며 그분의 사역을 목격한 요한 역시 또 다른 방식으로 접근한다. 요한은 안드레, 시몬, 빌립, 나다나엘이 부름받은 내용을 소개하면서 그들이 느낀 감정이나 본 내용이 아니라 그들이 들은 내용에 초점을 맞춘다.

> **"또 이튿날 요한이 자기 제자 중 두 사람과 함께 섰다가 예수께서 거니심을 보고 말하되 보라 하나님의 어린 양이로다 두 제자가 그의 말을 듣고 예수를 따르거늘 예수께서 돌이켜 그 따르는 것을 보시고 물어 이르시되 무엇을 구하느냐 이르되 랍비여 어디 계시오니이까 하니 (랍비는 번역하면 선생이라) 예수께서 이르시되 와서 보라 그러므로 그들이 가서 계신 데를 보고 그 날 함께 거하니 때가 열 시쯤 되었더라 요한의 말을 듣고 예수를 따르는 두 사람 중의 하나는 시몬 베드로의 형제 안드레라 그가 먼저 자기의 형제 시몬을 찾아 말하되 우리가 메시야를 만났다 하고 (메시야는 번역하면 그리스도라) 데리고 예수께로 오니 예수께서 보시고 이르시되 네가 요한의 아들 시몬이니 장차 게바라 하리라 하시니라 (게바는 번역하면 베드로라) 이튿날 예수께서 갈릴리로 나가려 하시다가 빌립을 만나 이르시되 나를 따르라 하시니 빌립은 안드레와 베드로와 한 동네 벳새다 사람이라 빌립이 나다나엘을 찾아 이르되 모세가 율법에 기록하였고 여러 선지자가 기록한 그이를 우리가 만났으니

요셉의 아들 나사렛 예수니라 나다나엘이 이르되 나사렛에서 무슨 선한 것이 날 수 있느냐 빌립이 이르되 와서 보라 하니라 예수께서 나다나엘이 자기에게 오는 것을 보시고 그를 가리켜 이르시되 보라 이는 참으로 이스라엘 사람이라 그 속에 간사한 것이 없도다 나다나엘이 이르되 어떻게 나를 아시나이까 예수께서 대답하여 이르시되 빌립이 너를 부르기 전에 네가 무화과나무 아래에 있을 때에 보았노라 나다나엘이 대답하되 랍비여 당신은 하나님의 아들이시요 당신은 이스라엘의 임금이로소이다 예수께서 대답하여 이르시되 내가 너를 무화과나무 아래에서 보았다 하므로 믿느냐 이보다 더 큰 일을 보리라"(요 1:35-50).

여기에 두 가지 다른 반응이 기록되어 있다. 하지만 두 반응 모두 행동이 아니라 말씀에 근거를 둔다. 안드레, 시몬, 빌립은 세례 요한에게 들은 가르침과 그 가르침이 성경의 약속과 부합하는 부분을 근거로 예수님을 따르기로 한다. 나다나엘은 예수님이 자신에 대해 알 수 없었거나 보지 못했을 내용을 알려주셨기 때문에 예수님을 따르기로 한다. 요한의 복음서를 보면 그들은 모두 일차적으로 자신들이 느꼈거나 본 내용이 아니라 그들이 들은 내용에 반응하고 있다.

다른 이들도 유사한 반응을 보였다. 바울의 사역에서 내가 눈여겨본 것 중 하나는 그가 예수님에 대한 복된 소식을 장소에 따라 제각기 다르게 제시했다는 점이다. 루스드라와 멜리데에서는 병든 자들을 낫게 해달라는 기도로 복음을 선포한다. 아마 여기 서머셋의 우리 친구 존처럼 어떤 사람들은 믿기 전에 보아야 할 필요가 있음을 알았기 때문일 것이다. 하지만 바울은 다른 곳에서는 병을 고치는 일이 아니라 가르치는 일부터 시작한다. 구브로와 비시디아 안디옥에서 그와 바나바는 출애굽기부터 예수님에게 이르기까지 성경을 가르쳤고 "하나님의 말씀이 그 지역 전역에 전파되었다." 베뢰아에서도 같은 방식을 사용했고, 사람들은 그의 가르침이 옳은지 확인하려고 성경을 숙고했다. 그 결과 고위직의 일부 헬라인을 비롯해 많은 사람이 주님을 믿었다. 아덴에서도 이성적인 논증을 제공했다. 이번에는 유대인의 성경이 아니라 고전 철학으로 접근했다. 반응한 사람 중에는 아레오바고의 관리 디오누시오와 다마리와 그의 친구들이 있었다.[17]

그동안 나는 수많은 교회 수련회와 성직자 사경회를 이끌었다. 사람들에게 '갈릴리로 돌아가자'고 초청하고 그들이 예수님의 부르심을 처음 경험했을 때의 상황을 돌아보도록 초청하기를 좋아한다. 당신은 마가형인가? 누가형인가 아니면 요한형인가?라고 질문한다. 소수의 사람은 자신이 마가형이라고 대답한다. 그냥 그런 일이 일어났다는 것이다. 누가형이라고 대답하는 사람은 이들보다 많다. 눈으로 보거나 경험한 일을 토대로 믿었다는 것이다. 그러나 대부분 사람은 자신을 요한형이라고 말한다. 그들에게 갈릴리는 눈앞에서 일어난 일을 본 곳이 아니라 말씀을 듣거나 읽은 곳이었다.

나의 경우도 이와 마찬가지였다. 내가 처음 던진 질문은 "정

---

17) 사도행전 13장(구브로와 비시디아 안디옥), 사도행전 17장(베뢰아와 아덴). 바울은 에베소와 고린도에서 수개월 동안 체류했다. 에베소에서는 철학 학교로 점심 시간 수업을 진행했고, 고린도에서는 그리스보의 집에서 이 수업을 진행했다(행 18장과 19장).

말 그런 일이 가능해요?"가 아니라 "사실이에요?"였다. 그래서 예수님의 삶과 죽음과 부활에 관한 성경 본문과 역사적 증거를 살펴보았다. 기독교 신앙이 하나의 철학으로서 기능했는지 살펴보았고, 다른 종교에 대해서도 살펴보았다. 복음서를 읽었고 무엇보다 특히 요한복음에 집중했다. 가장 유익했던 책 중 하나는 프랭크 모리슨(Frank Morison)이라는 사람이 쓴 책이었다. 변호사인 프랭크는 성경의 이야기가 전부 가짜라는 강한 확신이 있었고, 그것을 밝히기 위해 온갖 전문가적 도구를 동원했다. 조사는 프랭크가 기대한 대로 흘러가지 않았다. 그는 도리어 그리스도께 인생을 의탁했을 뿐 아니라 그 이유를 설명하는 탁월한 책을 썼다. 1930년에 처음 출판된 이 책은 지금도 여전히 독자의 사랑을 받고 있다.[18] 나는 많은 책을 읽고 참을성 있게 들어주는 친구들과 많은 대화를 나눈 끝에 복음은 진리가 분명하다는 결론에 도달했다. 그런 다음에야, 오직 그다음에야 나는 '나를 따르라'는 요청에 반응할 준비가 되었다. 그리고 그 복음이 실제로 역사한다는 것을 확인할 준비가 되었다.

　오늘날 대부분 사람에게 갈릴리는 일종의 경청하는 자리다. 평범한 사람이 하나님나라에 들어가는 방법을 생각하고 고민하기까지 약 4년이 걸린다. 아덴 사람들처럼 우리는 철저히 세속적인 사고 구조를 지니고 있어서 출발선에 도달하기까지 이런 사고를 해체하고 재건하는 과정이 필요하다. 교육을 받을수록 이런 과정은 더 어려워지는 것 같다. 여러 연구 과정에서 제공하는 교

---

18) Frank Morison, *Who Moved the Stone?*(Authentic Media, 2006). (『누가 돌을 옮겼는가?』 생명의 말씀사)

재들이 필요한 이유가 이 때문이다. 또한 탁월한 기독교 사상가들이나 과학자들, 기업가들과의 인터뷰를 보거나 책을 읽는 것이 필요하며, 무엇보다 그리스도인들이 마음을 열고 아직 그리스도인이 아닌 친구들의 말을 들어보고 대화하는 것이 필요하다. 로버트 프로스트(Robert Frost)는 "지성인이 진리에 대해 각성하기 위해서는 시간이 걸린다"라고 지적했다.[19]

그러므로 예수님은 우리를 부르고 계신다. 마가가 서술한 것처럼 바로 그 방식으로 우리를 부르고 계신다. 혹은 누가가 기술한 대로 자신의 권위에 대한 가시적 증거를 제공하심으로 우리를 부르고 계신다. 혹은 요한이 기록한 대로 누군가의 가르침이나 직접적인 예언의 말씀으로 우리를 부르고 계신다. 그러므로 무엇인가를 읽을 때 잠시 멈추어 서서 스스로 이렇게 질문해보라. 어떤 방법으로 처음 예수님과 조우했는가? 나는 마가형 사람인가? 누가형 사람인가? 아니면 요한형 사람인가? 자신의 느낌에 반응했는가? 무엇인가를 보고 반응했는가? 아니면 말씀을 듣고 반응했는가? 그것은 한순간이었는가? 어떤 과정이었는가? 당신은 어떠했는가?

부르심에 응답하기

우리는 예수님이 공생애를 시작하시면서 일어난 일에 대한 마

---

19) 프로스트는 19세기 수필가 토머스 드 퀸시(Thomas De Quincey)의 '스타일'에 관한 수필, *Selected Essays on Rhetoric*을 인용한다. 2010년 남일리노이 대학교 출판부의 프레드릭 버윅(Frederick Burwick)이 편집했다. "지성인이 진리에 대해 각성하고 그 한계를 확인하기까지 시간이 걸린다."

가의 간단한 이야기로 시작했다. 마가는 "예수께서 갈릴리에 오셔서 하나님의 복음을 전파하여 이르시되 때가 찼고 하나님의 나라가 가까이 왔으니 회개하고 복음을 믿으라 하시더라"고 말한다.[20] 이 말씀을 들은 사람들은 대부분 이것이 복된 소식이라고 생각했다. 누가는 마태의 반응을 기록한다.

> **"그 후에 예수께서 나가사 레위라 하는 세리가 세관에 앉아 있는 것을 보시고 나를 따르라 하시니 그가 모든 것을 버리고 일어나 따르니라 레위가 예수를 위하여 자기 집에서 큰 잔치를 하니 세리와 다른 사람이 많이 함께 앉아 있는지라 바리새인과 그들의 서기관들이 그 제자들을 비방하여 이르되 너희가 어찌하여 세리와 죄인과 함께 먹고 마시느냐 예수께서 대답하여 이르시되 건강한 자에게는 의사가 쓸 데 없고 병든 자에게라야 쓸 데 있나니 내가 의인을 부르러 온 것이 아니요 죄인을 불러 회개시키러 왔노라"**(눅 5:27-32).

마태는 자신이 아는 사람들을 모두 잔치에 초대하고 이어서 자기 재산의 절반을 바치는 것으로 이 부르심에 응했다. 한 친구는 그리스도인이 된 뒤에 거리를 달려 내려가 만나는 사람마다 다 안아주고 싶은 충동을 가까스로 참았다고 한다. 그녀는 사람들이 모두 너무나 불쌍하게 보였다. 잘못을 저지른 누군가에게 용서를 구하려고 바로 그 길로 달려갔던 사람도 알고 있다. 잇따른 망가진 관계들로 고통당하다가 완전한 해방감을 누린 사람도

---

20) 마가복음 1:14-15.

있다. 한 자리에 선 채 손에 가득 든 쇼핑백을 멍하게 바라보며 대체 이 모든 것이 필요한 이유가 무엇인지 황망하게 생각한 사람도 있다.

힘들고 어려울 때 옛날에 사랑받았던 시간이나 장소, 혹은 인생이 아름답고 의미 있어 보였던 곳을 떠올려보는 것이 도움이 된다고 한다. 아마 예수님이 제자들에게 갈릴리로 돌아가라고, 모든 것을 버려두고 그분을 따를 수밖에 없었던 그 초반의 선명한 순간으로 돌아가라고 말씀하신 것도 이 때문일 것이다. 우리 역시 갈릴리로 돌아가 인생 항로를 바꾸게 했던 그것이 정확히 무엇이었는지 다시 생각해보는 것이 도움이 될 수 있다. 그러면 예수님이 우리를 위해 계획해주신 여정을 다시 이어갈 힘을 얻을 것이다.

16세기 성경학자 윌리엄 틴데일(William Tyndale)은 자신이 번역한 신약 성경 서문에서 복음을 이렇게 정의했다.

"우리가 복음이라고 부르는 것은 멋진 단어다. 사람들이 기쁨으로 충만해 노래하고 춤추며 즐거이 뛰어놀 수 있는 행복하고 좋은 소식을 가리킨다."

〈성 조지 데이 축제〉(1649)
-데이비드 테니어스 2세(David Teniers the Younger)

예수님의 부르심을 받다: 대럴 터닝글레이(Darrell Tunningley)

대럴 터닝글레이는 무장 강도로 유죄 확정을 받고 복역 중이었고, 단지 차와 비스킷을 준다는 말에 혹해서 알파 코스에 참여했다. 하지만 이를 계기로 또 다른 일이 생겼고, 그 일로 또 다른 일을 경험하게 되었다.

"태어나서 처음으로 기도라는 것을 드렸어요. '네, 하나님, 믿습니다. 예수님, 당신이 저 대신 형벌을 받으시고 저를 위해 대신 죽으셨음을 믿습니다. 저 자신이 아무 쓸모 없고 무가치한 존재라는 생각에 시달리는 것도 이제 지칩니다. 중독의 굴레에서 벗어나지 못하고 늘 화가 나 있는 것도 지겹습니다. 저의 분노를 가져가주시고, 마약의 중독에서 벗어나게 해주시며, 제가 저지른 온갖 문제를 해결해주십시오. 저를 위해 이렇게 해주시면 제 남은 평생을 주님이 시키시는 대로 살겠습니다.' 너무나 단순한 기도였습니다. 나는 여러 번 하나님을 저주했지만, 원래 말하는 본새가 그런 놈이었고, 실제로 마음 상태도 그러했어요. 그런 식으로 인생을 살아왔어요. 그런데 하나님은 그런 나를 만져주셨어요. 알다시피 하나님은 완벽을 요구하시지 않는 분이죠. 우리를 너무나 사랑하셔서 정확히 우리 모습 그대로 우리를 받아들여 주시는 분이죠. 하지만 또 우리를 사랑하셔서 그대로 우리를 방치하시지는 않죠.

내가 무엇을 기대했는지 모르겠지만, 아무 일도 일어나지 않았어요. 감방 문이 흔들리지도 않았고, 눈이 부실 정도의 빛이 비치지도 않았어요. 천사가 내려오지도 않았고, '그래. 아들아. 너의 기도를 들어주겠노라'는 음성도 들리지 않았어요. 하나님이 내 기도를 들어주셨기를 바라며 그냥 잠자리에 들었어요. 그다음 날 간수들이 문을 두드리며 죄수들을 깨우기 전에 잠에서 깼어요. 그래서 감방 안은 너무나 조용했지요. 그런데 그다음 연달아 일어난 일은 앞으로도 잊지 못할 겁니다."

나는 잠자리에 들기 전에 항상 담배를 말아놓곤 했다. 자리에서 일어나기 전에 한 번만 몸을 움직여도 담배를 피울 수 있도록 하기 위해서였다. 아침에 눈을 뜨면 항상 담배 한 대를 피우고 싶은 마음이 간절했다. 그날 아침에도 나는 담배를 집으러 몸을 움직였다. 하지만 그것을 보자 갑자기 토할 것 같았다. 조금 어지러운 정도가 아니라 보는 것조차 역겨울 정도의 메스꺼움이었다. 나는 담배를 집어 창밖으로 던졌다. 그래도 역겨운 감정이 사라지지 않자 나는 남은 담배를 전부 집어서 창밖으로 던졌다. 그러자 기분이 훨씬 나아지기 시작했다.

"좀 더 일찍 일어났더라면 간수들이 오기 전에 창밖에 있는 대마초 식물을 꺾었을 겁니다. 하지만 그 생각을 하자마자 이전보다 더 심한 상태로 끔찍한 감정이 다시 찾아왔어요. 나는 남아 있던 소량의 대마초 식물을 집어서 그것도 창밖으로 던져버렸어요. 그렇게 던지자마자 다시 마음이 홀가분해졌어요.

이 정도가 되자 나는 자신을 주체하지 못하고 내게 무슨 문제가 있나 걱정되기 시작했어요. 세면대로 가서 세수하고 면도하기 시작하자 다시 새로운 감정이 나를 감싸기 시작했어요. 처음에는 아주 포근하고 따스한 느낌이었어요. 행복했어요. 하지만 왜 그런지 이유를 알 수 없었죠. 그리고 그 감정은 더욱 강렬해졌어요. 나는 마약이란 마약은 다 입에 대어보았지만, 그때 느낀 감정은 그 어떤 마약류보다 강렬했어요. 마치 누군가가 내 머리 뚜껑을 열고 얼음장처럼 찬물을 쏟아붓는 것 같았죠. 그 서늘한 냉기가 나의 전신을 흐르며 모든 나쁜 것을 다 씻어주는 듯했어요. 온갖 분노와 죄책감과 좌절감이 다 씻겨 내려가는 것 같았죠. 거울 속의 나를 보았는데 마치 딴사람이 된 것처럼 내 모습을 알아차리지 못할 정도였죠. 암처럼 내 안에서 나를 깎아먹는다고 느꼈던 모든 분노가 씻은 듯이 사라져 버렸어요. 어떻게 이런 일이 일어날 수 있는지 다 설명할 수 없었지만, 하나님이 내 기도를 들으셨다는 것을 알았어요. 하나님이 나를 용서해주셨음을 알았고, 두 번째 기회를 주셨으며, 내 마음이 새로워졌음을 알았어요."

―대릴 터닝글레이, 『접근 불가-마약, 폭력, 무장 강도로 얼룩진 한 남자가 감옥에서 하나님과 기적적으로 만난 이야기』(Unreachable-One Man's Journey through Drugs, Violence, Armed Robbery and a Miraculous Encounter with God in Prison, Sovereign World, 2011).

대릴은 2013년 5월 영국 HTB 리더십 콘퍼런스에서 신앙 간증을 했다. 지금은 하나님의 성회에서 목회자로 섬기고 있다.

1장.
나눔을 위한 질문

예수님은 부활하신 후 "갈릴리로 돌아가라"고 제자들에게 지시하셨다. 자신의 갈릴리는 어디인지 생각해보라. 갈릴리는 예수님과 함께하는 여정이 처음 시작된 시기와 장소를 말한다. 생각을 돕기 위해 아래 소개한 복음서 구절을 이용해 묵상하고 기억하는 시간을 가지라.

그런 다음 지금까지 거쳐온 여정을 되짚어보고 앞으로 다가올 여정에 대해 결의를 새롭게 다지며 기도하는 시간을 가지라.

1. 나를 따르라-단순한 부르심(마가)

> 마가복음 1:16-20: 시몬, 안드레, 야고보, 요한
> 마가복음 2:13-14: 레위

- 이 장면을 상상해보라. 고기를 낚고 있는데 예수님이 찾아오시고 우리는 따른다. 그것도 곧바로.

- 예수님이 처음 당신을 부르셨을 때 무엇을 하고 있었는가? 어떤 상황에 있었는가?

- 그분의 부르심을 어떤 방식으로 들었는가? 이들처럼 즉각적이었는가?

- 이런 경험을 한 사람을 알고 있는가?

2. **이것을 보고 이제 나를 따르라(누가)**

    누가복음 4:38-41: 시몬의 집에서 있었던 병 고침
    누가복음 5:1-11: 시몬, 야고보, 요한이 많은 고기를 잡다

- 모든 일이 항상 그렇게 갑작스럽지는 않다. 이 이야기의 경우 제자들을 부르신 일이 처음이 아니었다. 부르심을 받은 자들은 예수님이 치유와 기적을 통해 능력을 베푸시는 것을 이미 보았다.

- 당신은 어떤가? 갑자기 예수님의 부르심에 반응했는가? 아니면 당신의 인생이나 누군가의 인생에서 그분이 행하시는 일을 먼저 보았는가?

- 이런 경험을 한 사람을 알고 있는가?

- 그동안 당신이 전심으로 따랐던 예수님이 지금도 이렇게 역사하고 계시는가?

3. 이 말을 듣고 이제 나를 따르라(요한)

누가는 예수님이 하시는 일을 보고 제자들이 그분의 정체성에 대해 확신하게 되었다고 말한다. 요한은 예수님이 하신 말씀에 대해 이야기한다.

요한복음 1:35-51: 안드레와 시몬, 빌립과 나다나엘

- 이들이 예수님의 부르심에 응한 이유는 기적을 보아서가 아니었다. 예수님의 가르침과 선지자들의 예언과 성경 지식을 따라 부르심에 응했다. 그들이 본 일이 아니라 다른 사람들이나 혹은 그들이 직접 들었던 내용에 반응한 것이었다.

- 이런 경험을 한 적이 있는가?

- 예수님의 부르심에 처음 응할 때 이런 경험이 영향을 미쳤는가? 그 후로 이런 경험이 영향을 미친 적이 있는가?

- 이런 경험을 한 사람을 알고 있는가?

4. 적용하기

누가복음 5:27-32: 레위

- 당신은 위에서 거론한 어느 한 가지 방식으로 갑자기 예수님을 처음 만났는가? 아니면 점진적인 경험을 통해 예수님을 만났는가?

- 점진적인 과정을 통해 예수님을 만났다면 어떤 중요한 순간들을 꼽을 수 있는가?

- 이런 식으로 아직 예수님을 만난 적이 없다면, 이런 방식의 만남을 기꺼이 받아들이겠는가?

- 예수님을 처음 만났을 때 당신은 어떻게 반응했는가?

- 어떤 방식으로 당신이 주님을 만난 것을 공개했는가? 가족이나 친구나 동료들은 당신이 그리스도인임을 알고 있는가?

2장

제자란 무엇인가?

"예수님을 따르는 자들에게
제자도는 전도양양한 인생을 향해 나아가는 첫걸음이 아니다.
본질적으로 각자 정해진 운명을 성취해가는 일이다."

앨런 허쉬[1]

나는 지옥의 심연을 거쳐 연옥의 산에 올랐다가 마침내 천계를 통과해 낙원에서 하나님의 면전에 다다른다는 가상의 여정을 묘사한 이탈리아 시인 단테를 연구하고 가르치는 것으로 전문가로서의 삶을 시작했다. 당시 나는 그리스도인이 아니었다. 하지만 이 책을 읽을수록 단테가 저승을 여행하면서 만난 사람들에게 점점 더 깊이 매료되었다. 그들은 이 세상에서 꾸준히 하나님을 등지고 떠나게 된 결정들을 내렸거나, 반대로 꾸준히 하나님께로 더 나아가는 결정을 내린 사람들이었다. 올바른 방향으로 움직였던 사람들이라 해도 항상 올바른 길로만 간 것은 아니었다. 하지만 세세한 행동보다는 전체적인 방향이 중요했던 것 같다. 이제 그들은 영원히 운명이 정해진 채 그들의 영혼의 성향을 반영한 풍경 속에 있다. 후에 나는 복음서에서도 동일한 과정을 눈여겨 보게 되었다. 마리아의 꾸준한 성장, 마태의 즉각적 헌신, 막달라 마리아의 변함없는 충성에 대한 내용을 읽게 되었을 뿐 아니라, 야고보와 요한의 잘못된 야망, 베드로의 충동적인 폭력과 노골적 부정, 니고데모의 비겁한 우유부단함에 대한 내용도 읽었다. 모두가 항상 올바른 결정을 내리지는 못했다. 그런데도 그들은 올바른 방향으로 인생의 길을 걸어갔다. 하지만 단테의 소설에 등장하는 사람들처럼 이와 정반대의 길을 선택한 사람들도 만난다.

부유한 젊은 관원이나 예수님의 가르침에 기분이 상해서 집으로 돌아가버린 많은 제자와 당연히 유다, 즉 단테의 지옥에서 무서운 형벌을 받고 있는 유다가 여기에 해당한다.[2] 이들은 모두 이런저런 식으로 예수님의 기본적인 질문에 대답하고 있었다. "너는 나를 위하는 자인가? 나를 거스르는 자인가? 엉망이고 잘못을 저지르기 쉬운 너의 온갖 연약함에도 나를 따르기를 원하는가? 아닌가?"

예수님을 따르기로 결단을 내렸을 때 나는 무엇보다 특별히 성경을 공부하고 일상생활에 적용하고자 노력하는 과정으로 기독교 제자도를 이해한 사람 중 하나가 되었다. 당시는 교회의 믿음의 불씨를 되살리고자 하는 사람들의 열망이 강할 때였고, 이런 열망은 신앙의 견고한 토대로 작용했다. 하지만 이로 인해 나는 요한형 사람이 되는 결과를 낳았고, 마가형 사람들과 누가형 사람들이 대체 어디 있다는 것인지 의아하게 여겼다. 어떻든 이런 식의 접근은 문제가 생길 여지가 거의 없는 것 같았고, 당시 일어나는 일은 대부분 우리 눈앞에서나 우리 마음 깊숙한 곳이 아니라 우리 머릿속의 일이었다.

그 직후 나는 영국 성공회 목사로서 전임 사역자의 길로 막 들어선 로저와 결혼했다. 우리는 그 후 24년을 지역 교회 사역에 헌신하며 보냈다. 이즈음 상황은 더욱 흥미진진하게 흘러갔다. 우리와 처음 교회를 시작한 교인들이 신앙 여정에 매우 혼란스러운

---

1) *The Forgotten Ways*(Brazos Press, 2006), 103쪽. (『잊혀진 교회의 길』 아르카)

2) 요한복음 6:66을 참고하라. "그 때부터 그의 제자 중에서 많은 사람이 떠나가고 다시 그와 함께 다니지 아니하더라."

행보를 보임에 따라 우리는 제자도가 단순히 방향이나 가르침만 중요한 것이 아니라 공동체도 중요함을 알게 되었다. 예수님의 제자가 무엇을 의미하는지 더 배울 수 있었던 것은 서로에 대한 우리의 헌신, 함께하는 기도, 성령의 인도하심을 받고자 하는 우리의 적극적인 노력과 자발성이 있었기에 가능했다. 우리는 함께하는 법을 배운 것이다. 동일한 교훈을 다음 사역지에서 적용하면서 우리는 대다수 교인이 직접 작은 셀 모임을 만들어 성경을 공부할 뿐 아니라 함께 예배하고 기도하는 시간을 가지며, 서로의 어려움과 꿈을 나누고, 각자 속한 모임이나 더 넓게는 교회 전체와 나아가 지역 공동체에서 부름받았다고 생각하는 사역에 참여하도록 장려했다. 교회는 이미 적극적인 치유 사역을 하고 있었고, 곧 활발한 전도 사역을 하게 되었다. 이제 우리는 단순히 말씀을 이해하는 신앙뿐 아니라 보고 느끼는 신앙이 무엇인지 경험하고 있다.

    2000년도에 나는 탄자니아 킬리만자로 교구에 파송된 선교사인 스탠리 호테이를 만났다. 나는 성직자 모임을 인도하도록 도와달라는 요청을 받고 그곳에 가 있었다. 2년 후 우리는 그에게 우리가 있는 레스터로 방문해달라고 요청했다. 열정적인 복음 전도자인 스탠리는 주님이 마태복음 28장 19-20절로 그에게 말씀하셨다고 했다. "그러므로 너희는 가서 모든 민족을 제자로 삼아 아버지와 아들과 성령의 이름으로 세례를 베풀고 내가 너희에게 분부한 모든 것을 가르쳐 지키게 하라 볼지어다 내가 세상 끝날까지 너희와 항상 함께 있으리라 하시니라." 스탠리는 사람들을 믿음으로 이끄는 놀라운 일을 하고 있지만, 핵심은 사람들을 제자로 삼는 것이라는 말씀을 주님께 들었다고 말했다. "사람들이 회심하도록 돕고 있지만, 내가 네게 원하는 것은 사람들을 제자로 삼는 것이다." 이런 과정에서 홍수로 잠긴 계곡 가에 깊이 뿌리를 내리고 서 있는 나무들이 인상적인 러틀랜드호(Rutland Water) 주변을 산책하던 어느 날 우리는 '예수 안에 뿌리내린 삶'이라는 아프리카를 위한 제자 훈련 프로그램을 고안하게 되었다.3) 함께 사역하고 우리를 도울 팀을 섭외하는 일을 하면서 우리는 2년에 걸쳐 소그룹별로 실행할 일련의 성경 공부와 실전 훈련에 관한 내용을 정리했다. 비록 성경을 기반으로 하지만, 성경 공부 과정은 아니었다. 평범한 사람들이 삶의 모든 분야에서 예수님을 따르도록 돕기 위한 쌍방향의 실제적인 프로그램이었다. 예수님이 첫 제자들에게 요청하신 대로 말뿐 아니라 행동으로 총체적인 제자의 삶을 살도록 하기 위한 프로그램이었다. 우리는 이 프로그램을 한 번도 홍보한 적이 없다. 그렇게 해야겠다는 생각조차 한 적이 없다. 그런데 저절로 소문이 퍼졌다. 13년이 지난 현재 이 프로그램은 아프리카 15개국의 70개가 넘는 교구 혹은 교파에서 활용 중이다. 나는 이 프로그램의 출판 책임자이자 총책임자로 일하고 있다.

---

3) 구약과 신약의 잎사귀가 마르지 않는 나무의 심상을 따 이렇게 이름을 지었다. 예레미야 17:7-8, 시편 1편, 에베소서 3:17, 골로새서 2:7. '예수 안에 뿌리내린 삶'은 마데테스 트러스트(Mathetes Trust) 출판사에서 출판과 지원을 담당하고 있다. www.rootedinjesus.net을 참고하라.

 지난 10년 동안 나는 영국에 본부를 둔 영국 성공회 자선단체인 리소스(ReSource)와 협력하여 영국 전역과 나아가 전 세계의 교회들과 교회 지도자들을 지원하고 있다. '예수 안에 뿌리내린 삶'은 현재 리소스 프로젝트의 하나로 운영되고 있다. 우리는 대부분의 에너지를 다음의 일에 쏟아붓고 있다. 우리는 마을과 지역과 전국 단위로 사역하며, 선교와 복음 전도와 치유 사역과 일상의 제자도를 더욱 효과적으로 감당하고자 노력하는 교회들과 네트워크들에 자원을 제공하고 지지와 격려를 보내고 있다.[4] 리소스 팀 안에서 나는 이런저런 자료를 집필하고 토론을 돕거나, 일일 계획을 세우고 집회에서 강연하며, 교회를 방문하고 수련회를 인도하는 등의 역할을 맡았다. 이런 전국 단위의 일들을 하는 것은 엄청난 특권이다. 그것은 고공을 나는 새처럼 교파와 종교적 전통을 가리지 않고 이 나라의 교회를 한눈에 살펴볼 기회가 되기 때문이다. 우리는 누구 못지않게 교회의 현재 상태를 측정하고 시대의 징조를 분별할 수 있다.

---

4) www.resource-arm.net and https://mathetestrust.org.

전국을 순회하면서 우리는 '제자'라는 단어가 점점 더 사람들의 입에 자주 오르내리는 것을 확인하고 있다. 몇 년 전까지만 해도 우리는 핵심 단어를 '확신'이라고 강조했고, 사람들도 다음과 같은 식으로 질문하곤 했다. "점점 세속화로 치닫는 문화에서 사람들이 여전히 예수 그리스도의 복음을 들어야 하고 실제로 듣기를 원한다고 어떻게 확신할 수 있나요?" 그러나 세상의 조류가 계속 거세게 휘몰아칠수록 교회 내의 사람들은 예수님의 제자가 된다는 것이 무슨 의미인지 점점 더 많이 이야기하고 있는 것 같다. 어떻게 하면 제자를 삼을 수 있는지, 제자 훈련으로 어떻게 성장할 수 있는지에 대한 이야기에 집중적인 관심을 가지는 것 같다. 왜 이렇게 해야 하는가? 영국의 경우 감소하던 교회 출석률이 증가세로 반전되기 시작하면서 우리는 점점 더 자신감이 생긴 것 같다. 우리는 우리 확신의 기초가 실제로 예수님의 제자로서 우리 삶의 질에 있음을 깨달았다.[5] 칼라일 교구는 2010년도 비전의 핵심 구호와 표어를 "교회마다 모든 연령대의 제자가 성장하는 모습을 목도하는 것"이라고 정했다. 이 교구는 30년이 넘도록 쇠락을 거듭하다가 이제 성장하기 시작했다. 도버의 후임 주교인 트레볼 윌모트는 "캔터베리 교구 전역의 교인들에게서 진정한 신앙인이 되기 위해 무엇인가와 다시 연결되고자 하는 간절한 열망"을 보고 충격을 받은 후 제자 훈련의 해를 시작했다. 2012년 리소스는 옥스퍼드 교구의 초청으로 이 교구에서 6일을

---

[5] 2011년도의 출석률 통계는 44개 교구에서 20개 교구가 성장하고 있음을 보여준다. churchofengland.org/about-us/facts-stats/research-statistics.aspx를 참고하라.

체류하며 360명의 사제와 1,300명의 교회 위원회 위원과 모임을 가지고 예수님의 제자가 된다는 것이 무슨 의미인지 다시 생각해 보는 기회를 가졌다. 2013년에는 "선교에 대한 비전을 새롭게 하자"라는 제목으로 포츠머스 교구에서 비슷한 훈련에 착수했다. 2012년 가을에는 많은 성공회 교구가 대표들이 참석한 가운데 런던의 처치 하우스(Church House)에서 제자도에 대한 협의회를 개최했다. 질문은 "제자도를 영국 국교회의 원동력으로 삼을 수 있는 방법은 무엇인가?"였다. 2013년 11월에는 "제자들이 성장하는 데 도움이 되는 것은 무엇인가?"라는 제목으로 후속 협의회가 개최되었다. 우리는 리소스를 통해 다른 교파 간의 네트워크와 많은 지역 교회와 함께 제자도에 대한 토론이 활성화되도록 도왔다. '예수 안에 뿌리내린 삶' 프로그램을 사용할 수 있는지 문의하는 사람이 너무나 많아서 우리는 영국 전용으로 내용을 개정해서 『거기 계시는 하나님』(The God Who is There)이란 제목의 교재를 출간했다. 종종 말한 대로 단순히 우리가 아는 지식뿐 아니라 더 중요하게는 우리가 어떤 사람이 되어 가는지에 초점을 맞춘 프로그램이었다.

그레이엄 크레이 주교는 "제자도는 오늘날 서구 교회가 직면한 가장 전략적인 주제다"라고 말한다. 런던 현대 기독교 연구소(London Institute of Contemporary Christianity)의 마크 그린(Mark Greene)은 그의 말에 동의하며 이렇게 말한다. "복음을 실천하며 일상생활에서 사람들과 관계하는 곳마다 복음을 나누고 일생 제자로 살아가도록 훈련하는 데 초점을 맞춘 공동체를 가꾸지 않는 이상 영국은 절대 복음에 우호적이지 않을 것이다." 마이클 프로스트와 앨런 허쉬와 같은 신학자들은 "제자도는 그리스도인의 인생을 규정하는 자질이 되어야 한다"라고 주장한다. 달라스 윌라드(Dallas Willard)는 이것을 더 단도직입적으로 표현한다. "현대 교회가 부닥친 대부분의 문제는 교인들이 그리스도를 따르기로 아직 결단하지 않았다는 사실로 설명될 수 있다."[6]

지금은 예수님의 제자가 된다는 것이 무슨 의미인지 교회가 다시 생각할 적기다.

갈릴리로 돌아가기

"열한 제자가 갈릴리에 가서 예수께서 지시하신 산에 이르러 예수를 뵈옵고 경배하나 아직도 의심하는 사람들이 있더라 예수께서 나아와 말씀하여 이르시되 하늘과 땅의 모든 권세를 내게 주셨으니 그러므로 너희는 가서 모든 민족을 제자로 삼아 아버지와 아들과 성령의 이름으로 세례를 베풀고 내가 너희에게 분부한 모든 것을 가르쳐 지키게 하라 볼지어다 내가 세상 끝날까지 너희와 항상 함께 있으리라 하시니라"(마 28:16-20).

---

6) Graham Cray, *Who's Shaping You?-21st century disciples*(Cell UK Ministries, 2010); Mark Greene, *Imagine*, licc.org.uk/imagine-church/; Michael Frost & Alan Hirsch, *ReJesus-A Wild Messiah for a Missional Church*(Hendrikson, 2009), 42쪽, (『세상을 바꾸는 작은 예수들』 포이에마); Dallas Willard, *The Spirit of the Disciplines-Understanding How God Changes Lives*(Harper SanFrancisco, 1999), 259쪽.

예수님이 부활하신 후 예수님의 사도적 제자로 아직 남아 있던 열한 명의 제자는 지시하신 대로 갈릴리로 돌아가는 긴 여정에 올랐다. 마태는 그 이야기를 짧게 들려준다. 그들은 가서 예수님을 만났고 그분에게 사명을 위임받았다. 그러나 당연히 그 일은 그렇게 간단한 것이 아니었다. 그 현장에 있었던 요한은 그들이 함께 보냈던 시간에 대해 약간 더 자세한 내용을 알려준다.

일단 고향으로 돌아가자 예수님의 제자들은 옛날의 생활 방식으로 회귀했던 것 같다. 당연한 반응이었다. 무엇보다 그들의 3년간에 걸친 모험은 이제 다 수포가 되어버린 것 같았다. 그래서 어느 날 저녁 7명의 제자가 갈릴리 바다 해변에 모였고, 베드로는 물고기를 잡으러 가겠다고 선언한다. 역시 전직 어부였던 야고보와 요한과 4명의 남은 제자가 그와 함께 배에 오른다. 그들은 밤새 그물을 던졌지만, 한 마리도 잡지 못한다. 날이 밝자 누군가 해변에 서 있다. "그물을 배 오른쪽으로 던져라." 그들은 그 지시를 따랐고, 엄청난 물고기가 잡혀서 그물을 끌어 올릴 수가 없을 정도였다. 그 순간 깨달음이 왔고 요한은 베드로에게 "주님이시다!"라고 소리쳤다. 바로 그 바닷가 그곳에서 3년 전에 처음 그들을 만나주셨던 주님, 바로 오늘처럼 그 첫날에 그물이 가득하도록 채워주셨던 주님, 어부의 직을 버리고 그분을 따르도록 부르시며 그들로 사람을 낚는 어부가 되게 해주겠다고 약속하셨던 주님이셨다.[7] 그런데 이것으로도 모자란 듯이 예수님은 그들에게 요리를 해주셨다. "와서 조반을 먹으라"고 그분은 말씀하셨다. 물고기와 빵밖에 없는 소박한 식사였다. 예수님은 빵을 떼셔

---

7) 누가복음 5:1-11과 요한복음 21:1-14을 비교하라.

서 그들에게 나누어주셨다. 아마 예수님의 그런 행동에 그들은 죽임당하시기 전날 밤 빵을 떼어주셨던 마지막 그 중요한 시간이 기억났을 것이다. 그날 밤 예수님은 이렇게 말씀하셨다. "받아서 먹으라 이것은 너희를 위하여 내어주는 내 몸이니라."[8] 예수님은 그들을 다시 그 자리로 데려가고 계셨다.

〈물고기를 요리하시는 예수님〉
-루카스 가셀(Lucas Gassel, 1490-1568)

그러나 이것이 끝이 아니었다. 제자들이 이런 중요한 부르심과 헌신의 순간들을 기억에 되살리도록 도우신 예수님은 베드로와 해변을 따라 산책을 시작하셨다. 이번에 예수님은 그를 더욱 고통스러운 순간으로 데려가셨다. 예루살렘에서 베드로가 예수님을 부인했던 끔찍한 순간으로 데려가신 것이다. 예수님은 베드로의 세 번에 걸친 부인에 맞추어 세 번이나 그에게 "너는 나를

---

8) 요한복음 21:9-19과 특별히 누가복음 22:19과 마태복음 26:26의 마지막 만찬 기사를 비교해보라.

사랑하느냐?"라고 물으셨다. 베드로는 마음에 상처를 받았고 그분을 사랑한다고 주장한다. 그러자 예수님은 3년 전 첫날에 하신 그대로 "나를 따르라"고 말씀하신다. 더 이상 분명할 수 없었다. 예수님은 그들에게 처음 그들을 만났던 바로 그곳에서 이렇게 말씀하고 계신 것이었다. "나는 너희에 대한 신뢰를 버리지 않았다. 그 초청은 여전히 유효하다. 와서 나를 따르라."

이것이 요한의 이야기다. 누가의 이야기에서는 또 다른 차원의 돌아감이 발견된다. 이번에는 개인적인 돌아감이 아니라 역사적인 돌아감이다. 예수님은 그들을 성경으로 데려가신다. 엠마오로 가는 길 위에서 글로바와 그의 일행에게 이미 하신 대로 예수님은 모인 제자들에게(글로바와 그의 일행과 열한 제자와 그들과 함께한 더 많은 무리) 지난 며칠과 몇 주간에 일어난 모든 일이 모세와 선지자들과 시편 기자들에 의해 처음부터 명확하게 선언되었던 일임을 설명해주셨다. 예루살렘에서 있었던 모든 비극적 사건은 재앙이 아니라 일종의 완성이었다. 하나님의 우주적 뜻이 성취된 것이었다.[9]

그렇게 예수님은 그들을 처음으로 데려가주셨다. 가장 어린 제자로서 복음서 저자 중 실제로 현장에 있었던 유일한 사람인 요한은 우리를 위해 생생하게 그 내용을 기록으로 남겨놓았다. 그는 몇 년 후 "태초에"라는 말로 복음서를 시작했다. 예수님은 "돌아가라. 돌아가. 너희가 생각해야 하는 것은 여정의 끝이 아니라 전체 여정이다. 나아가 이 여정이 세계사라는 더 넓은 맥락과 어떻게 연결되는지 보았으면 한다. 미래의 씨앗은 항상 과거에 심겨

---

9) 누가복음 24장.

있다. 그리고 처음으로 돌아갔다 왔으니 이제 앞으로 나아갈 시간이다. 너희는 내 제자들이다. 그 사실은 전혀 변함이 없다. 이제 너희의 임무는 더 많은 사람을 제자로 삼는 것이다. 아버지와 아들과 성령의 이름으로 그들에게 세례를 주고, 너희에게 명령한 모든 것에 순종하도록 가르쳐라"고 말씀하셨다.

제자란 무엇인가?

어떤 인생이나 어떤 운동이든 처음으로 돌아가야 할 때가 있다. 과거의 결정적인 순간으로, 중요한 원칙들을 처음 정했던 순간으로 돌아가야 할 때가 있다. 예수님의 첫 제자들도 마찬가지였다. 아마 틴토레토와 베로네세가 베네치아의 교회 벽에 생생한 필치로 역사를 재현해준 사람들 역시 마찬가지였다. 우리에게도 이것은 마찬가지라고 생각한다. 우리는 급속히 변화하는 시대에 살고 있다. 변화의 시대에는 돌아가는 것이 좋다.[10]

그러므로 기본적인 질문으로 시작해보자. 예수님이 "가서 제자를 삼으라"고 말씀하셨을 때 어떤 뜻으로 이 말씀을 하셨는가? 예수님의 제자란 정확히 무엇인가? 나는 제자인가? 당신은 제자인가? 이것은 우리를 당황스럽게 하는 질문이다. 성경적 제자도에 관한 고전을 저술한 마이클 윌킨스(Michael Wilkins)는 예수님의 진정한 제자라고 생각하는 사람은 손을 들어보라고 학

---

10) 우리 사회가 변화하는 방식에 대한 분석은 나의 책 *The Word on the Wind*(Monarch, 2011)를 참고하라.

생들에게 요청했을 때 손을 든 사람이 거의 없었다고 말한다. 대부분 당황스러워하며 주저했다. 그러나 참된 그리스도인이라고 생각한다면 손을 들어보라고 했을 때 모두가 자신 있게 손을 들었다. 왜 그들은 망설였는가? 누가는 예수님이 돌아가신 후에도 '제자'라는 단어가 예수님을 믿는 모든 사람을 가리키는 평범한 단어로 사용되었다고 말한다. '그리스도인'이라는 단어가 처음 사용된 것은 시리아의 안디옥에 복음이 전파된 후였다. 그렇다면 예수님의 제자가 된다는 것은 무슨 의미인가?[11]

나는 언어학자로서 언어는 옷과 약간 비슷하다고 생각한다. 매년 나는 아프리카로 한두 번 방문해서 '예수 안에 뿌리내린 삶' 모임의 리더로 자원한 사람들을 훈련하고 지원하는 일을 한다. 아프리카 사람들은 매우 친절하며 때로 아름다운 탄자니아 혹은 잠비아 면화로 만든 셔츠를 선물해주기도 한다. 나는 그 셔츠를 집으로 가져와서 입고 빨래를 한다. 종종 세탁을 너무 자주 해서 셔츠가 줄어들거나 색이 바래서 이전의 아름다운 모습이 사라지고 없어지기도 한다. 언어에도 같은 일이 일어난다고 생각한다. 우리는 수없이 언어들을 입고 세탁하다가 결국 줄어들어 색이 바랜 뒤 그 의미를 잃게 되는 경험을 한다. 우리 자신도 모르는 사이에 점진적으로 그런 일이 일어나기 때문이다.

---

11) Michael Wilkins, *Following the Master-A Biblical Theology of Discipleship*(Zondervan, 1992), 25쪽. 누가복음 11:26을 참고하라. (『제자도 신학』 국제제자훈련원)

제자도에 대한 이해의 축소

'제자'라는 단어도 이런 일을 겪었다. 예수님이 "가서 제자 삼으라"고 말씀하셨을 때 새롭고 근본적이며 중요한 일, 심오하며 이전에 한 번도 보지 못했던 것에 대해서 말씀하신 것이다. 그러나 제자라는 이 단어를 입고 씻고 세대에서 세대로 전해준 뒤 우리는 원래 계획했던 것보다 훨씬 작아지고 줄어들고 빛이 바랜 의미만 남는 경우가 너무나 많음을 확인한다. 사람들은 우리를 보고 또 이렇게 쪼그라든 옷을 보고 아무런 감흥을 느끼지 못한다. 옛날 초창기에 사람들이 말했던 것처럼 더 이상 "저건 어디서 구할 수 있어요?"라고 묻지 않는다. 우리에게 제자도는 의도와 다르게 하찮은 것이 되었다. 살아계신 하나님의 부르심을 받고 파송된 사람으로서 우리 정체성의 핵심에 자리 잡지 못하고 우리 스스로 규정할 수 있는지 확신조차 할 수 없는 단어가 되어버렸다.

더 이상 일상적으로 사용되지 않는 단어들에도 항상 이런 일이 일어난다. 이런 단어들은 아주 조금씩 그 의미를 잃어간다. 물론 그렇게 해서 생기는 필연적인 결과는 완전히 의미를 재규정해야 할 운명에 놓이는 것이다. 줄어들고 색이 바래서 한쪽에 던져 놓았던 셔츠는 지나가는 이들이 주워서 들고 간다. 그들 자신의 개념에 맞출 단어를 찾고 있던 사람들이 그 단어를 냉큼 주워서 자신의 필요에 맞게 잡아당기고 늘인다. 제자라는 단어에 바로 이런 일이 일어났다. 우리가 창간한 잡지 중에도 이 단어를 잡지명에 포함한 것이 있다는 데서 알 수 있듯이 이 단어는 많은 것을 포괄하는 두루뭉술한 용어가 되어버렸다. 사람마다 제각기 다른 의미로 이 단어를 사용한다. 어떤 이에게 이 단어는 성경 공부 프로그램을 의미하고, 어떤 이에게 이 단어는 규정에 따른 목양 과정을 의미한다. 많은 이에게는 단순히 이런저런 중앙 통제식 훈련 과정에 부여하는 단어이기도 하다. 그러나 이런 학술적인 접근 방식을 외면하는 이들에게 '제자'라는 단어는 단순히 그리스도께 헌신하는 걸음을 내디딘 사람을 의미한다. "제자를 삼으라"는 구절은 복음 전도와 관련해 가장 최근에 사용된 사용자 친화적인 구절로 보인다. 이런 방식의 문제는 하나님이 단순히 예수님을 영접하는 것과 제자를 삼는 것의 차이에 대해 말씀해주실 때 스탠리 호테이가 발견한 것처럼 제자를 삼는 일은 단순히 사람들을 믿음으로 이끄는 것보다 훨씬 더 복잡한 일이라는 것이다.

이처럼 제자라는 단어와 친족어인 제자도라는 단어를 마음대로 사용한 결과는 이제 우리가 원하는 거의 모든 의미를 지니게 되었다는 것이다. 그것은 별다른 의미가 없다고 말하는 것이나 마찬가지다. 달라스 윌라드가 탄식하며 지적한 대로 "제자도라는 용어는 심리학적이고 성경적인 의미라는 측면에서 보면 현재 완전히 망가져 있다."[12]

---

12) Dallas Willard, *The Great Omission-Reclaiming Jesus' Essential Teachings on Discipleship*(Monarch, 2006), 53쪽.

그렇다면 제자도는 무엇인가? "가서 제자를 삼으라"고 예수님이 말씀하셨을 때 정확히 무엇을 의도하셨는가?

예수님의 도제가 되다

물론 현재 어떤 번역 성경을 읽고 있느냐에 따라 차이가 있겠지만, 'disciple'(제자)이라는 영어 단어는 신약에서 250회 이상 사용되고 있다(보통 복수로 사용된다). 반대로 '그리스도인'(christian)이라는 단어는 단 세 번밖에 사용되지 않는다.[13] 이 모든 사례를 꼼꼼히 분석해보면 예수님이 이해하신 방식을 알 수 있는 핵심인 두 가지 특징이 사라진 데서 '제자'라는 단어의 의미가 얼마나 축소되고 퇴색되었는지 확인할 수 있다.

2011년 글로스터 영국 성공회 교구는 성직자를 대상으로 제자도의 가장 중요한 요소가 무엇이라고 생각하는지를 묻는 설문조사를 했다. 조사 결과는 교구 소속 사제 간에 광범위하게 일치하는 의견이 있음을 보여주었다. 전통과 상황을 불문하고 사제들은 '성경 공부'가 제자의 가장 중요한 활동이며, 그다음으로 중요한 것은 '기도'라고 보았다. 사역이나 생활방식의 어떤 요소가 제

---

13) 마이클 윌킨스에 따르면 제자라는 단어는 복음서에서 예수님을 따르는 사람들을 가리켜 230회 이상 사용되었고, 사도행전에서는 28회 사용되었다. 달라스 윌라드에 따르면 제자라는 단어는 신약에서 269회 사용되었다. 윌킨스, *Following the Master*, 40쪽. (『제자도 신학』 국제제자훈련원); 윌라드, *The Great Omission*, 3쪽. '그리스도인'에 대해서는 사도행전 11:26, 사도행전 26:28, 베드로전서 4:16을 참고하라.

자도에 포함되어야 한다는 주장은 조금도 없었다. 실제로 '개인적 도덕성'은 '신앙의 간증'과 '믿음의 실천'과 더불어 제안된 17항목 중 최하위에 머물렀다.[14]

오늘날 제자도라고 하면 자연스럽게 일종의 공부를 떠올리는 경향이 있다. Disciple이라는 영어 단어는 라틴어 동사 디스코(disco)에서 파생한 것으로 '배우다'는 의미를 가지고 있다. 우리는 공부가 당연시되는 문화 속에 살고 있고, 배움에 관한 우리 자신의 전제를 성경 본문에 대입할 수밖에 없다. 대다수 사람에게 배움이란 교실과 대학교를 의미한다. 배움은 이해와 정보 습득과 우리가 아는 지식에 초점을 맞춘다. 우리 머릿속에서 이루어지는 활동이다. 그러므로 사람들을 성경 공부 과정에 초청해 예수님의 제자가 되도록 돕는 것이 당연해 보인다. 아마 가장 먼저 성경 공부 프로그램으로 시작하고, 이어서 원하는 이들에 대해서는 교구 과정을 소개하거나 심화된 신학 자격을 갖추도록 도울 수 있다. 이렇게 학문적인 측면에서 보면 제자도는 주로 자격 요건과 관련이 있다. 그리고 이것은 매우 광범위하게 자리하고 있

---

14) 리처드 트위디(Richard Tweedy)가 조사를 실시했다. 응답자들은 제자도를 나타내는 중요한 지표를 다음과 같은 순서로 확인해주었다. 성경 공부, 기도, 예배, 사람들을 섬기는 봉사, 기독교 신앙, 복음 전도, 성례전 준수. gloucester.anglican.org/church-outreach/discipleship2/discipleship-survey를 참고하라. 서머셋의 한 감리교 지역 설교자는 또 다른 방식으로 이 질문을 해보았다. "만약 그리스도인인 것을 불법으로 처벌한다면 어떤 증거가 기준이 될 것이라 생각하는가?" 이 질문에 대한 대답에는 '성경책 소유', '집에 두고 있는 책들', '집회 참석'이 포함되었다. 그러나 그 후에 다소 무작위로 선택할 경우 답변 내용은 놀라울 정도로 실제적이었다. 예수님의 모습으로 만든 스티커, 이메일, 은행 계좌 내역서, 인터넷 방문 기록, 용서의 행동이 모두 그리스도인임을 드러내는 내용이라고 응답했다.

는 잘못된 인식이다. 대충 인터넷을 검색해보면 제자도에 관한 주교들의 자격증이나 제자도 성경 공부, 제자도 콘퍼런스, 제자도 관련 도서와 제자도에 관한 잡지가 가장 많이 검색된다.

문제는 이런 접근 방식이 정보 습득과 자격증을 우선시하는 우리 사회의 풍토와 맞아떨어지지만, 예수님이 첫 제자들에게 가르치신 과정은 제대로 반영하지 않는다는 점이다. 이런 과정들은 그 자체로 매우 유익할 수 있지만, 매일의 일상이라는 맥락에서 믿음을 실천하고 나눌 수 있는 그리스도인이 아니라 교회의 여러 직책에 필요한 사람을 양산하게 된다. 삶에서 신앙이 분리됨으로 예수님의 제자가 아니라 제도의 제자가 되어버린 사람들이 생기는 것이다. 마이클 윌킨스가 지적한 대로 때로 "우리의 제자도 프로그램이 진정한 제자도를 좌절시킨다. 우리는 우리가 만든 프로그램에 골몰한 나머지 실제 삶과 우리 자신이 괴리된다."[15]

그렇다면 예수님의 제자가 된다는 것은 무슨 의미인가? 역시 단서는 언어에서 찾을 수 있다. 제자에 관한 성경의 단어가 라틴어가 아니라 헬라어임을 감안하면 헬라어로 이 단어는 약간 다른 뜻을 내포한다. 제자에 대해 복음서가 사용한 단어는 마데테스(*mathetes*)다. 마데테스는 교실 용어가 아니라 예수님이 이 단어를 사용하신 맥락을 보면 훨씬 더 포괄적인 의미, 일종의 '도제'에 더 가까운 의미를 지닌다. 스승에게서 배울 뿐 아니라 스승을 닮아가도록 배우는 과정을 가리킨다. 그러므로 예수님이 제자들을 교실에서 가르치셨다고 보지 않으며, 그들이 신학적 토론

---

15) Michael Wilkins, *Following the Master*, 22쪽. (『제자도 신학』 국제제자훈련원)

과 논쟁에 참여해 이기도록 가르치고 훈련하셨다고 보지 않는다. 오히려 이런 방식을 택하도록 부추기는 바리새인들은 책망의 대상이 되었다. 예수님은 다른 방식으로 제자들을 가르치셨다. 도제 방식으로 그분이 한 그대로 행하도록 그들을 가르치셨다. 어떻게 살아야 하며 사역해야 하는지 가르쳐주셨다. 그런 다음 마태가 기록한 대로 다른 이들도 이와 같이 하도록 가르치라고 그들에게 말씀하셨다. 그러므로 예수님은 그분의 제자들을 가르치셨다기보다는 목수로서 훈련받을 때처럼 동일하게 실제적인 방식으로 그들을 훈련하셨다고 보는 것이 맞다. T. W. 맨슨(T. W. Manson)이 주장하듯이 예수님은 제자도란 이론적인 연구 활동이 아니라 하나님의 포도원에서 수고하고 땀 흘리는 실제적인 과업임을 암시하고 계셨다. "예수님은 그들이 따르고 모방해야 할 최고의 장인이셨다. 제자도는 랍비 학교의 입학 시험이 아니라 하나님나라의 일을 배우는 도제 훈련이었다."[16]

참으로 새로운 시각이었다. 윌킨스의 지적대로 너무 새로워서 자신들에게 요구되는 것이 무엇인지 납득하고 받아들이기까지 제자들 자신도 상당한 시간이 걸렸다. 다른 스승들에게도 제자들이 있었으므로 예수님은 공인된 틀 안에서 사역하셨다. 하지만 그것을 제자들과 자신의 특수한 관계를 표현하는 식으로 바꾸셨다. 그분의 제자가 된다는 것이 무슨 의미인지, 그분을 따른다는

---

16) T. W. Manson, *The Teaching of Jesus-Studies of its Form and Content*, 개정판(CUP, 1935), 239-240쪽. 맨슨은 또한 예수님이 탈미드(*talmidh*)라는 일반적인 랍비 용어 대신 특정한 히브리어/아람어 용어인 슈알리아(*shewalya*)를 제자를 지칭하는 데 사용하셨다고 주장한다. 헬라어로 마데테스(*mathetes*)로 표기되는 용어다.

것이 무슨 의미인지 참을성 있게 가르치셨다. 공부를 위한 목적이 아니라 하나님나라의 사역자로 섬기기 위한 이런 식의 제자도는 이전에 한 번도 보지 못한 것이었다.[17]

마데테스: 제자도의 의미 재규정하기

헬라어 마데테스(μαθητής)는 '배우다'라는 뜻의 동사에서 파생했다. 이 단어가 가장 처음 사용된 곳은 헤로도토스의 글이지만(BC 5), 이미 그 전부터 광범위하게 사람들의 입에 오르내리는 단어였다. 특별한 기술이나 기능(가령, 춤이나 음악, 글, 레슬링, 사냥, 의약)을 배우는 제자나 도제라는 의미로 처음 사용되면서 그 의미가 점차 배우는 자에서 문하생으로 이동했고, 배움이라는 개념뿐 아니라 위대한 스승이나 장인에 대한 헌신의 개념도 포함하게 되었다. 헤로도토스 때에 이르러 마데테스(μαθητής)는 스승에게 개인적으로 인생을 헌신하며 그의 기술을 배우고 그대로 실천하는 사람을 가리키게 되었다.

헬레니즘 시대(BC 4-BC 1)에 마데테스는 스승과 제자 관계의 특성을 가리키는 단어로 사용되었고, 배우는 데서 행동을 모방하는 쪽으로 점차 강조의 무게가 실리기 시작했다. 신약 시대에 이르러 종교적 추종자들(특별히 신비 종교의 추종자들)이 제자로 불리게 되었다. 이런 상황에서 배움은 경원시 되고, 종교적 인물의

---

17) Michael Wilkins, *Following the Master*, 93쪽. (『제자도 신학』 국제제자훈련원)

생애와 인품의 모방과 종교적 헌신이 관계의 특징을 이루었다.

마데테스는 복음서에서 세례 요한을 따르는 사람들을 가리켜 사용되고 있으며, 예수님을 따르는 제자들(예수님과 함께 여행하는 자들과 그렇지 않은 자들도 모두 포함)을 가리키는 단어로 가장 많이 사용되고 있다. 사도행전에 이르면 모든 그리스도인 신자를 가리키는 일상적인 용어로 사용된다. 예수님의 제자는 이제 "영원한 생명을 얻고자 예수께 나아와 예수를 구주이자 하나님으로 고백하며 예수를 따르는 삶을 시작한 이들"로 인식되었다.

―마이클 윌킨스『제자도 신학』(Following the Master: A Biblical Theology of Discipleship, 국제제자훈련원 역간), 4장 요약.

다시 말해서 예수님의 첫 제자들이 삶에서 보여준 제자도는 이론적인 것이 아니라 실제적인 것이었다. 예수님은 병든 자들을 고치시고, 압제당하는 자들을 자유롭게 하시며, 가난한 자들에게 복음을 전하시고, "나를 잘 지켜보라"고 말씀하셨다. 그런 다음 "너희는 이제 두 사람씩 짝을 이루어 세상으로 나가 너희가 본 그대로 실천하라. 너희가 돌아오면 그 성과를 전반적으로 살펴보겠다"라고 말씀하셨다. 그리고 마지막으로 "이제 나는 내 할 일을 다했다. 이제 너희가 이 일을 맡아 해야 하고, 다른 사람들도 이렇게 하도록 가르쳐야 한다"라고 말씀하셨다.[18] 이것이 오늘

---

18) 가령, 누가복음 4장과 누가복음 6:17-19(보다); 누가복음 9:1-6(12명 파송); 9:10(제자들이 돌아와 보고하고 이 내용을 의논하고자 조용한 곳으로 물러감); 누가복음 10:1-12(70명 파송); 누가복음 10:17-20, 마가복음 9:14-29(제자들에 대한 심층 평가); 마태복음 28:18-20(이와 같은 일을 하도록 다른 사람들을 가르치라는 명령).

날 사역자들을 훈련하는 방식에 대해 가지는 함의가 흥미롭다. 우리는 의도적으로 일상생활이라는 맥락에서 사람들을 분리해 복음을 나눌 사람이 한 명도 없고 배운 것을 실천할 기회가 전혀 없는 인위적인 환경에 두며, 정확히 정반대 방식을 취할 때가 너무나 많기 때문이다. 달리 말해 이것은 예수님이 제자들에게 나누어주고자 그토록 관심을 두셨던 사역 기술은 배울 수 없었다는 것을 의미한다. 예수님은 신학자들을 훈련하고 계신 것이 아니었다. 현장에서 활동할 사람을 훈련하고 계셨고, 그 훈련의 일차적인 환경은 교실이 아니라 공동체였다. 연구 과정에 등록한다고 예수님의 제자가 될 수 없다. 제자도는 우리가 아는 내용이 아니라 우리 머릿속의 지식보다 훨씬 거대한 것, 다시 말해 우리의 전체 삶과 우리의 존재와 우리의 모든 행위와 관련이 있다. '새로운 표현 운동' 웹사이트에서 언급했듯이, "제자도라는 용어는 그리스도인이 예수 그리스도께 전 인생을 걸고 하는 반응을 가리킨다." 제자도는 우리가 아는 내용이 아니라 우리가 되어가는 인격과 관련이 있다.[19]

---

19) freshexpressions.org.uk/guide/about/principles/disciples를 참고하라. 이 부분에 대한 유익한 토론을 위해서는 앨런 허쉬와 데이브 퍼거슨의 *On the Verge-A Journey into the Apostolic Future of the Church*(Zondervan, 2011), 177-179쪽을 참고하라. "서구 전역에 팽배한 교회의 패러다임은 주로 삼위일체, 교회, 구원, 종말론 등의 교리적 지식을 전달하는 방식으로 제자를 길러내고자 노력하는 경향을 보였다. 종종 문화적 경향을 추적하고 변증론과 복음 전도에 동참하고자 시도했지만, 또다시 주로 지적인 차원에서, 교실과 주일학교 수업 시간에 이 일을 시도했다. 내 말을 오해하지는 말라. 우리 시대의 핵심 사상에 대해 우리가 진지하게 지적으로 관여할 필요가 분명히 존재한다. 그러나 지금 문제를 삼는 부분은 그런 개입이 주로 교실의 수동적이고 고립된 환경에서 이루어진다는 것이다. 예수님은 이런 방식으로 제자를 기르라고 가르쳐주시지 않았다." 앨런은 다른 곳에서 이런 접근 방식을 물리적, 정서적, 영적인

그렇다면 우리의 신학 교육과 성경 공부 프로그램은 어떤가? 이 모든 내용은 성경으로 확인하기 때문에 성경 공부는 꼭 필요한 과정이다. 하지만 공부만으로 충분하지 않다. 브라이언 맥클라렌(Brian McLaren)은 자신의 신학 교육을 되돌아보면서 "나의 인생에서든 타인의 인생에서든 신학적 복잡성의 양은 영적 활력이나 그리스도 닮기나 결실의 양과 어떤 상관관계도 없음을 확인할 수 있다"라고 탄식했다. 쉐인 클레어본(Shane Claiborne)은 "대학 시절 어느 날 나의 책상을 보니 얼마 전에 신앙을 삶으로 실천하는 것을 포기하고 공부하기 시작한 것처럼 보였다"라고 적었다.[20] 제자를 삼고자 한다면 사람들이 성경적이고 신학적인 지식을 획득하도록 돕는 데서 그쳐서는 안 된다. 단순히 하나님의 말씀을 공부하는 것은 우리가 할 일이 아니다. 지면에만 머무르지 않고 삶에 적용되어야 한다. 성경도 이렇게 해야 한다고 종종 말한다. "그것을 읽지 말고 먹으라"고 하나님은 에스겔 선지자에게 말씀하셨다. 호세아에게는 "말하지 말고 삶으로 보이라"고 말씀하셨다. 예수님은 "성경이 말하는 내용을 안다고 주장하지만,

---

삶의 모든 영역을 아우르는 믿음에 대한 히브리인의 통전적인 이해를 포기한 것이라고 해석한다. "이스라엘아 들으라 우리 하나님 여호와는 오직 유일한 여호와이시니 너는 마음을 다하고 뜻을 다하고 힘을 다하여 네 하나님 여호와를 사랑하라"(신 6:4-5)고 율법은 시작하여 성전의 통치부터 낙타가 웅덩이에 빠졌을 때 처리하는 방법에 이르기까지 인생의 모든 영역을 다룬다. Michael Frost & Alan Hirsch, *The Shaping of Things to Come*(Hendrikson Publishers, 2003), 7장을 참고하라.

20) Brian McLaren, *Naked Spirituality-A Life with God in 12 Simple Words*(Hodder, 2012), 29쪽. Shane Claiborne, *The Irresistible Revolution-Living as an Ordinary Radical*(Zondervan, 2006), 71쪽. (『믿음은 행동이 증명한다』 아바서원)

그 말씀의 능력에 대해서는 전혀 모른다"라고 바리새인들에게 말씀하셨다. 히브리서 저자는 "하나님의 말씀은 살아서 활동한다. 우리 자신과 주변 사람들을 변화시키게 되어 있다"라고 말한다. 달라스 윌라드가 주장하듯이 "신약은 성경을 읽고 규칙적으로 기도하는 것만이 제자의 삶이라고 절대 주장하지 않는다." 제자의 삶은 그것보다 훨씬 더 거대하다.[21]

'예수 안에 뿌리내린 삶' 초창기 시절 탄자니아의 아루샤 근방 마을인 메레라니에 살고 있는 한 여성은 인생이 뒤바뀌는 경험을 했다. 당시 '예수 안에 뿌리내린 삶'의 교구 코디네이터이자 현재 키테토의 주교로 섬기는 이사야 캄발다가 그 이야기를 들려주었다. 이 여성은 마을에서 유일한 그리스도인이었고, 매주 주일이면 마을의 교회로 와서 예배를 드렸다. 그래서 그녀는 사람들에게 그리스도인으로 알려져 있었다. 어느 밤에 전통 신앙을 따르는 마을 사람 일부가 병든 소녀를 안고 그녀의 집을 찾아왔다. 그동안 온갖 치료 방법을 동원했지만 소용이 없었다. 누군가가 그리스도인들은 병을 고칠 줄 안다고 알려주었다. 그 여성은 성공회 소속 신자로서 꾸준히 교회에 출석했고, 세례를 받았으며, 견진 성사도 받았다. 하지만 병을 낫게 해달라고 기도하는 법은 전혀 몰랐다. 그

---

21) 에스겔 2:8-3:4; 호세아 1:2-8; 마가복음 12:24; 히브리서 4:12. Dallas Willard, *The Great Omission*(Monarch, 2006), 173쪽.

녀는 기도란 목사님이 하는 일이라고 생각했다. 그 소녀를 너무나 돕고 싶었던 그녀는 자신이 아는 유일한 일을 했다. 눈을 꼭 감고 요리문답 시간에 배운 내용을 떠올리면서 주기도문을 드렸다. 아무 일도 일어나지 않았다. 십계명을 외웠다. 아무 효과도 없었다. 사도 신경을 암송했다. 여전히 아무 일도 없었다. 그녀는 성례전을 돌이켜 보고 죄를 고백하며 은혜를 구했다. 소녀는 아무 차도도 보이지 않았다. 좌절한 그 여인은 눈물을 터뜨렸다. 믿음이 무슨 소용이 있다는 말인가? 이사야의 말에 따르면 그녀는 울고 또 울었다. 눈물이 강물처럼 흘러내렸다. 하지만 이번에는 아무 말도 하지 않고 그냥 부르짖기만 했다. "나는 아픈 소녀를 위해 부르짖었던 것이 아니라 어떻게 기도해야 할지 모르는 나 자신 때문에 울었다"라고 그녀는 말했다. 드디어 머리를 들었을 때 소녀는 씻은 듯이 병이 나아 있었다. 이 경험으로 그녀의 인생은 완전히 달라졌다. 어떻게 해야 실제로 신앙이 효력을 발휘하는지 배우기로 결심한 그녀는 '예수 안에 뿌리내린 삶' 그룹에 참여했다. 곧 온 가족을 그리스도께로 인도했다. "이 과정을 왜 이렇게 늦게 알려주셨어요?"라고 그녀는 따지듯이 물었다.

이 이야기를 들려주면서 이사야는 중요한 핵심은 이것이라고 말한다. 즉, 제자도는 축구와 같다는 것이다. 이론을 아는 것이 정말 중요하지만, 그것만으로 충분하지 않고 실제로 공을 골인시켜야 한다는 것이다. 경기에서 실제로 이겨야 하는 것이다. 머리로만 알고 있으면 아무 소용이 없다. 예수님의 제자가 된다는 것은 절대 그런 차원이 아니다. 실제로 삶으로 증명할 수 있는지, 실제로 믿음대로 행동하고 다른 사람들도 그렇게 하도록 도울 수 있는지가 중요한 것이다. 제자도는 정보를 획득하는 문제가 아니다. 앨런 허쉬의 지적대로 "예수님의 메시지를 삶으로 구현함으로써 예수님을 닮아가는 대체 불가능한 일생의 과업이다."[22] 30년간의 쇠퇴기에서 벗어나 지금 성장 중인 칼라일 교구는 이른바 일명 '공포의 학술 강좌' 비중을 줄이고 '성장의 여정에 있는 사람들을 위한 길'에 집중하고 있다.[23]

물론 그 여정으로 우리가 가지 말았으면 좋았을 곳에 다다를 수도 있다. 예수님이 베드로에게 경고하신 대로 그리고 신학자 디트리히 본회퍼가 그러했듯이 말이다. 본회퍼는 나치의 폭압 통치

---

22) Alan Hirsch, *The Forgotten Ways*(Brazos Press, 2006), 24쪽. (『잊혀진 교회의 길』 아르카)
23) Amiel Osmaston, Ministry & Training Officer, 2012년 5월 런던 처치 하우스에서 열린 제자도에 대한 세미나.

에 저항하기 위해 자원해서 뉴욕을 떠나 전쟁의 한복판인 독일로 돌아갔고, 결국 목숨을 잃었다. 본회퍼는 자신이 이해하는 제자도에 대해 아래와 같이 요약했다.

> 제자도란 그리스도께 충성하는 것이고, 그리스도가 그 충성의 대상이기 때문에 제자도의 형식을 취할 수밖에 없다. 추상적 신학, 교리 체계, 은혜나 죄 용서라는 주제에 대한 일반적인 종교 지식은 마치 제자도가 불필요한 듯 만들어 버린다. 실제로 제자도에 관한 모든 생각을 적극적으로 배제하며, 그리스도를 따른다는 전체 개념에 대해 본질적으로 적대적이다. 제자도가 없는 기독교는 그리스도가 없는 기독교다.[24]

지식 위주의 이론적인 제자도는 세탁하다가 줄어버린 멋진 셔츠와 비슷하다. 우리를 거인으로 변모시킬 목적으로 만들어졌지만, 난쟁이만 입을 수 있는 옷이 되어버렸다. 인생이 변하는 여정은 신적 개입이 특징인데, 이런 식의 제자도는 너무나 제한적이고 모호해서 더 이상 규정하는 것조차 불가능한 어떤 것으로 제자도를 격하시켜버렸다.[25]

---

24) Dietrich Bonhoeffer, *The Cost of Discipleship*(SCM Press, 2001), 개정판, 59쪽.
25) 덴마크의 철학자 키르케고르는 이런 상실을 표현하는 데 다른 심상을 사용했다. 마치 이미 세 번이나 우려내고 말라버린 찻잎 찌꺼기를 싸는 데 사용한 종잇조각으로 찻잔을 만들고자 하는 것 같다고 그는 말했다. 아니면 보다 현대적인 심상을 사용한다면 마치 복사한 것을 다시 복사하고 또 복사하는 것과 같다고 말했다. 이런 차는 맛이 전혀 없고, 이런 복사물은 흐릿해서 내용이 보이지

기독교의 제자란 무엇인가?

"그러므로 너희는 가서 모든 민족을 제자로 삼아 아버지와 아들과 성령의 이름으로 세례를 베풀고 내가 너희에게 분부한 모든 것을 가르쳐 지키게 하라 볼지어다 내가 세상 끝날까지 너희와 항상 함께 있으리라 하시니라"(마 28:19-20).

- 제자는 능동적이고 의도적인 학습자다.
- 제자는 도제이자 실천하는 사람이다. 단순히 말씀을 배우는 사람이 아니라 이행하는 사람이다.
- 제자는 특정한 스승을 따르는 사람이다.
- 제자는 그들을 잘 알고, 그들이 배우고 성장하며 실천하도록 돕는 사람에게 보고하고 해명할 책임이 있다.
- 제자는 외부 지향적이며, 다른 사람들이 제자가 되는 것이 무슨 의미인지 배우도록 돕는 데 집중한다.

—마크 그린, 『어떻게 해야 영국에 다가갈 수 있는지 상상하라』(Imagine How We Can Reach the UK, LICC, 2003).

않는다. 결국 우리는 처음 시작할 때의 내용과는 전혀 다른 내용물을 얻게 된다. Michael Frost & Alan Hirsch, *ReJesus-A Wild Messiah for a Missional Church*(Hendrikson, 2009), 52, 69쪽을 참고하라. (『세상을 바꾸는 작은 예수들』 포이에마)

공동체 속의 도제 훈련

그러나 우리가 상실했다고 생각하는 두 번째 것이 있다. 수축하는 차원의 상실이기보다 빛바랜 차원의 상실이다. 우리는 '나 중심의' 세상에 살고 있고, 이 말은 제자도를 개인적인 것으로 보기 쉽다는 의미다. 실제로 우리는 온갖 형태의 고등 교육을 받는다. 내 가족을 생각해보자. 나는 대학교에 다니는 아들 한 명과 딸 둘을 두었고, 아이들은 모두 자신의 관심과 적성에 맞추어 전공을 선택했다. 에드워드는 엔지니어링을 선택했고, 베티는 댄스를, 케이티는 클래식을 선택했다. 우리는 아이들이 누가 시키지 않았음에도 스스로 잘할 수 있는 과목을 전공으로 선택해서 기쁠 뿐 아니라 적절한 때가 되면 정당한 보상을 받는 직장에 취직하기를 기대한다. 그러나 이것은 제자도의 적절한 모델이 아니다. 예수님에게 제자도는 개인적인 과정이 아니라 공동체적 과정이었다. 그분의 제자들은 전공 과목이나 강의 일정을 선택한 것이 아니라 한 사람을 선택했고(아마 그들이 예수님의 선택을 받았을 것이다), 그들은 수업에 출석한 개인으로서 배운 것이 아니라 서로에게 책임을 지는 새로운 공동체의 일원으로 배웠다. 그들의 제자도는 관계 속에 배태되어 있었다. 그들은 스승과 공동체를 이루고 함께 여행을 다녀야 했다.

이런 역동적인 교육 환경은 그들의 학습이 대부분 관계라는 배경에서 이루어졌다는 의미였다. 그들의 모임이 무학(無學)의 어부와 세리와 정치적 활동가처럼 인생에 대해 매우 다른 시각을 가진 이들을 포함했기 때문에 때로는 그 관계가 쉽지는 않았다. 또한 성격상의 차이도 있었다. 어떤 이들은 천성적으로 충동적이고, 어떤 이들은 사색적이며, 어떤 이들은 의심이 많았다. 연령과 경험의 차이도 존재했다. 어떤 이들은 나이가 많았고, 어떤 이들은 야심만만한 어머니가 옆에 다닐 정도로 어렸다. 그러나 이렇게 특별하고 다양한 배경과 시각에도 불구하고 그들은 서로 경쟁하거나 판단하지 않고, 서로 사랑하며 서로를 형제이자 자매로 인정하고 용납하는 법을 배웠다. '나' 대신 '우리'를 생각하는 법을 배웠다. 예수님은 이렇게 말씀하셨다. "너희는 랍비라는 소리를 들어서는 안 된다. 스스로 선생이라고 생각해서도 안 된다. 너희는 형제자매이고, 너희의 역할은 가르치는 것이 아니라 섬기는 것이다. 내가 너희를 섬겼듯이."[26] 이 최초의 제자들에게 주어진 과업은 모두 하나 되어 예수님이 그들에게 설명하신 대로 한 포도나무의 가지들처럼 단단히 일치를 이루는 것이었다.[27] 예수님께 직접 도제 훈련을 받는 그들의 정체성의 핵심은 예수님과의 관계뿐 아니라 서로와의 관계를 비롯한 그들의 관계에 있었다.

　이것은 단순히 갈릴리와 사마리아와 유다의 촌락들을 두루 다니며 예수님과 동행했던 소수의 사람에게만 해당하지 않는다. 이것은 기독교 복음의 핵심을 이루는 원리였다. 시간이 흘러 바울 역시 로마와 고린도와 에베소의 그리스도인 신자들에게 이전에 그랬던 것처럼 더 이상 자신의 권리를 위해 싸우고 욕망을 추구하는 개인이 아니라고 가르쳤다. 그들은 그리스도 몸의 일부, 단일한 한 몸의 여러 지체일 뿐이었다. 이것이 뜻하는 바는 명확

---

[26]　마태복음 23:2-11(NRSV는 '학생들'을 부정확하게 번역하지만, 마태가 사용한 헬라어는 NIV의 경우처럼 '형제들'이란 단어에 해당한다). 누가는 베드로와 요한을 "교육받지 않은 평범한 사람들"(NRSV, 행 4:13)이라고 부른다.

[27]　요한복음 15:1-17; 요한복음 17:20-23.

하다. 우리는 우리 자신을 그리스도의 몸으로 바라볼 때 우리의 정체성과 역할을 동시에 이해할 수 있다.

오늘날 우리에게 공동체라는 도전은 도제 훈련 못지않게 감당하기가 쉽지 않다. 우리가 몸담은 문화는 공동체에 우선순위를 두지 않는다. 레스터 시의회 수석 행정관인 로드니 그린은 홀리 트리니티 레스터 교회가 시에서 단 하나의 색만 있지 않은 유일한 곳이라고 지적했다. 시의 인구를 구성하는 인종적이고 사회 경제적인 많은 다양한 공동체를 그대로 반영하는 곳이라는 것이다. 교회라면 그래야 마땅하다. 예수님의 제자가 된다는 것은 다른 사람들과 하나가 된다는 것이다. 우리가 선택하지 않았고 아마 선택할 가능성이 없는 사람들과 연합한다는 뜻이다. 우리 혼자서는 제자가 될 수 없다. 함께해야 제자가 될 수 있다.

물론 아프리카의 성도들은 이 점을 예전이나 지금도 잘 알고 있다. 아루샤 크라이스트 처치에서 성찬식을 진행하면서 우리는 한목소리로 이렇게 말했다. "우리가 있기 때문에 내가 여기 있다. 그가 계시기 때문에 우리가 있다." 대부분 아프리카인은 자연스럽게 공동체를 받아들인다. 어려운 환경에 처해 있더라도 함께 예수님을 따르기로 전심을 다해 결단하는 곳에서는 그때와 마찬가지로 가장 놀라운 일이 일어날 수 있다. 케냐 서남부의 마사이족 출신인 잭슨 올레 사피트 주교가 인용한 격언에 이 원리가 깔끔하게 요약되어 있다. "빨리 여행하고 싶다면 혼자 여행하라. 멀리 여행하고 싶다면 함께 가라."

로버트 카탄둘라는 잠비아의 루아풀라 지역의 만사라는 마을에 살고 있다. 그는 이곳에서 스스로 생계비를 조달하며 지역 교회에서 '예수 안에 뿌리내린 삶' 프로그램을 인도하고 있다. 모임의 회원 수는 33명이며, 각기 6명씩 소그룹으로 나누어 토론하고 기도한다. '예수 안에 뿌리내린 삶'은 학문적인 전문성이 요구되는 과정이 아니다. 여기서 도전하는 과제들은 이론적인 것이 아니라 실제적이고 영적이다. 이 도전을 받아들인 이들의 삶은 근본적으로 변화된다. 그동안 '예수 안에 뿌리내린 삶' 모임의 많은 리더는 사람들이 그리스도와 서로에게 헌신함으로 일어난 변화에 대해 알려주는 편지를 보내왔다. 그러나 로버트의 보고서는 이런 일이 어떻게 가능한지 유익한 통찰을 제공한다.

2012년 1월에 로버트는 다음과 같은 내용의 글을 보내왔다. "'예수 안에 뿌리내린 삶' 모임은 하나님의 말씀을 서

로 나누고, 지역 안의 성공회 교회 교인들과 비교인들에게 하나님의 말씀을 선포하며 영적 성장을 촉진하는 데 목표를 둔 기독교 모임입니다. 이 모임은 월요일부터 토요일까지 매일 오전에 기도 모임을 합니다. 월요일부터 금요일까지 모임에서는 '예수 안에 뿌리내린 삶' 교재의 각 과로 토론합니다. 지금까지 1, 2, 3권을 마무리했습니다."

로버트는 계속해서 자신들이 어떻게 배운 대로 실천하고 있는지 설명해주었다. "주일과 월요일 오후에는 회원들이 3시에 만나서 지역 주민들을 방문하러 나갑니다. 요청에 맞추어 개인이나 가정과 모임을 영적으로 지원하는 일을 합니다. 상담을 하거나 병 고치는 기도를 드리고 귀신을 쫓아내며, 영적으로 약한 자들과 교회에 출석하지 않는 이들을 격려합니다. 멀리 떨어진 마을에서 오는 사람들도 받아들여서 병 고침을 위해 기도합니다. 기도의 능력에 대해 사람들이 보이는 폭발적인 반응 때문에 회원들은 무척 고무되어 있습니다. 우리 그룹은 그들이 영적으로 성장하고 삶이 성숙해가는 모습을 보며 무척 자랑스러워합니다. 지역 안의 사람들에게 기적이 일어나는 장면을 보고 있습니다. 많은 사람이 병 고침을 받았고 귀신을 쫓아냈습니다. 깨어진 결혼 생활이 회복되고 누군가 가져간 물건들도 되돌려받고 있습니다. 회원들은 예수 그리스도가 우리 기도에 응답해주시고 또 일부 사람에게 변화가 일어나서 크게 힘을 얻고 있습니다."

다음 9월에 로버트는 다시 그 모임이 계속 확대되어 이제 '예수 안에 뿌리내린 삶'의 마지막 책을 마무리했다는 내용의 편지를 써 보냈다. "우리 모임이 '소금과 빛'이라는 하나님의 말씀을 배운 후 공동체에서 자선 사업을 하기 시작했음을 알려드리게 되어 주님 안에서 매우 자랑스럽게 생각합니다. 지역 공동체 사람들을 만나면서 식량이나 입을 옷이 부족하고 잠잘 곳이 마땅치 않은 사람들, 고아들을 위한 학교 지원의 부족과 같은 많은 문제를 발견했습니다. 지역 공동체의 사람들이 겪고 있는 문제들에 대해 우리 모임은 큰 부담과 고민을 안고 있습니다. 수업이 끝나고 회원들은 물심양면으로 노력했습니다. 24킬로그램의 옥수수와 비누 6개, 소금과 재활용 의류 등을 모았습니다. 8월 어느 날에는 성 바울 성공회 교회와 하나님의 말씀을 전하러 전도 모임을 나갔습니다. 만사 마을에서 대략 35킬로미터 떨어진 곳이지요. 모임의 주제는 '하나님과의 개인적 관계'였습니다. 내용은 이렇습니다. '예수 안에 뿌리내린 삶' 서론, 소금과 빛, 하나님의 축복과 영적 치유를 받는 법입니다. 많은 그리스도인이 예수님을 구주로 받아들이고 인생을 주님께 의탁하게 되어 무척 자랑스럽습니다. 치유를 위한 기도 시간인 '제단 초청'(altar call) 시간에 많은 사람에게서 귀신들과 악한 영이 쫓겨 나갔습니다. 많은 사람을 어둠의 권세에서 빛으로 옮기게 해주신 하나님의 능력에 감사드립니다. 우리는 12월이 오기 전에 8개 교회를 대상으로 사역할 계획을 세웠습니다. 만사 마을에서 45킬로미터 떨어진 성 안드레 교회부터 시작할 겁니다."

로버트는 "모임의 헌신적인 회원들은 이 과정을 마무리

> 하고 영적으로나 신체적으로 인생에 놀라운 변화가 일어났습니다"라고 보고한다. 로버트가 속한 교회의 사역자인 테디 시킨자 신부는 이렇게 덧붙인다. "만사의 올 세인트 성공회 교회의 신자들은 많은 혜택을 누렸습니다. '예수 안에 뿌리내린 삶' 프로그램 덕분에 우리 교회는 양적으로나 영적으로 그리고 재정적으로 성장했습니다."

로버트의 모임은 제자도의 본질이 무엇인지 보여주는 놀라운 사례에 해당한다. 이 모임의 회원들은 서로에 대해 놀라운 수준의 헌신을 보여준다. 함께 배우고, 실제적으로 배우며, 배운 내용을 적용하기 위해 즉각 조치를 취한다. 그들 자신의 삶과 그들이 접촉한 사람들의 삶에 미친 영향이 매우 크다.

그렇다면 기독교 제자도는 무엇인가? 나는 제자도를 이렇게 정의한다. 제자도란 공동체적으로 이수하는 일종의 도제 훈련이다. 실제적이고 집단적이다. 이것을 인정하면 제자도에 대한 우리의 이해가 근본적으로 달라진다. 제자도의 초점은 우리가 아는 지식이 아니라 우리의 되어감, 즉 인격의 변화에 있어야 함을 의미한다. 우리는 기술자나 댄스 강사가 되어가는 것이 아니라 하나님의 아들 예수님을 닮아가야 하며, 매일 그분께 순종하는 법을 배울수록 그분을 닮아가게 된다. 따라서 우리가 추구해야 할 과제가 바로 여기에 있다. 최초의 기독교 제자들이 그 도를 따르는 자들이라 불리게 된 이유가 이 때문이다. 그들은 예수님을 따르고 있었고, 이전에 아무도 가지 않았던 길로 가고 있었으며, 함께 그 길을 가고 있었다. 그들은 함께 그 길을 가는 데 참으로 능숙

했고, 사람들은 앞다투어 그 대열에 동참했다. 그들은 조금도 줄어들지 않고 색이 바래지 않은 티셔츠를 사기를 원했고, 그렇게 해서 교회가 태동하게 되었다.

예수님과 제자들

예수님은 표준적인 랍비 모델과는 다소 거리가 먼 분이었다. 그분은 회당 교육 외에 '공식' 교육을 전혀 받지 않았고, 어느 랍비의 문하생이 된 적도 없었다. 세례 요한에게서(정통파가 아님) 인정을 받았지만, 그의 제자로서 받은 인정은 아니었다. 그리고 주변 사람들에게 무학(無學)으로 알려져 있었다. 그분이 하는 말의 깊이와 힘에 놀란 사람들은 이렇게 소리쳤다. "이 사람은 배우지 아니하였거늘 어떻게 글을 아느냐?"(요 7:15) 예수님은 또한 지원자들을 모집하고 '자격이 있는지' 확인하기 위해 시험을 보는 식으로 제자를 받아들이지 않았다. 지역 공동체에서 '가장 뛰어나고 똑똑한' 사람들은 아니었지만, 특별히 훈련할 사람들을 개인적으로 선택하셨다. 어느 날 갑자기 등장해서 다양한 수준의 훈련을 받은 것으로 보이는 더 많은 외곽의 제자들도 있었다(예를 들면 누가복음 10장 1절의 '다른 칠십 명'과 사도행전 1장 13절의 '다락방'에 모인 사람들). 미래의 제자들은 예수님으로 인해 깊이 낙심하기도 했다(마 8:18-22, 눅 9:57-62, 14:26-33). 예수님은 당시에 교만한 율법 전문가들을 가혹할 정도로 비판하셨고(마 23:13-33, 눅 11:39-52), 당신의 제자들이 랍비라고 불리지 않도록 엄히 경계하셨을 뿐 아니라, 스스로 스승으로서 자격이 넘친다고 생각하는 이들이 주고받는 다른 '존경의 인사'를 사용하지 못하게 하셨다(마 23:1-12). 그분은 '그 사람들 중의 하나'가 아니었고, 그분의 제자들도 그러해야 했다.

그런데도 예수님과 그분의 제자들은 당시의 랍비와 제자의 기본적인 속성을 그대로 지니고 있었고, 짐작하건대 이것은 오늘날까지 그 기준을 유지하고 있다. 그 관계는 아주 간단하게 표현할 수 있다. 그분의 제자들은 그분과 함께 다니며 그분을 닮아가는 법을 배웠다. '그분과 함께'라는 말은 당시에 그들이 실제로 그분이 있는 곳에 함께 있었으며, 그분이 하는 일을 그대로 따라 하는 데 점점 더 적극적으로 되었다는 의미다. 예수님은 유대 촌락과 마을을 두루 다니셨고, 갈릴리 해안 마을을 주 활동 무대로 삼으셨다. 때로 그 지역 너머까지 활동하셨고, 특히 예루살렘까지 가실 때도 있었다. 그분의 핵심 제자들('사도들')은 이 모든 곳에 함께했으므로 분명히 그들 자신이나 가족에게 상당한 어려움을 끼쳤을 것이다. 베드로는 대놓고 이렇게 말한 적이 있다. "우리가 모든 것을 버리고 주를 따랐사온대"(마 19:27). 분명히 제자들은 자주 이런 생각에 시달렸을 것이다.

여러 곳을 다니며 사역하시던 예수님은 회당과 가정집과 공공장소에서 세 가지를 하셨다. 하나님나라에서 생명의 가치를 선언하셨다. 하나님나라에서 어떻게 일이 진행되는지 가르치셨고, 이적과 표적으로 하나님나라의 현재적 능력을 드러내셨다(마 4:23, 9:35, 눅 4:18-44). 그런 다음 일정한 훈련 기간을 거쳐 제자들이 그분께 보고 들은 대로 행하도록 파송하셨다. 그동안에도 그들의 행동을 계속 평가하시고 그들이 발전하도록 가르치셨다. 이 일은 그분이 재판받으시고 죽으실 때까지 계속되었고, 부활하신 후 그들과 함께 계시며 승천하시고 눈에 보이지 않게 되더라도 함께하실 것을 가르치실 때도 계속되었다. 세상을 떠나실 때는 제자들이 모든 '족속', 다시 말해 모든 유형의 사람을 제자로 삼으라고 지시하셨고, 세상 끝날까지 항상 함께하겠다고 약속하셨다(마 28:19-20).

—달라스 윌라드, 『제자도』(Discipleship, OUP, 2010), 제럴드 맥더모트(Gerald McDermott) 편집, The Oxford Handbook of Evangelical Theology 중 일부.

2장.

나눔을 위한 질문

"제자도는 공동체로 실행하는 일종의 도제 훈련이다."
―앨리슨 모건

1. 자원봉사자인가? 제자인가?

옥스퍼드 교구에서 선교 실천 계획과 관련해 구체적인 일을 진행하고 있을 때였다. 사람들에게 교구 모임을 결성한 후 어떤 과정으로 진행하고 싶은지 고민해보라고 독려하는 말을 하고 있을 때 한 여성이 손을 들었다. "모두 다 좋아요. 하지만 여기 참석한 사람들은 정말 빠듯하게 시간을 냈다는 사실을 잊지 마셔야 해요. 여유 시간이 그렇게 많지 않아요. 우린 그냥 자원봉사자들이라고요"라고 응수하듯이 말했다. 나의 동료인 마틴은 그녀의 말에 이렇게 대답했다. "그러나 예수님은 자원봉사자들을 찾고 계시는 것이 아니라 제자들을 찾고 계신답니다." 이 말을 계기로 그날은 정말 알차고 유익한 토론이 벌어졌다.

- 그렇다면 당신은 어떤가? 교회와의 관계에서 당신 자신을 어떻게 인식하고 있는가? 자원봉사자인가? 아니면 제자인가? 자신을 봉사자가 아닌 제자로 볼 경우 어떤 차이가 생기는가?

2. 학생인가? 도제인가?

"나의 인생에서든 타인의 인생에서든 신학적 복잡성의 양은 영적 활력이나 그리스도 닮기나 결실의 양과 어떤 상관관계도 없음을 확인할 수 있다."―브라이언 맥클라렌

- 믿음의 교제를 나누고 있는 이들 중에 신앙적으로 성숙해서 특별히 존경하고 있는 사람은 누구인가? 그렇게 존경하고 싶을 정도로 두드러지는 부분은 무엇인가? 그들이 이렇게 성숙하도록 도움이 되었던 경험이나 환경은 무엇인가? 당신의 신앙 여정을 되돌아보라. 신앙적으로 성장하는 데 도움이 되었던 것이 있다면 어떤 것인가?

- 자신에게 데려온 아픈 소녀를 예수님이 낫게 해주시기를 간절히 원했던 아루샤의 여인에 대한 이야기를 생각해보라. 그리고 성실하게 교회를 다녔지만, 더 일찍 예수님께 직접 배우며 닮으려고 하지 않아서 후회스러운 부분에 대해서도 생각해보라. 예수님은 제자들에게 "내가 하는 일을 그도 할 것이요"(요 14:12)라고 말씀하셨다. 예수님이 하신 대로 배워가는 예수님의 도제로 당신 자신을 인식하고 있는가?

3. 개인인가? 공동체인가?

"우리가 한 몸에 많은 지체를 가졌으나 모든 지체가 같은 기능을 가진 것이 아니니 이와 같이 우리 많은 사람이 그리스도 안에서 한 몸이 되어 서로 지체가 되었느니라"(롬 12:4-5).

- 공동체의 일원이라는 자신의 경험을 어떻게 설명하고 싶은가? 자신

의 가족이나 소그룹 혹은 교회에 대해 생각해보라. 어느 정도까지 "우리가 있으니 내가 있고, 그가 계시니 우리가 있다"라고 자신 있게 말할 수 있는가?

• 공동체의 일원으로서 혼자였더라면 가능하지 않았을 방식으로 믿음 안에서 성장할 수 있었던 때가 있었는가? 믿음의 공동체를 만드는 데 특별히 기여하도록 자신에게 부여된 몫의 노력은 무엇인가?

3장

오늘 예수를 따르기

"나는 울리는 종으로 지어졌다. 하지만 무엇인가가 나를 들어 올려 종처럼 소리를 내도록 하는 순간까지 그 사실을 전혀 모르고 있었다."

애니 딜라드(Annie Dillard)[1]

2014년 1월 교회 성장 연구 프로그램은 영국 국교회의 교회 성장에 영향을 미치는 요인들에 대해 오랫동안 기다리던 연구 결과를 발표했다. 교회 성장(교회 크기나 지역이나 상황에 관계없이)과 큰 관련이 있는 요인 중에는 제자도가 포함되어 있었다. 제자 훈련 프로그램을 운영하는 교회 중 3분의 2가 성장을 경험했다는 것이다. 또 다른 확실한 요인은 어린이와 십대를 위한 프로그램의 존재였다. 어린 시절부터 꾸준하게 기독교 제자도를 교육하는 것이 교회의 건강과 하나님나라 성장의 핵심 열쇠임이 분명했다.[2]

2장에서 보았듯이 칼라일 교구는 이 원리를 신속하게 파악하고 '성장하는 제자들'을 교회 비전의 핵심으로 강조해왔다. 몇 년 전 이 교구 주교인 제임스 뉴컴이 부주교들과 시골 지역 집사들이 모이는 집회의 강연자로 나를 초청했다. 아프리카의 '예수 안에 뿌리내린 삶'이라는 제자 훈련 프로그램을 통해 그동안 알게 된 내용을 공유해달라고 했다. 이론과 실제를 두루 소개하고 싶었던 나는 성경에서 '제자'라는 단어에 대한 새로운 연구에

---

1) Annie Dillard, *Pilgrim at Tinker Creek*(Canterbury Press, 2011), 34쪽. (『자연의 지혜』 민음사)
2) *From Anecdote to Evidence-Findings from the Church Growth Research Programme*, 2011-2013, churchgrowthresearch.org.uk.

착수하기로 결정했다. 제자에 해당하는 히브리어 단어는 탈미드(talmidh)다. 나는 예수님 이전의 전체 정경에서는 이 단어가 역대상 25장 8절에 단 한 번밖에 나오지 않는다는 것을 알게 되었다. 성전 음악가들의 문하생을 일컬어 이 단어를 사용했다.[3] 신약에서 제자에 해당하는 단어는 마데테스(mathetes)로 복음서와 사도행전에서 예수님을 따르는 사람들을 가리켜 아주 빈번하게 사용되고 있다. 그러나 놀랍게도 서신서에는 제자라는 단어가 한 번도 사용되지 않았음을 알게 되었다. 베드로, 바울, 야고보, 요한은 이 단어를 전혀 사용하지 않았다. 단 한 번도 이 단어를 쓴 적이 없다.

이 사실을 알고 나는 한동안 멍하니 생각에 잠겼고, 결국 두 가지 결론에 이르게 되었다. 두 번째 결론은 5장에서 살펴볼 것이다. 그러나 첫 번째이자 가장 명확한 결론은 이렇다. 즉, 우리가 제자도에 대해 생각하면 무엇보다 먼저 예수님을 생각한다는 것이다. 우리 자신이나 교회 혹은 심지어 하나님에 대해서도 아니고 예수님에 대해 생각하는 것이다. 콜린 우르쿠하르트가 막 목사로 임명받은 교회에서 가진 첫 모임이 기억난다. 그는 한 가지 문제를 의제로 제시했고, 그것은 "그리스도인이란 무엇인가?"라는 질문이었다. 이 질문을 듣고 이상할 정도로 모두가 침묵으로 반응했다. 마틴 다운(Martin Down)이 노포크 마을에서 예기치 못한 성령의 역사하심에 관해 쓴 책을 읽었던 것도 기억이 난다. 그는

---

3) 구약에 나타난 제자도의 개념에 대한 상세한 논의는 마이클 윌킨스의 *Following the Master-A Biblical Theology of Discipleship*(Zondervan, 1992), 3장을 참고하라. (『제자도 신학』 국제제자훈련원)

사람들이 점점 교회가 아니라 예수님에 관해 이야기하고 있다고 지적했다.[4] 예수님의 제자라면 예수님께 집중하는 것이 당연하게 보인다. 그러나 우리 중 얼마나 많은 사람이 아침에 눈을 뜬 뒤 예수님을 생각하고 있는가? 그리스도의 제자가 된다는 것은 교회에 출석하고 주일 예배에 참석하는 차원의 문제가 아니다. 예수님과 인격적인 관계를 누리며 우리의 행동뿐 아니라 우리 존재의 본질까지 변화되는 여정을 시작하는 것이다.

마태, 마가, 누가, 요한은 예수님의 첫 제자들이 가진 3년간의 여정에 관해 이야기해준다. 그들의 경험에서 우리는 무엇을 배울 수 있는가? 나는 이런 질문들을 염두에 두고 복음서를 다시 읽으면서 예수님의 제자가 된다는 것은 네 가지 핵심 요소와 연관된다는 것임을 매우 분명히 이해하게 되었다. 이 네 개의 요소는 성령이 지속적으로 임재하심으로 오늘날 우리도 적용할 수 있다.

(1) 방향의 변화
(2) 현장에서 배움
(3) 공동체 속에서 배움
(4) 기꺼이 고통을 받아들임

이 장에서는 이 중 첫 번째 요소를 살펴보고 나머지는 이후의 장에서 살펴볼 것이다.

---

[4] Martin Down, *Speak to these Bones* (Monarch, 1993).

방향의 변화

어떤 여행이든 시작이 있다. 제자도라는 여정이라고 예외는 아니다. 시작은 방향의 변화를 특징으로 한다. 사소할 수도 있고 급진적일 수도 있지만, 이런 변화로 우리는 우리가 어떤 인격으로 변화되어가며 어떤 인생을 영위할지 점점 더 결정적인 영향을 미칠 길로 나아가게 된다. 예수님은 복음의 메시지를 들고 찾아오셨다. 가시는 곳마다 말과 행동으로 이 메시지를 전하시며 사람들이 이것을 받아들이고 반응하도록 요청하셨다. 시간에 따라 다른 방식으로 이 메시지를 표현하셨다. 나사렛 회당에서는 "가난한 자에게 복된 소식을 전하고 주의 은혜의 해를 선포하러 왔다"라고 선언하셨다. 갈릴리를 다니실 때는 "회개하라. 천국이 가까이 왔느니라"고 말씀하시거나 "회개하고 복음을 믿으라"고 말씀하셨다. '회개하다'는 단어가 단순히 '다시 생각하다'는 의미이거나 헬라어 원어로 '생각을 바꾸다'(metanoia, 메타노이아)는 의미임을 유의해볼 필요가 있다. 단순히 그동안 했거나 하지 않았던 일들을 가리키는 것이 아니라 전 삶의 토대와 방향성을 재고해보라는 도전인 것이다. 예수님은 니고데모에게 중대한 사실을 알려주셨다. "누구든지 아들을 믿는 자는 영생이 있다." 그리고 나중에는 단순한 요청으로 복음을 제시하셨다. "수고하고 무거운 짐진 자들아 다 내게로 오라 내가 너희를 쉬게 하리라." 혹은 "누구든지 사람 앞에서 나를 시인하면 나도 하늘에 계신 내 아버지 앞에서 그를 시인할 것이요"라는 약속으로 복음을 제시하셨다. 때로 이미 살펴보았듯이 단순히

"나를 따르라"⁵⁾고 말씀하시기도 했다. 이런 요청에 한 사람씩 응했다. 단순히 열두 제자뿐 아니라 모든 무리가 그러했고, 누가와 요한은 이들 모두를 그분의 제자라고 부른다.

그러므로 제자는 가장 기본적으로 예수님과 그분의 가르침에 자신을 헌신하기로 결단한 사람을 말한다. 예수님을 그분이 말씀하신 대로 하나님의 아들로 공개적으로 인정하고, 그렇게 인정한 대로 살아갈 준비가 되어 있는 사람을 말한다. 예수님이 돌아가신 후에 '제자'라는 용어는 이렇게 그분을 믿는 모든 사람을 지칭하는 표준적인 단어로 사용되었다. 이미 살펴보았듯이 일반적인 신자들이 처음 '그리스도인'으로 표기된 때는 복음이 수리아의 안디옥에 전해진 뒤였다.⁶⁾

애초에 예수님에 대한 반응을 표현하는 정해진 방식은 없었다. 각자마다 그 반응이 달랐기 때문이다. 예수님은 이 첫 제자 중 일부에게는 특별히 그분과 깊은 관계를 유지하도록 초청했다. 그들 중 열두 명은 초대 교회 설립자로서 임명된 특별한 위치 때문에 나중에 단순히 '제자'뿐 아니라 '사도'라는 호칭을 얻게 되었다. 그리고 실제로 누가는 항상 이들을 이렇게 지칭함으로 예수님께 믿음으로 반응했지만, 그런 역할로 부름받지 못한 이들과 구분했다. 예수님이 가시는 곳마다 동행한 제자들은 이들 말고도 있었다. 그분의 사역에 재정적으로 지원한 여성들과 그분에 앞서

---

5) 누가복음 4:18-19; 마가복음 1:15/마태복음 4:17; 요한복음 3:36; 마태복음 11:28; 마태복음 10:32; 마가복음 2:14.
6) 사도행전 11:26. 마이클 윌킨스에 따르면 이 단순한 의미의 제자라는 용어는 복음서에서 최소한 230회, 사도행전에서 28회 사용되었다(본서 2장 13번 주를 참고하라).

사역하도록 보냄받은 70인이 그들이다.[7] 예수님과 동행하지 않고 각자 처한 상황에서 믿음의 삶을 증명해야 했던 이들도 있다. 간음죄를 저지른 후 끌려와 돌에 맞아 죽을 위기에 처한 예루살렘 여인과 건강을 회복하고 집으로 돌아가게 된 사마리아의 나병환자들, 믿음으로 눈을 뜬 여리고의 걸인, 재정 문제를 다시 점검하게 된 같은 여리고 성의 세리 삭개오, 자매 사이인 마리아와 마르다, 그들의 오빠로 베다니의 집에서 예수님의 가르침을 받아들인 나사로, 나중에 익명 상태를 벗어버리고 자신의 비용을 들여 예수님의 '시신'을 매장한 은밀한 제자인 아리마대 요셉, 이외에 많은 사람이 그들이다.[8] 예수님과 함께 다닌 자들과 그렇지 않은 그들 모두에게 인생의 방향과 우선순위와 관계, 심지어 돈을 벌어들이는 방식에까지 근본적인 변화가 일어났다.

많은 무리의 제자

요한과 누가는 소그룹에 초점을 둔 마가와 마태와 달리 많은 무리의 제자를 언급한다.

---

[7] 이 여성들에 대해서는 누가복음 8:2-3을 참고하라. 막달라 마리아, 헤롯의 청지기 구사의 아내 요안나, 또한 수산나와 '다른 여러 여자'. 70인에 대해서는 누가복음 10장을 참고하라.

[8] 요한복음 8:11(간음하다 붙잡힌 여인)과 누가복음 17:11-19(문둥병자들); 마가복음 10:46-52(바디매오); 누가복음 19:2-10(삭개오); 요한복음 11장(마리아, 마르다, 나사로); 마가복음 15:43과 마태복음 27:57(아리마대 요셉).

- "예수께서 제자를 삼고 세례를 베푸시는 것이 요한보다 많다"(요 4:1).
- "그 때부터 그의 제자 중에서 많은 사람이 떠나가고 다시 그와 함께 다니지 아니하더라"(요 6:66).
- "그 제자들을 부르사 그 중에서 열둘을 택하여 사도라 칭하셨으니"(눅 6:13).
- "주께서 따로 칠십 인을 세우사 친히 가시려는 각 동네와 각 지역으로 둘씩 앞서 보내시며"(눅 10:1).
- "제자의 온 무리가 자기들이 본 바 모든 능한 일로 인하여 기뻐하며 큰 소리로 하나님을 찬양하여"(눅 19:37).
- "주 예수께서 우리 가운데 출입하실 때에 항상 우리와 함께 다니던 사람 중에" 맛디아가 선택되었다(행 1:21-22).
- "그 때에 제자가 더 많아졌는데…열두 사도가 모든 제자를 불러"(행 6:1-6).
- "복음을 그 성에서 전하여 많은 사람을 제자로 삼고"(행 14:21-22).

2년 전 데이브 질이라는 남성이 지역 내 중학교를 방문해 자신의 인생 방향이 어떻게 달라졌는지 학생들에게 강연하는 시간을 가졌다. 데이브는 브리스톨 도심에서 성장했다. 십대에 처음으로 브리스톨 로버스 축구 클럽의 팬이 되었고, 다음으로 악명 높은 축구 광팬 모임의 일원이 되었다. 데이브는 국내에서는 폭력에 점점 더 연루되었고, 해외에서는 1980년대와 1990년대 영국 축구

의 특징이었던 훌리거니즘에 빠져들었다. 클럽에서 추방당한 그는 해외로 경기를 보러 다니기 시작했다. 로테르담에서 경찰에게 구금당하고 스톡홀름에서는 심각한 폭동에 연루된 데이브는 이렇게 가다가는 범법자로 감옥에 갈 수밖에 없다는 사실을 깨달았다. "저는 소란스러운 게 좋았고 그 짜릿함이 좋았어요. 마치 현대판 바이킹이 된 것 같았죠." 후에 그는 이렇게 말했다. "다른 나라로 가서 마음대로 놀다가 다시 집으로 돌아왔어요. 정말 짜릿하고 즐거웠어요." 그는 왜 이런 행동을 했는가? "지금 그때를 생각해보면 마음에 기쁨이 없었어요. 내면이 행복한 사람이라면 남들에게 상처를 주려고 하지 않을 거예요. 그때 저는 집에서도 행복하지 않았고 직장에서도 행복하지 않았어요. 늘 화가 나 있었어요. 일이 너무 많았어요. 시추 현장이나 건축 현장이나 하수도에서 늘 땀에 절어 있는 게 싫었어요. 그런 와중에 시도 때도 없이 화를 내다가 해고당하기 일쑤였죠. 사람들이 무슨 말이라도 하려고 하면 화가 나서 그들에게 '그냥 그렇게 살아!'라고 쏘아붙이곤 했어요. 사람들은 이런 저의 태도에 넌더리를 냈어요. 저라도 혐오스러워했을 겁니다."

일하는 틈틈이 어머니가 일하고 있는 노숙인 센터에서 자원봉사를 하면서 데이브는 그곳에서 만난 한 여성에게 농담 삼아 술 한잔하러 가자고 물었다. 그녀는 "나와 함께 교회에 가면 한잔하러 갈게요"라고 말했다. 깜짝 놀란 데이브는 바로 거절했다. "겁이 나는 건가요?" 그녀가 반문했다. 결국 데이브는 못 이기는 척하고 그녀와 교회로 갔다. 그는 정말 끔찍한 경험이었다고 털어놓았다. 하지만 예배 후에 두 남자가 함께 기도하자고 제안했다. 데이브는 망설였다. '하나님이 계셔? 이 자의 코를 분질러버릴까?'라고 속으로 생각했다. 그중 한 사람이 "그냥 하나님께 이야기하듯이 하면 돼요"라고 말했다. 데이브는 가까스로 겨우 기도를 드렸다. "기도를 마친 바로 그 순간 갑자기 하나님이 계신다는 생각이 들었어요. 그때까지 내내 품고 다녔던 모든 분노와 미움과 고통이 일시에 사라지는 것 같았어요. 마치 온갖 부정적 감정과 고통이 담긴 배낭을 메고 다니다가 그 배낭을 등에서 내려놓고 더 이상 내 인생이 그 감정에 지배당하지 않는 것처럼 홀가분해진 느낌이었어요. 달리 어떻게 표현할 방법이 없었어요. 더 이상 그런 감정들이 느껴지지 않았어요. 나는 바로 이거다, 이제부터 모든 것이 달라졌다는 생각이 들었어요." 이제 데이브는 의사인 니키와 결혼해 가정을 꾸리고 있다. 그는 브리스톨 록리즈의 성 제임스라는 교회에서 목회자로 섬기고 있으며, 지역 내에서 십대들을 위한 성 제임스 레볼루션 축구 클럽을 운영하고 있다. 그리고 누구도 예측하지 못했겠지만, 그는

> 사랑하는 브리스톨 로버스 축구 클럽의 담당 목회자이
> 기도 하다. 데이브에게 예수님을 따른다는 결정은 단순
> 히 방향의 변화뿐 아니라 근본적으로 인생을 재설정하
> 는 것이었다.[9]

　　예수님과의 관계를 누리겠다는 데이브의 결정은 그의 인생행로에 심대한 영향을 미쳤을 뿐 아니라 인격 형성에도 큰 영향을 미쳤다. 오래전 C. S. 루이스가 지적한 대로 우리는 결정을 내릴 때마다 우리 존재의 핵심부, 우리 존재 중 선택을 담당하는 부분을 이전과 조금씩 다른 모습으로 바꾸어가게 된다. 우리는 하나님을 향해 나아가든지 아니면 하나님에게서 멀어지게 된다.[10] 이런 일은 단발성으로, 즉 우리가 처음 예수님을 영접하는 순간에만 일어나는 것이 아니라 그분을 따라 시시각각 달라지는 우리의 미래 풍경 안으로 들어가는 동안 수차례 일어난다. 베드로와 요한과 나머지 사람들이 그러했던 것처럼 데이브는 그렇게 첫 선택을 한 후 많은 다른 선택을 해야 했다. 하지만 그 모든 것은 단 한 번의 순간적인 결정으로 시작되었고, 그렇게 해서 그의 인생 방향이 달라졌다.

---

9) BBC와 데이브와의 인터뷰 생중계는 bbc.co.uk/sport/0/football/22079178을 참고하라. 데이브의 이야기를 읽고 싶으면 football-league.co.uk/features/20120216/real-football-no-more-the-wild-rover_2293307_2612728을 방문하라.

10) C. S. Lewis, *Mere Christianity*, Signature Classics(William Collins, 2012), 92쪽. (『순전한 기독교』 홍성사)

데이브와 같은 사연들은 어렵지 않게 들을 수 있다. 지난 세월 나는 은행 강도, 사기꾼, 술주정꾼, 창녀, 마약 중독자, 그 외 예수님을 만날 때까지 고통과 절망의 풍경을 헤치며 인생을 방탕하게 지냈던 많은 사람을 만났다. 전 갱단인 존 프리더모어, 마약 중독자 리처드 테일러, 무장 강도 대럴 터닝글레이와 같은 사람들은 다른 사람들에게 반면교사가 되도록 자신들의 사연을 책으로 출판했다. 하지만 대부분 사람은 조용하게 자신들의 새 정체성을 발견하며 각자 속한 공동체에서 새로운 미래를 만들어가고 있다. 이런 일들이 급진적으로 벌어지는 것에 놀랄 필요는 없다. 예수님은 자신들의 삶에 만족하고 있는 사람들이 아니라 그렇지 않은 사람들을 찾아 구원하러 오셨다고 분명하게 말씀하셨기 때문이다. "인자가 온 것은 잃어버린 자를 찾아 구원하려 함이니라."[11]

그렇다면 아직 그런 어둠의 골짜기까지 내려가 본 적이 없는 사람들은 어떻게 해야 하는가? 데이브가 인생의 방향을 바꾸어야 했다는 사실을 확인하기란 어렵지 않다. 하지만 대부분 사람은 그와 같은 의미에서 인생의 길을 잃어버린 적이 없다. 아마 핵심은 예수님이 말씀하신 '잃어버림'의 의미가 무엇인지 이해하는

---

[11] 누가복음 19:10. John Pridmore with Greg Watts, *From Gangland to Promised Land*(xt3media, 2008); Richard Taylor, *To Catch a Thief*(New Wine Publishing, 2006); Darrell Tunningley, *Unreachable-One Man's Journey through Drugs, Violence, Armed Robbery and a Miraculous Encounter with God in Prison*(Sovereign World, 2011, 또한 본서 1장에 나오는 대럴의 간증을 참고하라). 이런 내용들은 예수님과 만난 이후 극적으로 인생이 달라진 사람들의 이야기를 담은 수많은 책에서 최근에 소개된 몇 가지 사례일 뿐이다.

데 있을 것이다. 세속적인 기준으로 볼 때 베드로와 요한과 마태와 바울 역시 잃어버린 바 된 적이 없었다. 그러나 C. S. 루이스의 감성대로라면 그들 역시 잃어버린 바 된 자들이었다. 그들의 인생 방향이 하나님을 향해 있지 않았기 때문이다. 예수님을 생각하며 아침에 눈을 뜨지 않는다면 우리의 인생 방향 역시 하나님을 향해 있지 않은 것이다. 우리는 다른 많은 것으로 우리 생각을 채우는 세상에 살고 있다. 하나님에 대해 알아보려고 애쓰고 있을 때 나를 안타깝게 여긴 한 복음 전도자가 "당신은 죄를 회개해야 합니다"라고 말했다. '저 사람은 무슨 뜻으로 저런 말을 하지?' 나는 속으로 생각했다. 나는 누구 못지않게 성실하고 성공적으로 살고 있었다. 친구들이나 가족과의 관계도 아주 원만했다. 아무 남자하고 잠자리를 갖지도 않았고, 술을 마시거나 담배를 피우지도 않았다. 어릴 때 여아들 소지품 보관소에서 작은 플라스틱 인형 샌들 한 켤레를 훔친 것이 다였다. 최상이라고 할 수는 없지만, 그가 그 일을 회개하라고 말하고 있는 것은 분명히 아니었다. 만약 "당신은 잘못된 방향으로 아주 잘되고 있어요. 당신의 인생이 얼마나 성공적인지를 생각하지 말고 무엇이 빠져 있나 생각해보길 바라요"라고 말했다면 이해가 되었을 것이다. 데이브가 180도 돌이켜야 했다면, 아마 나는 5도 정도만 돌이키면 되었을 것이다. 180도는 엄청난 수준이지만 5도는 그렇지 않다. 그러나 북극 탐험가가 5도 정도 엉뚱한 방향으로 길을 간다면 결국 수천 킬로미터까지 목적지를 벗어나게 될 것이다. 우리는 모두 방향을 바꿀 필요가 있다. 우리는 모두 삶의 방향이 하나님을 향하도록 해야 한다. 사람들을 제자 삼지 않으면 단언하건대 우리 문화가 우리를 제자로 삼을 것이다. 하나님을 인정하지 않는 거짓된

 세계의 가치관에 사로잡혀 우리의 일상적 선택으로 하나님에게서 계속 멀어지겠지만, 스스로 깨닫지도 못할 것이다.[12]

모든 사회는 이른바 '사회의 틀을 만드는 이야기'(framing story)가 있다. 최고의 삶의 방식에 관한 전제가 있는 것이다. 선진국이라고 하는 세계에서 사회의 틀을 만드는 이야기는 소비주의다. 소비주의는 재화와 서비스 구매를 중심 가치로 내세우는 사회 경제적인 질서이자 이데올로기로서 세련되고 끊임없는 광고로 유지된다. 이 이야기에 참여하면 우리는 우리를 행복하게 하는 것이 돈이라는 믿음을 갖게 된다. 돈이 구매력을 높여주기 때문이다. 그러므로 부의 확대가 우리 집단생활의 지배 원리가 되었고, 절대 중단되지 않는 경제 성장이 모든 정부의 우선순위가 되었다. 그래서 돈을 빌려 건물을 짓고 확장하며 투자한다. 때로 경제적인 가치로는 환산할 수 없어서 무가치한 것처럼 인식되는 다른 요인들을 희생할 경우도 있다. 예수님은 "하나님과 돈을 동시에 섬길 수 없다"라고 말씀하셨다. "돈을 사랑하지 말고 자유롭게 살라. 현재 가진 것에

---

12) 다른 지면[Alison Morgan, *The Word on the Wind*(Monarch, 2011)]에서 우리가 태어난 문화와 환경에 의해 우리가 어떤 영향을 받는지 쓴 적이 있다. 예수님과 동행하면 할수록 우리가 전혀 모르게 걸음을 내딛도록 유혹받는 잘못된 방향을 더 확실히 알아차리게 된다. 이 주제를 다룬 가장 대표적인 저작은 월터 부르그만(Walter Bruggeman)의 *The Prophetic Imagination*(Fortress Press, 1978)이나 *Finally Comes the Poet*(Fortress Press, 1989)(『마침내 시인이 온다』 성서유니온)이다. 또한 브라이언 맥클라렌(Brian McLaren)의 *Everything Must Change-Jesus, Global Crises, and a Revolution of Hope*(Thomas Nelson, 2007)나 마이클 모이나(Michael Moynagh)의 *Changing World, Changing Church*(Monarch, 2001)를 참고하라.

만족하라"고 히브리서 저자는 충고했다.[13] 그들의 지적이 옳은 것 같다. 수많은 조사 결과를 보면 돈을 빌리면 개인적으로나 국가적으로 점점 빚의 노예가 되고, 가능한 세금을 내지 않는 방도를 찾아내거나, 더 많은 가처분 소득을 얻으려고 필사적이 되기 때문에 결국 잘못된 방향으로 인생을 살아가게 된다. 단순히 우리가 탐욕스럽다는 말이 아니다. 그것보다 훨씬 더 복합적이다. 알랭 드 보통(Alain de Botton)은 이렇게 지적했다. "우리 시대가 차별화되는 부분은 물질적 재화를 획득함으로 다양하고 복합적인 심리학적 목표를 이루고자 하는 우리의 야심에서 찾을 수 있다." 그 결과는 충격적일 수 있다. 〈더 타임스〉(The Times)지의 표현대로 크리스마스 전 바겐세일인 블랙 프라이데이에 사람들이 "고기 한 덩어리를 두고 싸우는 짐승들처럼" 앞다투어 몰려가는 소동을 생각해보라. 56세의 미용사이자 웨이트리스인 루이스 해거티는 블랙 프라이데이 세일 기간에 새벽 1시에 일어나 쇼핑을 하러 간 사실을 〈가디언〉(The Guardian)지의 루퍼트 니트에게 털어놓으며 "다이슨 청소기를 샀어요. 하지만 제게 필요한 물건인지 모르겠어요. 그냥 무작정 집어 들었어요"라고 말했다. "분위기에 휩쓸리는 거죠. 미쳐 있었죠. 저 자신이 정말 혐오스러워요." 이와 같은 장면들은 크리스마스 선물비를 몇 푼 더 아껴보겠다는 생각보다 훨씬 더 깊은 곳의 욕망에서 비롯된다.[14]

---

13) 누가복음 16:13; 히브리서 13:5.
14) Alain de Botton, *The News-A User's Manual*(Hamish Hamilton, 2014), 227쪽, (『뉴스의 시대』 문학동네). 〈더 타임스〉지의 대니얼 셔리단(Daniel Sheridan)의 기사와 2014년 11월 28일 〈가디언〉지 루퍼트 니트(Rupert Neate)의 기사를 참고하라.

비극은 이렇게 구매욕을 채운다고 해서 별 소용이 없어 보인다는 점이다. 한 연구에 따르면 연 수입이 기본적으로 22,000파운드(한화로 약 3,600만 원, 전국 평균보다 낮음)보다 많은 경우 재물은 행복에 별다른 차이를 만들어내지 않는다고 한다. 어떤 연구는 영국 전역에서 가장 부유한 지역이 가장 행복한 지역은 아님을 보여준다. 콘월(잉글랜드 남서부의 주)이나 컴브리아(잉글랜드 북서단의 주)의 청량한 새소리가 상대적으로 풍요로운 사우스 이스트나 웨스트 미들랜즈의 귀가 아플 정도로 가득한 자동차 소리보다 인간의 행복을 가늠하는 더 좋은 지표로 보인다.[15] 최근 실시한 연구 프로젝트는 최상위 고소득자가 아니라 의미 있는 관계를 누릴 수 있거나 자연 세계와 직접 접촉하는 직업을 가진 사람들이 인생에 대한 만족도가 가장 높다는 것을 발견했다. 이런 저런 물건을 구입함으로 자존감을 높이고 사회적 자본을 축적하거나 불안 수준을 낮추라고 부추기는 끊임없는 미디어의 유혹에도 불구하고 우리의 소유와 관계없이 타인을 위해 돈을 사용할 때 자신에게 돈을 쓰는 것보다 행복 지수가 더 높아진다는 것이 증명되었다.[16]

15) 2013년 7월 오픈 액세스 저널인 *PLOS ONE*에서 출간한 유제니오 프로토(Eugenio Proto)와 알도 러스티키니(Aldo Rustichini)의 "A Reassessment of the Relationship Between GDP and Life Satisfaction"과 2013년 10월 "Personal Well-being Across the UK", Office for National Statistics를 참고하라. UK county의 인생 만족 지도에 대해서는 opendata communities. org/wellbeing/map을 참고하라.

16) 2014년 3월 20일 BBC, 마크 이스턴(Mark Easton), "Vicar or publican-which jobs make you happy?"에서 보도함: 2014년 1월 엘리자베스 W. 던(Elizabeth W. Dunn) 외, "Prosocial Spending and Happiness: Using Money to Benefit Others Pays Off", 컬럼비아 대학교: 2014년 7월 BBC는 자

예수님은 "나는 잃어버린 자들을 찾아 구원하러 왔노라"고 말씀하셨다. "이곳에서는 어떻게 이 말씀을 적용할 수 있을까요?" 알렉스 피스는 햄프셔의 부유한 잇첸 밸리에서 임기를 시작하면서 이렇게 물었다. 그 지역은 평균 주택 가격이 600,000파운드(약 10억 원)이고, 이 시대 문화가 부추기는 것을 모두 가진 사람들이 거주하고 있다. 알렉스는 그 지역의 미용사에게 "이곳 사람들이 힘들어하는 문제는 무엇인가요?"라고 물었다. 그녀는 조금도 망설이지 않고 "사람들 사이의 관계지요"라고 대답했다. "엉망이 된 부부 관계, 부모를 보려고도 하지 않는 자녀들, 집마다 난리예요." 이 세상은 우리에게 돈이 더 필요하다고 믿도록 부추긴다. 그러나 "돈을 사랑함이 일만 악의 뿌리가 되나니 이것을 탐내는 자들은 미혹을 받아 믿음에서 떠나 많은 근심으로써 자기를 찔렀도다."[17]

이렇게 경제 성장과 개인적 구매력을 끊임없이 강조하는 우리 문화의 지향은 우리도 모르게 하나님을 떠나는 길로 들어서도록 이끌어간다. 목적지의 방향을 잘못 계산한 극지방 탐험가처럼 우리는 하나님나라에서 점점 더 멀어지고 있다. 이렇게 잘 닦인 넓은 길로 가다 보면 직장에서 성공을 추구하고 집에서 개인적 성취를 앞세우도록 부추기는 다른 표지판들을 만나게 된다. 이것은 자아에 초점을 맞추는 문화이기 때문이다. 우리 중에는 이 표지판을 따라가다 보면 자기 손으로 고독하고 경쟁으로 내몰린 삶의

크 페레티(Jacques Peretti)가 기획한 3부작 시리즈를 다루었다. 제목은 'The men who made us spend'로 소비주의를 매력적으로 노출하는 형태와 광고 산업이 공공의 욕구에 결정적인 영향을 행사하는 방식을 고발했다.

17) 디모데전서 6:10.

방식을 만들어냈음을 뒤늦게 알게 되는 사람들도 있다. 또한 어떤 이들은 결국 실패하고 남들은 모두 가진 것을 정작 하나도 갖지 못한 채 낙오자 신세가 된다. 이 길을 가는 경로는 심지어 우리의 언어 패턴으로도 드러난다. 공동체 중심적인 '주다'와 '의무가 있다'와 같은 단어보다 '가지다'와 '선택하다'와 같은 개인 중심적인 단어를 사용하며 일인칭 복수('우리')보다 일인칭 단수('나')를 점점 더 많이 사용하게 되는 것이다. 그리고 우리가 이렇게 할수록 우울과 고독으로 고통당할 가능성은 더 높아진다.[18] 새로운 형태의 과학 기술을 고안하는 능력이 발달할수록 가상 현실 속의 해결책으로 유도하는 표지들이 점점 더 증가한다. 이제 전문가들은 겉으로 우리를 환영하는 듯한 온라인 커뮤니티들과 SNS의 증가로 타인들과 소외될 뿐 아니라 심지어 우리 자신과도 점점 더 소외되는 지경에 이른다고 지적한다. 인간 경험이 점점 온라인에 게재할 자료로 축소되기 때문이다. 우리는 삶을 모방하지만, 실체가 아닌 복제품과 진짜 삶을 맞바꾼다. 진짜 삶은 "디지털 공연(digital performance)에 사용되는 자료"가 된다.[19] 솔로몬은 "인간이 보기에는 옳아 보이지만 결국은 사망인 길이 있다"라고 적었다. 예수님은 "멸망으로 인도하는 문은 크고 그 길이 넓

---

[18] 캘리포니아 대학교 심리학 교수인 퍼트리샤 그린필드(Patricia Greenfield)의 연구를 참고하라. 그녀는 우리의 언어가 개인주의와 물질적 이득을 집중적으로 부각하는 방향으로 서서히 변화되어왔음을 발견했다. 요약 내용은 popsci.com/science/article/2013-08/usage-self-centered-words-get-and-choose-are-increasing-over-time을 참고하라.

[19] 인류학자인 캐슬린 리처드슨(Kathleen Richardson)은 디지털 과학 기술이 우리의 육체적 삶에서 가상적 실존으로 관심의 초점을 이동시키고 있다고 주장한다. 〈캠 매거진〉(*Cam Magazine*)지, 2014년 71호, 그녀의 기고문 "Me2"를 참고하라.

어 그리로 들어가는 자가 많고"라고 확인해주셨다.[20]

이렇게 친절하게 표지가 설치된 넓은 길로, 매혹적이면서 혼란스러운 샛길들이 얽혀 있는 이 길로 가면 갈수록 우리는 더욱 혼란스러워지고 더 깊은 불만족에 빠지게 된다. 어떤 이들은 술에서 위안을 찾는다. 알코올 중독과 직접 관련된 사망자 수는 1991년에서 2005년 사이에 두 배 이상 늘었다고 한다. 영국에서는 지금 백만 명이 넘는 성인이 알코올에 의존해 살아간다고 한다. 다른 이들의 경우, 소위 기분 전환용 마약으로 일시적으로 현실에서 도피하는 길을 선택하기도 한다. 16-24세 연령 중 38퍼센트가 이런 종류의 마약을 시도했고, 그중 일부는 목숨을 잃기도 한다. 드럭스코프(Drugscope)라는 자선 단체의 페트라 맥스웰은 "문화적으로 무슨 일이 일어나고 있다"라고 이야기했다. 하지만 용기 있게 그 가능성을 공개적으로 주장하지는 않았다. 점점 더 많은 사람이 취약한 정신 건강의 영향을 받고 있다. 매년 우울증으로 처방받는 약의 양이 이제 5천만 건으로 치솟았다. 블랙풀(영국 랭커셔주의 휴양 도시)에서는 매달 여섯 명 중 한 명꼴로 이 약을 처방받고 있다.[21] 청년들에 대한 전망은 특별히 더 암울하다. 2014년 프린시스 트러스트(Prince's Trust)가 시행한 조사

---

20) 마태복음 7:13; 잠언 14:12.
21) 2011-2012년 잉글랜드와 웨일스 범죄 조사 보고서의 마약 사용 실태; drugscope.org.uk 와 news.bbc.co.uk/1/hi/uk/4229470.stm을 참고하라. The Week 22.03.08에 인용된 British Medical Journal 보고서. 2013년 8월 Health and Social Care Information Centre는 2012년 항우울제 처방이 5천만 회가 넘었음을 보여주는 자료를 발표했다. 역사상 가장 높은 수치로 전년도보다 7.5퍼센트 증가한 것이다. bbc.co.uk/news/uk-235553897에서 소개하는 BBC 보고서를 참고하라.

에 따르면 스스로 살 가치가 없는 인생이라고 대답한 청년이 9퍼센트이며, 26퍼센트는 자살 충동을 느낀다고 대답했다.[22] 많은 사람에게 새로운 정체성이 최선의 해결책으로 보인다. 개명 신청원에서 매년 이름을 바꾸는 사람의 수가 1996년 270건이었다면 2011년에는 거의 60,000건에 육박했다. 누군가 다른 사람이 되고 싶은 이들이 증가하고 있다.[23]

마지막으로, 우리의 신앙생활과 관련된 질문이 있다. 우리 문화에서 영적 생활과 관련된 표지들은 거의 보이지 않거나 매우 드물다. 지난주에 도로를 운전하고 가다가 집채만 한 크기의 포스터가 눈에 들어왔다. 그 포스터에는 "신은 죽었다"라고 쓰여 있었다. 공공연하게 들리는 이야기다. 하나님은 만들어진 신이라는 소리도 귀가 따가울 정도로 들린다.[24] 그러나 자신이 무신론자임을 드러내지 않는 이들도 여전히 있는 것으로 보인다. 2011년 인구조사에서 자신을 무신론자라고 밝힌 사람은 29,267명에 불과했지만, 자신이 그리스도인이라고 밝힌 사람은 인구의 60퍼센트인 약 3천3백만 명이었기 때문이다. 이 3천3백만 명의 그리스도

---

22) Youth index 2014: princes-trust.org.uk/PDF/YOUTH_INDEX _2014.pdf.
23) 2007년 1월 13일 〈더 타임스〉에서 보도한 1996년도 통계; 2011년도 통계에 대해서는 캐롤린 매클래치(Caroline McClatchey)의 "Why are more people changing their name?", bbc.co.uk/news/magazine-15333140을 참고하라. 이름에 관한 권위자인 줄리아 크레스웰(Julia Cresswell) 박사는 이렇게 말한다. "대부분 사람의 인생에서 무엇인가 다른 사람이 되고 싶은 단계가 있다. 개명은 특별히 불행한 기억이 있는 과거에서 벗어나고자 하는 하나의 방법이다."
24) '만들어진 신'(The God Delusion)은 리처드 도킨스(Richard Dawkins)가 쓴 유명한 책의 제목으로 2006년 Bantam Press에서 출간함. (『만들어진 신』김영사)

인 중에 진정한 의미의 예수님의 제자는 거의 없다. 적어도 그들 중 대다수는 정기적으로나 공개적으로 자신들의 신앙을 표현하지 않는다. 주일에 교회에 출석하는 이들은 단 3백만 명에 지나지 않았기 때문이다.[25] 어떤 이들은 교회에서 더 이상 하나님을 만날 기대를 하지 않는 사람들에 포함될 수 있고, 이런 이들은 점점 더 많아지고 있다. 이들은 교회 대신 더 현대적인 형태의 영성으로 실험하기를 선호한다. 이에 대해서는 다른 곳에서 논의한 적이 있으며, 그 수가 너무 많고 또한 대부분 매우 특이해서 여기에서 언급하기에는 적절하지 않다. 역시 표지들은 매력적이지만, 기껏해야 잘못된 길로 인도하거나 최악의 경우 위험하다. 예수님은 "나로 말미암지 않고는 아버지께로 올 자가 없다"라고 말씀하셨다. 우리는 난관에 봉착했다. "오늘과 같은 날에 밖으로 나가면 저절로 감사하는 마음이 생긴다"라고 도덕 철학자 메리 미즐리(Mary Midgley)는 말한다. 그리고 이렇게 덧붙인다. "하지만 누구에게 감사해야 할지 알 수가 없다."[26]

이처럼 우리는 하나님에게서 점점 더 멀어지는 길로 여행하도록 부추기는 세상에 살고 있다. 데이브의 경우처럼 어떤 길들은 거칠고 수없이 구멍이 패어 있으며, 폭력이 난무하고 매복 공격의 위험에 노출되어 있다. 어떤 길들은 황금으로 포장되어 있거

---

25) 2011년 인구 조사에 대해서는 ons.gov.uk를 참고하라. 영국 국교회의 주일 출석자 수는 약 100만 명이며(churchofengland.org/about-us/facts-stats/research-statistics.aspx), 전체 교회 출석률은 310만 명이 넘는다(2005년 영국 교회 인구 조사, eauk.org/church/research-and-statistics/english-church-census.cfm).
26) 요한복음 14:6. 메리 미즐리는 2014년 3월 23일 〈옵저버〉(The Observer)지와 인터뷰했다.

나 언제라도 혹할 듯한 광고판으로 장식되어 있어 훨씬 더 좋아 보인다. 우리는 대부분 그 길을 들렀다 가겠지만, 하나님을 향해 가는 길은 아닐 것이다. 그 길로 가려면 완전히 다른 접근 방식이 요구되기 때문이다. 티모시 니트(Timothy Neat)는 어렸을 때 스코틀랜드 섬의 생활과 오늘날 소비주의 사회의 현실을 비교하며 "장기적으로 보면 서구 물질주의의 성장과 활기와 아름다움은 생명을 살리는 청년의 역동성이 아니라 세계의 목구멍에 걸린 악성 종양임이 드러날지 모른다"라고 한탄하듯이 말한다.[27] 인생의 경기에는 승자도 있고 패자도 있지만, 쉬운 해답은 전혀 없으며 돈으로 살 수 있는 해답은 단 하나도 없다. 홀로코스트 생존자인 빅터 프랭클(Viktor Frankl)이 지적한 대로 "행복은 추구해야 할 목표가 아니라 뒤따르는 결과여야 한다. 자신보다 더 큰 대의에 헌신하고 의도치 않게 얻은 부산물이거나 자신이 아닌 사람에게 자신을 투신함으로 얻는 결과물일 뿐이다."[28] 오늘날 이 사실을 발견한 사람들이 적지 않다. 이들은 우리 사회가 실패자로 낙인 찍은 사람들뿐 아니라 성공의 파도에 올라탄 사람들까지 아주 다양하다. 기자인 안 윌슨(An Wilson), 유전학자인 프랜시스 콜린스(Fransis Collins), 변호사 니키 검벨(Nicky Gumbel)은 모두 이전에 무신론자였다. 가수 밥 딜런과 보노는 유대인이자 아일랜드인이라는 배경으로 한때 종교를 멀리했지만, 성인이 되면서 믿음을 발견했다. 유죄 판결을 받으면서 부풀려진 거품이 꺼지고 실

---

27) *When I Was Young-Voices from Lost Communities in Scotland: The Islands*(Birlinn, 2000), p. xi.
28) 1946년 독일에서 처음 출간된 그의 책, *Man's Search for Meaning-The Classic Tribute to Hope from the Holocaust*(영어판, Rider, 2004년), 12쪽.

상이 드러난 야심만만했던 정치인 제프리 아처(Jeffrey Archer)와 찰스 콜슨(Charles Colson)도 이런 사례에 해당한다. 이들과 그 밖의 더 많은 사람이 예수님과 만나면서 인생의 방향이 달라지는 경험을 했다.

예수님은 제자들을 떠날 준비를 하시면서 그분과 함께한 그들의 여정이 그분의 사후에도 어떻게 계속될지 설명해주셨다. 예수님은 "내가 곧 길이요 진리요 생명이라"고 말씀하셨다. 이 짧은 문장은 예수님의 제자가 된다는 것이 무엇을 의미하는지 한 줄로 요약해준다. 예수님은 "나는 아버지께로 가는 길이다" 그리고 "내가 너희를 위하여 처소를 예비하러 간다"라고 말씀하셨다. 첫 제자들은 "그 길을 따르는 자들"로 불렸다. 예수님은 이어서 그들을 다른 사람들의 안내자로 임명하시고 사람들을 당신에게 소개하며 당신이 명령하신 모든 것을 순종하도록 가르치게 하셨다.[29] 『메시지 성경』(The Message)에서 유진 피터슨(Eugene Peterson)은 예수님의 말씀을 이렇게 번역한다. "나가서 가까운 곳에서나 먼 곳에서나 만나는 모든 사람을 이런 삶의 방식으로 훈련하라." 이 길을 계속 걸어가며 이 지도를 사용하고 그 목적지를 목표로 하라. 그러면 모든 것이 형통할 것이다.

그런 다음 예수님은 "내가 그 진리"라고 말씀하셨다. "나는 이 세상을 창조했고 너희를 창조한 자다. 나는 너희를 에워싼 기만의 덫에서 해방해줄 수 있다. 중요한 것과 중요하지 않은 것이 무엇인지 보여줄 수 있다. SNS상의 등급은 잊고 신용 카드는 던져버려라. 아버지 하나님이 보시기에 너희가 어떤 사람인지 보여

---

29) 요한복음 14:6; 참고. 사도행전 9:2; 22:4; 24:14.

주겠다." 빌라도는 혼란스러운 얼굴로 "진리가 무엇인가?"라고 물었다. 오늘날 많은 정치인처럼 그는 자기 위주로 행동했다. 심지어 오늘날도 우리 대부분은 진리라는 것이 존재하는지 확신이 없다. 우리는 가치를 숭상하는 세상에 살고 있다. 혹시 진리를 인정한다고 하더라도 과학으로 검증할 수 있는 것으로 한정하기 쉽다. 그러나 예수님은 그것보다 더 거대한 것, 우주 자체의 피조물을 넘어서는 어떤 것, 우리의 사고방식을 완전히 바꾸고, 우리의 존재됨과 존재 이유에 대한 모든 생각을 뒤흔들 무엇인가에 대해 이야기하고 계셨다. "기독교는 단순히 우리 믿음의 체계가 아니라 모든 실재를 바라보고 이해하는 방식이다"라고 미국 정치 자문위원인 찰스 콜슨은 썼다. 이 글은 그가 워터게이트 사건에 연루되어 감옥에서 복역한 뒤 저명한 기독교 사상가이자 행동가로 인생의 극적인 변화를 경험한 뒤 쓴 것이다.[30] 진리는 현실 그 자체다.

　마지막으로 예수님은 "내가 그 생명이다"라고 결론을 내리셨다. "모든 생명이 성부 하나님, 다시 말해 성부와 성자와 성령에게서 나오므로 내가 그 생명이 된다. 하나님의 손가락 끝에서 생명이 처음 존재하게 되었고, 내가 그 현장에 있으면서 말씀으로 세상을 창조했다. 또한 나는 너희를 위한 생명이다. 너희가 성부 하나님과의 관계를 회복하고 성령으로 충만하게 하여 너희의 단절된 존재의 핵심에 생명을 불어넣어 절대 없어지지 않을 영적 생명

---

30) Charles Colson & Nancy Pearcey, *How Now Shall We Live*(Marshall Pickering, 2000), 14쪽. (『그리스도인 이제 어떻게 살 것인가?』 요단출판사). 콜슨은 2008년 Chosen Books에서 출판한 *Born Again*에서 자신의 회심에 대한 이야기를 들려준다.

을 주었다. 우주가 썩어 없어져도 이 생명은 사라지지 않을 것이다. 너희에게는 마법의 주문이나 수정 구슬이 필요 없다. 그냥 구하기만 하면 된다." 위대한 신비주의자 토마스 아 켐피스(Thomas a Kempis)는 15세기에 이 모든 것을 이렇게 요약했다. "그 길이 없이는 갈 수 없고, 그 진리가 없이는 알 수 없으며, 그 생명이 없이는 살 수 없다."[31]

우리는 행복을 찾는 최선의 방법에 대한 이해와 진리에 대한 정의 그리고 우리를 진정으로 살아 있게 하는 것이 무엇인지에 대한 혼란스러운 생각으로 우리를 세뇌하는 세상에 살고 있다. 예수님은 또다시 다른 길을 제시해주신다. 리즈 웨스트(Liz West)와 트레버 위더스(Travor Withers)는 "제자도란 하나님을 체험적으로 만남으로 우리의 신념 체계가 다시 작성되며 가치관이 변화되어가는 과정이다"라고 주장한다.[32]

제자도의 개념 확인하기

Μαθητές, *Discipulus*: 학습자, 훈련생, 추종자, 제자.
Μαθετεια, *Discipulatus*: 스승을 따름, 제자도.

---

[31] *The Imitation of Christ*, III.56.1. (『그리스도를 본받아』 익투스); J. I. Packer & Gary A. Parrett의 *Grounded in the Gospel*(Baker Books, 2010), 117쪽에서 인용. (『복음에 뿌리를 내려라』 생명의 말씀사)
[32] Liz West & Trevor Withers, *Walking Together-Making 21st Century Disciples*(Cell UK, 2007).

"나를 따라오라"고 예수님은 말씀하셨다(마 4:19).
"내가 곧 길이요 진리요 생명이다"(요 14:6).
"그 도를 따르는 사람"(행 9:2).

제자도는 배움과 관련이 있지만, 단순히 지식을 습득하는 수준을 훨씬 넘어선다. 제자도는 우리가 신뢰하는 이를 따르고 동행하는 것을 의미한다. 제자도는 우리가 따르고, 우리 인생을 형성하시며, 그분의 인생으로 우리 인생이 변화되기 시작하고, 영원한 운명을 발견하게 하는 이 한 분에게 집중되어 있다. 그리스도인에게 이분은 바로 그리스도, 하나님의 아들 예수님이다.

제자도는 궁극적으로 변화에 초점을 둔다. 우리 인생의 모든 부분, 우리가 생각하고 행동하며 서로와 관계하고 자기 자신을 이해하는 부분에 이르기까지 모든 영역이 변화되어야 한다. 종종 '회개'로 번역되지만, 실제로 하나님을 향해 우리 인생을 완전히 재설정하는 훨씬 더 심오한 것을 의미하는 메타노이아(metanoia)와 매우 밀접한 관련이 있다.

- 제자도는 소속과 관련이 있다: 예수님을 따르는 자들의 공동체에 속한 자가 되는 것이다.
- 제자도는 행동과 관련이 있다: 이 땅에서 하나님의 통치를 반영하는 삶의 방식을 채택하는 것이다.
- 제자도는 믿음과 관련이 있다: 예수님의 가르침을 받아들이고 그분을 전적으로 신뢰하는 것이다.

제자도는 어떤 과정이나 그리스도인이 되어가기 위한 하나의 단계가 아니다. 하나님이 우리 삶의 모든 영역을 형성해가시도록 내어드리는 지속적이며 일생이 걸리는 과정이다. 이 과정은 우리가 하나님과 얼굴과 얼굴을 맞대고 볼 때에야 비로소 완성될 것이다.

—마크 옥스브로우(Mark Oxbrow), 〈성공회 증인〉(*Anglican Witness*) 기고문, 2013년 5월

인생의 방향을 바꾼 아프리카 사람들의 이야기

캐논 제이콥 로버트 오이안지는 무소마 대성당의 주임 사제이자 탄자니아 마라 교구에서 '예수 안에 뿌리내린 삶'의 교구 코디네이터를 맡고 있다. 2011년 '예수 안에 뿌리내린 삶' 1차 대회가 이 교구에서 열린 후로 제이콥은 마을마다 다니며 새로운 그룹을 방문해 그들의 이야기를 들어주는 일을 해왔다.

아프리카 시골에서는 알코올 중독자를 흔하게 볼 수 있다. 집에서 빚은 맥주와 토착 신들은 가난과 재난으로 찌든 가혹한 현실에서 도피하는 수단으로 이용된다. 제이콥은 이 그룹들의 사역으로 알코올 중독에서 벗어나 가족의 품으로 돌아간 사람들을 종종 만난다. 우리와 마찬가지로 그곳에서도 결혼 생활이 파탄에 이르는 가

정들이 있다. 남편들이 아내와 자녀를 버리고 다른 여자들에게 가버린다. 사회 복지나 국가 보조금이 전혀 없이 가장에게 모든 것을 의지하는 사회에서는 심각한 일이다. 그런 상황에 부닥친 여성들은 매춘으로 내몰리는 경우가 많고, 아이들은 더 이상 학교에 다니지 못하게 된다. 어느 날 제이콥은 그런 남자를 만났고, 그에게 일어난 변화를 보고 기쁨으로 가득한 편지를 보내왔다. 그 사람은 불륜을 저지른 여성과 함께 이사를 간 마을에서 이 성경 모임에 참여하게 되었다. 그는 그들과 교제를 나누며 하나님께 더욱 가까이 나아가면서 자신이 저지른 일에 죄책감을 느끼고 크게 괴로워했고, 그들에게 조언을 구했다. 그들은 그를 위해 기도했고, 그는 떠나온 아내와 가족에게로 돌아가 "주님과 새로운 여정을 시작했다"라고 제이콥은 보고했다.

가족은 아프리카에 사는 사람들에게 큰 버팀목이다. 그러므로 가족이 상처를 입으면 그 결과는 심각할 수 있다. 제이콥은 마시노노 마을을 방문한 후 '예수 안에 뿌리내린 삶' 그룹의 일부 구성원이 하는 말을 들을 기회가 있었는데 그들은 모두 수잔이라는 어린 소녀에 대한 이야기를 했다. 수잔의 부모는 아이가 여섯 살 때 에이즈로 사망했고, 이제 아홉 살이 된 수잔은 할머니와 함께 살면서 이 모임에 참석하고 있었다. 수잔의 할머니는 매춘을 하고 술을 팔아서 생계비를 마련했지만, 최근에 할머니도 에이즈 진단을 받고 병원에 입원했다. 수잔은 여전히 모임에 계속 참석했다. 수잔은 여러 성경 구절을 암송하고 있었는데 그중 한 구절이 요한복음 3장 16절이었다. "하나님이 세상을 이처럼 사랑하사 독생자를 주셨으니 이는 그를 믿는 자마다 멸망하지 않고 영생을 얻게 하려 하심이라." 고아가 된 어린 수잔은 처음으로 이 약속이 자신에게도 해당한다는 것을 깨달았다. 아이의 반응이 얼마나 극적이었는지 그 소식이 온 교회에 전해졌다. 같은 날 일곱 명이 주님께 인생을 의탁했다.

전통적인 종교는 지금도 여전히 수백만 명의 인생에 중요한 역할을 하고 있다. 많은 사람이 병들거나 어려움을 만날 때 전통적인 치유사나 주술사에게 의지한다. 제이콥은 종종 치료제로 구입한 주술과 주문으로 고통당하는 사람들을 만난다. 한번은 니아키스와라는 마을에서 레아라고 하는 그룹 구성원과 대화를 나누게 되었다. 그녀는 이 모임에 참석하기 전에 주술사 일을 하면서 교회에 다녔다고 했다. 누구도 그녀에게 기도와 점술이 양립할 수 없다는 사실을 알려주지 않았고, 그녀는 그리스도께 인생을 의탁하도록 한 번도 초청받은 적이 없었다. 레아는 모임에 처음 참석했을 때 엄청난 영적 중압감에 짓눌렸고, 주술사로서의 삶을 포기하라는 음성을 들었다고 말했다. 그녀는 어느새 예수님을 큰 소리로 부르고 있었다. 그날 그녀는 난생처음으로 완전한 자유로움을 느끼며 집으로 돌아갔다. 그녀의 표현을 빌리면 "내 인생과 마음에 환한 빛이 비쳤다." 이야기를 끝낸 그녀는 제이콥을 바라보며 "이 교회에 출석한 지 7년이 지났는데 오늘 이야기를 나눈 내용은 한 번도 들어보지 못했어

> 요"라고 말했다.
>
> 제이콥은 이렇게 적었다. "'예수 안에 뿌리내린 삶' 프로그램의 한마음 한 생각 가족('예수 안에 뿌리내린 삶' 프로그램에 대해 그가 붙인 이름)이 우리 교구에서는 이런 식으로 효과를 보고 있어요. 많은 그룹의 상황은 어디서나 똑같아요. 사람들은 한마음과 한 생각 가족이 그들의 인생을 어떻게 변화시켰는지 이야기해주고 있습니다. 이것은 마라 교구 역사상 유례 없이 교회가 성장하는 데 큰 도움이 되고 있습니다. 우리 교구 전역에서 많은 사람이 복음을 받아들이고 있습니다."

모든 문화권과 사회에서 예수님은 인생의 방향을 바꾸도록 사람들을 초청하고 계신다. 그 당시와 마찬가지로 돌이키는 지점은 사람마다 다를 것이다. 폭력으로 발전한 분노에서 돌이킬 수도 있고, 물질주의나 강신술에서 위안을 찾던 공허감에서 돌이킬 수도 있으며, 아니면 가족이 해체될 정도의 절망에서 돌이킬 수도 있다. 하지만 그것은 별로 중요하지 않다. 부유하든지 가난하든지, 외형적으로 성공한 사람이든지 사회적으로 실패한 사람이든지, 아프리카에서 살고 있는지 영국에서 살고 있는지는 전혀 중요하지 않다. 문제는 어디서 왔느냐가 아니라 어디로 가고 있느냐다.

오늘 예수님을 따르다: 존 프리드모어(John Pridmore)

런던 이스트엔드에서 자란 존 프리드모어는 마약 거래, 갈취, 심각한 범죄에 연루된 부유한 조직 폭력배였다. 2013년 그는 다미안 스테인과 '빛 되신 예수 공동체'(Cor et Lumen Christi community)에서 개최한 가톨릭 미라클 랠리에서 자신의 이야기를 간증했다.

"저는 런던 이스트 엔드에서 태어났습니다. 10살 때 부모님이 이혼하셨고 저는 더 이상 누구도 사랑하지 않겠다고 무의식중에 결심했습니다. 13살이 되어서는 물건을 훔치기 시작했고 15살에 구치소에 구금되었습니다. 절도는 석방되고 나서 가출한 후 유일하게 할 수 있는 일이었습니다. 19살에 다시 감옥에 갇혔고, 저의 고통을 늘 분노로만 표현했기에 항상 누군가와 싸우거나 시비를 걸었습니다. 교도소 측은 23시간 독방에 저를 가두었고, 그곳에서 나올 때는 훨씬 더 분노에 차서 원한으로 이를 갈았습니다. 런던의 이스트엔드와 웨스트엔드를 여기저기 헤집고 다니기 시작했습니다. 싸우는 걸 좋아해서 이것으로 돈을 벌 수 있겠다는 생각이 들었습니다. 그러다가 세상을 다 가진 듯해 보이는 사람들을 만났고, 저는 그들을 위해 일하기 시작했습니다. 얼마 안 가서 그들의 밑에서 일하지 않고 그들과 동업하게 되었습니다. 그들은

런던의 대부분 범죄 조직을 장악하고 있었습니다. 부끄럽지만 저는 대규모 마약 거래, 갈취, 온갖 종류의 범죄에 연루되었습니다. 중요하다고 생각한 것은 모두 손에 넣었습니다. 돈, 권력, 여자, 마약, 도박이죠. 그러나 뭔가 허전했습니다. 일하고 있던 나이트클럽 밖에서 내가 누군가를 죽였다고 생각했을 때 이런 공허감은 그 어느 때보다 더 심각하게 다가왔습니다. 그 사람의 목숨을 거의 **빼앗을 뻔한** 사고를 저지른 후 뭔가 믿을 수 없는 일이 일어났고 제 인생이 변하기 시작했습니다.

어느 날 오후 보드게임을 하러 친구 아파트로 차를 몰고 갔는데 친구가 집에 없었습니다. 차에서 그를 기다리며 앉아 있는데 게리와 친구가 하나님께 과거를 내어드렸다고 했던 말이 생각났습니다. 기억에서 떨쳐내고 싶어도 자꾸 생각이 났습니다. 맥주 한 캔을 홀짝홀짝 마시면서 아편을 피우고 있는데 경찰이 다가오는 게 보였습니다. 저는 급하게 담배를 창밖으로 던지고 맥주 캔을 운전석 아래에 숨겼습니다. 경찰은 차에서 내리라고 하더니 음주 검사를 했습니다. 제가 시키는 대로 순순히 검사에 응하자 그는 혈중 알코올 농도가 기준치 이하라고 알려주었습니다. 그러더니 더는 술을 마시지 말고 귀가하라고 말했습니다. 기다리는 데 싫증이 난 저는 그 경찰의 말대로 집으로 갔습니다.

아파트로 돌아가 우두커니 앉아 있던 저는 제 인생이 왜 이렇게 완전히 망가졌는지 곰곰이 생각하게 되었습니다. 너무나 침울해졌고 허무하다는 생각이 들었습니다. 그때가 밤 9시경이었습니다. 그러다가 어떤 목소리라고밖에 표현할 수 없는 음성을 들었습니다. 그 음성은 제가 저질렀던 최악의 일들을 이야기하고 있었습니다. 저는 텔레비전 소리일 거로 생각하고 채널을 바꾸었습니다.

하지만 그 목소리는 사라지지 않았습니다. 결국 아예 텔레비전을 꺼버렸습니다. '무슨 일이 벌어지고 있는 거지? 내가 드디어 실성한 건가?'

그러다가 갑자기 무엇인가 짐작되는 일이 생각났습니다. 그것은 우리가 모두 들었던 음성이었습니다. 때로 좋은 일을 할 때도 들었고 나쁜 일을 할 때도 들었던 목소리였죠. 그것은 하나님의 음성이었고 제 양심의 소리였습니다. 순간 숨이 멎는 것 같았습니다. 숨을 쉬지 못해 당장이라도 죽을 것 같았고, 말로 표현할 수 없는 공포가 저를 짓눌렀습니다. '난 분명 지옥에 갈 거야'라는 생각이 들었습니다. 저는 그 자리에서 무릎을 꿇었고 눈물이 쏟아지기 시작했습니다. '제게 한 번만 더 기회를 주세요'라고 부르짖었습니다. 그때 갑자기 누군가의 손이 제 어깨를 만지더니 저를 일으켜 세우는 듯한 기분이 들었습니다. 형언할 수 없는 온기가 저를 감싸더니 그 두려움이 안개처럼 사라져버렸습니다. 그 순간 저는 하나님이 살아계신다는 것을 깨달았습니다. 단순히 머리로 믿은 것이 아니라 정말 알게 된 것입니다.

아파트를 나가서 이 놀라운 체험을 누군가와 이야기하고 싶다는 저항하기 어려운 뜨거운 열정이 솟구쳤습니다. 문을 열고 나와 시계를 본 저는 새벽 한 시가 넘었다는 것을 알고 깜짝 놀랐습니다. 놀랍게도 4시간이 흘렀던 것입니다. 그리고 나서 저는 이전에 한 번도 해본 적이 없는 일을 했습니다. 기도를 한 것입니다. '하나님, 지금까지 제가 한 일이라고는 제 인생에서 당신을 배제하는 것뿐이었습니다. 이제 이 인생을 당신께 돌려드리고 싶습니다.' 지금 생각하면 사랑의 경이로운 감정이 저를 사로잡는 것 같았다는 말 외에는 달리 표현할 말이 없습니다. 그동안 겪었던 일 중 가장 놀랍고 신비한 경험이라는 생각이 들었습니다. 처음으로 제가 하나님의 사랑을 받고 있음을 알게 되었습니다. 그때까지 저는 항상 아무 쓸모 없는 인간이고 제가 살든지 죽든지 중요하지 않다고 생각했습니다."

존에게 그것은 긴 여정의 시작이었다. 현재 그는 위기에 처한 청년들을 대상으로 영국 전역은 물론이고 해외에까지 나가 사역하고 있다. 그는 청년들에게 예수님의 사랑을 전하고 그가 처음에 걸었던 길과 다른 인생의 길을 찾도록 돕고 있다. 그들 중 많은 사람이 그 길을 찾았다. 영국 일간지 〈데일리 리코드〉(Daily Record)의 인터뷰 담당자인 브라이언 맥클레버(Brian Maclever)가 지적하듯이 "한때 칼과 최루 가스를 숨기고 외출했던 남자가 이제는 십자가와 평화의 복음으로 무장했다."

—존은 자신의 웹사이트인 johnpridmore.yolasite.com과 자신의 저서 『암흑가에서 약속의 땅까지』(*From Gangland to Promised Land*, 그레그 왓츠 지음, 2008년, 제2판, xt3media)에서 자신의 경험담을 소개하고 있다.

3장.

나눔을 위한 질문

1. 방향의 변화

"서구의 그리스도인들은 그리스도의 제자가 된다는 의미를 대체로 무시해왔다. 수적으로 압도적 다수인 그들은 교회에 정기적으로 출석하고, 예배석을 채우며, 찬송을 부르고, 설교를 듣고 음미하며, 성경을 읽는다. 심지어 중생한 성도이거나 성령 충만한 은사주의자들도 있다. 하지만 예수님의 참된 제자는 찾아보기 힘들다."―데이비드 왓슨(David Watson)

"때로 그리스도인과 비그리스도인의 차이를 구별하기가 쉽지 않다. 같은 일을 하고, 같은 지역에 살며, 같은 방식으로 돈을 사용하고, 많은 부분에서 동일한 가치를 추구한다. 유일한 차이점이라면 주일 아침에 우리는 교회에 가고 그들은 벼룩시장에서 쓰던 물건을 파는 정도다. 하지만 예수님을 따르며 그분의 제자가 된다는 것은 주일 아침 뭔가 다른 일을 하는 것 이상의 의미가 있어야 한다. 우리의 전 인생이 변화되어야 한다. 모든 것이 달라져야 한다."―닉 페이지(Nick Page)

• 예수님의 제자라는 이유로 인생에 어떤 변화가 일어났는가?

- 우리 교회를 방문한 사람들이 교인들의 생활 방식과 우선순위에서 자신과 다른 뚜렷한 차이점을 찾아볼 수 있는가?

2. 소비주의 사회의 제자도

"소비주의는 서구 문화권에서 우리 삶을 형성하는 구체화된 구조이자 우선순위다. 소비주의는 가짜 확신을 체험하게 해주는 역할을 한다. 모든 것을 원래의 가치로 회복하는 성경적 덕목은 자족이다."—그레이엄 크레이

"사람들을 제자로 삼지 않으면 반드시 문화가 그 작업을 할 것이다."
—앨런 허쉬

- 지금의 소비주의 사회가 어느 정도까지 우리에게 영향을 미친다고 생각하는가? 지금 사는 물건을 왜 사는지, 지금 원하는 것을 왜 원하는지 알고 있는가? 우리의 가치관이 광고 회사가 아니라 예수님의 영향을 받아 형성된 것임을 어떻게 확신할 수 있는가?

3. 예수님의 제자로 살기

마이클 프로스트는 자신의 책 『위험한 교회』(Exiles, SFC 역간)에서 세속 사회에서 예수님을 따르기로 결단하고 헌신할 때 보장되는 다섯 가지 약속을 이야기한다.

(1) 진정한 진리를 경험하게 된다. 가짜 유명인들과 가짜 경험이 판치

는 세상에서.

(2) 우리 자신보다 더 위대한 대의를 위해 섬기게 된다. 자신의 필요에 만 관심을 두는 세상에서.

(3) 선교적 공동체를 만들게 된다. 개인주의가 판치는 세상에서.

(4) 관용을 베풀며 손님 대접하기를 힘쓰게 된다. 관습적인 손님 접대를 넘어서서 굶주린 사람들과 어려운 사람들을 섬기게 될 것이다.

(5) 의를 실천하며 일하게 된다. 우리가 세상에서 하는 일을 제국으로 하나님의 파송을 받고 수행하는 사명으로 생각할 것이다.

- 이런 약속들이 얼마나 현실적이라고 생각하는가? 어떻게 이런 약속들을 실천하고 이행하겠는가? 이런 약속을 따라 살게 될 때 우리 교회가 얻을 대가는 무엇이겠는가?

- David Watson, *Discipleship*(Hodder, 1981).
- Nick Page, *The Jesus-Shaped Life*, ReSource magazine, 12호, *Being Disciple*(2008).
- Graham Cray, *Who' Shaping You: 21st Century Disciples*(Cell UK, 2011).
- Alan Hirsch, *The Forgotten Ways*(BrazosPress, 2006) (『잊혀진 교회의 길』 아르카).
- Michael Frost, *Exiles-Living Missionally in a Post-Christian Culture*(Baker Books, 2006). (『위험한 여정』 SFC)

4장

현장에서 배우다

"제자도는 예수님이 아버지께 몸소 배우신 것처럼 하나님나라에서
살아가는 법을 예수 그리스도께 배우는 생활을 말한다."

달라스 윌라드[1]

일을 배우는 방법은 많다. 예수님의 아버지 요셉은 목수 또는 건축업자였고, 1세기에는 열두 살이 되면 아버지가 아들에게 일을 가르치는 것이 일반적이었다. 그러므로 예수님은 열두 살부터 약 서른 살에 공적 사역을 시작하시기까지 거의 20년간 건축업을 하며 사셨을 것으로 보인다.[2] 오늘날은 예수님 시대보다 건축이나 목공 기술이 훨씬 발전했고, 목공업에 관한 책을 사서 독학으로 배울 수도 있다. 가령 『콜린스의 아름다운 목가구 만들기』(*Collins Complete Woodworker's Manual*)는 '최고의 베스트셀러이자 목공인들의 바이블'로 '모든 목공인이 필요로 하는 단 하나의 책'이라는 찬사가 뒤따른다. 목공소를 차리는 데 필요한 기초를 시작으로 모든 종류의 조인트와 베니어 링에서 목재 조각에 이르는

---

1) Dallas Willard, *The Great Omission*(Monarch, 2006), 62쪽.

2) 마태복음 13:55과 마가복음 6:3에서 요셉을 목수 혹은 건축업자(*tekton*)로 기술하고 있다. 누가복음 2:51에서는 예수님이 나사렛에서 부모와 계속 사셨고, 성인기가 시작되는 열두 살이 된 후에도 부모님께 순종하며 사셨다고 기록하고 있다. 누가복음 3:23은 예수님이 "약 서른 살" 즈음에 공적 사역을 시작하셨다고 말한다. 대부분의 학자는 예수님의 출생 연도를 주전 6-4년으로 추정하는데 이 시기는 티베리우스 황제가 통치한 지 15년이 되던 해였다(눅 3:1). 그러므로 대략 주후 8년부터 주후 28년까지 예수님은 아버지와 나사렛에서 생활하시며 일하셨을 것이다.

모든 중요한 기술을 다루며 목공의 모든 단계를 설명해준다.[3]

이런 주장들이 인상적이기는 하지만, 아무리 이 책을 열심히 공부한다고 해서 젊은 목수가 장인의 반열에 올라서지는 못할 것으로 생각한다. 심지어 오늘날도 대부분의 목수 지망생이 실력을 기르기 위해 일종의 도제 형식의 훈련이 필요하다는 것을 인정한다. 그래야 숙달된 장인에게서 목수로서 과제를 부여받고, 실력을 평가해줄 이에게서 이런 기술들을 배울 수 있다. 보통 2, 3년이 소요될 것이다. 목공은 책상머리에서 배울 수 있는 것이 아니다. 현장에서 배워야 한다.

2008년 수 호프(Sue Hope)는 "성령의 능력으로 제자가 되다"(Being a disciple in the power of the Holy Spirit)라는 제목으로 〈리소스 매거진〉에 기사를 실었다. 그녀는 제이콥이라는 이름의 청년에 대한 이야기로 글을 시작했다.

> 제이콥은 나의 절친한 친구들의 자녀 중 가장 어린 편에 속한다. 온갖 종류의 목공에서 이미 실력을 보여준 그는 보관장 제작자로 훈련을 받기로 했다. 운이 좋게도 레 꼼빠뇽 두 드부아(Les Compagnons du Devoir)라는 프랑스식 장인 훈련 제도에서 그를 받아주었고, 명장으로 훈련받을 수 있는 길이 열렸다. 이 과정은 단순히 '도제 훈련' 정도의 수준이 아니었다. 전 인생의 변화를 요구하는 과정이었다. 그래서 제이콥은 프랑스 마을에서 공동체 생활을 하게 되었다. 각자의 분야에서 최고가 되기 위해 모든 것

---

3) Albert Jackson & David Day(Collins, 2005).

을 기꺼이 포기할 수 있는 공동체였다. '가정 부모'(house parents)가 있어서 함께 식사하고 함께 웃으며 교제를 나누었다. 이들이 바로 가족이었다. 다른 과정(석공, 보일러공, 지붕 수리공, 그중에는 제빵사도 있었다)을 진행하는 도제들은 낮에는 해당 공장이나 목공소의 실제 현장(담당 트레이너가 꼼꼼하게 선정하고 점검한)에서 일하며 지내고, 저녁에는 학교에서 선택한 기술을 연마했다. 매우 체계적으로 구성된 프로그램이었다. 저녁 식사 후 작업실에서 두 시간을 훈련하고 토요일은 하루 종일 수업을 듣고 일주일에 하루는 쉬면서 운동을 하거나 개인 시간을 보낼 수 있었다. '후보생'으로 받아들이려면 첫 작품을 만들어내야 했고, 이 작품을 평가할 때 겸손하게 배우고자 하는 태도가 장인 정신에 대한 기준 못지않게 중요하게 평가되었다. 그런 다음 그들은 프랑스 전역으로 여정을 시작하되 6개월 단위로 다른 꼼빠농 하우스로 이동해 새로운 기술을 습득하고 경험하는 기회를 가졌다. 이동할 때마다 이전과 다른 마을과 일을 경험할 수 있었고, 다른 사람들과 함께 살 수 있는 기회가 생겼지만, 목표는 모두 동일했다. 명인으로 자격을 얻기 위해서는 이런 생활을 거치고 7년이 끝날 무렵 독창적이고 탁월한 작품을 선보여야 했다. 훈련은 공동체 속에서 이루어졌고 엄격하게 관리되었으며 개인을 배려했다(공동체 리더는 제이콥이 마을의 럭비팀에서 활동함으로 그가 몸담은 문화와 조금이라도 '연결될' 수 있도록 무척 정성을 들였다). 보람 있고 즐거운 과정이었지만, 또한 매우 체계적이며 각 개인이 최종 목표에 끝까지 집중하도록 철저히 관리해주었다.

꽁빠뇽의 일원이 된다는 것은 세계적 수준의 목표를 이루고자 세계적 수준의 훈련을 받는다는 의미였다.

예수님의 제자가 된다는 것이 무엇을 의미하는지 생각하면서 수는 제이콥이 받고 있는 훈련 과정을 찬찬히 살펴보았다. "제이콥의 여정은 제자도가 무엇인지 보여주는 매우 훌륭한 그림이다. 제자란 배우는 사람이 된다는 것이다. '마데테스'라는 단어의 의미가 바로 이것이다. 마데테스는 도제 훈련으로 배운다는 의미이지만, 또한 그 이상의 의미가 있다. 9시에서 5시까지가 아니라 '평생 도제 훈련'을 받는다는 의미인 것이다. 제이콥은 단순히 보관장 제작 작업만 하는 것이 아님을 알아가고 있다. 진정한 장인이 되고자 한다면 그의 전 존재에 그런 장인 정신이 스며들어야 하는 것이다. 그의 재능과 선택한 업종은 그의 인생 전체와 관련이 있다. 그는 참된 장인이 되어가고 있다."[4]

인격의 성장

2장에서 제자는 도제이며 예수님 역시 일종의 명장으로서 제자들에게 그분의 말을 청종할 뿐 아니라 그분을 따르며 모방하기를 기대하셨다는 사실을 살펴보았다. 아마 예수님도 목수 견습생

---

[4] 수 호프의 "Being a disciple in the power of the Holy Spirit"에서. 〈리소스〉(ReSource)지 12호, *Being Disciples*. Les Compagnons du Devoir에 대해서는 compagnons-du-devoir.com을 방문하라.

으로서 자신의 배경에 영향을 받으셨을 것이며, 그것은 전문 훈련을 받은 랍비들의 활자 중심의 방법론이 제공하는 경험과는 매우 다른 경험이었을 것이다.5) 어떻든, 함께 여정을 떠나자는 초대를 받아들인 이들에게 예수님이 주신 경험은 제이콥이 경험한 것과 매우 유사했다. 새로운 공동체에 합류하고 함께 여행하며 새로운 상황과 맞닥뜨릴 때마다 실제적으로 배우는 과정이었다. 단순히 기술을 획득하는 수준이 아니라 인격을 도야하는 과정이었다. 전 인생을 건 과제였다. 아마 제이콥처럼 이 사람들은 그들의 업적 때문이 아니라 배우고자 하는 마음 때문에 선택받았을 것이다.

이처럼 예수님은 제자들과 함께 여러 곳을 다니셨다. 미래의 사도가 될 열두 명뿐 아니라 누가와 요한이 언급한 더 많은 무리가 예수님과 동행했다. 우리가 아주 자세하게 그 여정을 살펴본 열두 명의 제자는 혈연이나 혈족 관계가 아니라 예수님에 대한 공동의 헌신으로 연결된 새로운 공동체의 일원으로 기꺼이 함께 해야 했다. 그들은 배워야 할 것이 많았다. 특히 각자의 모난 부분이 서로 부딪히며 원만해지는 과정을 거쳤다. 또한 도중에 만난 사람들과 어떻게 관계를 맺어야 하는지도 배워야 했다. 우리는 그들이 출발하기 전에 이런 것을 배운 것이 아니라 여행하는 도중에 이런 교훈들을 배웠다는 사실에 주목하지 않을 수 없다. 현장에서 배운 것이다. 그들은 예수님이 가난한 자들에게 온정의

---

5) 유대인 학자 클라우드 몽테피오레(Claude Montefiore)는 이렇게 말한다. "예수님이 요구하시고 독려하신 제자도(연구가 아니라 섬김이 목적인 추종을 통해 스승이 사명을 완수하도록 돕고 그의 지시를 수행하기 위해는) 일반적인 랍비적 관행들과 부합하지 않는 완전히 새로운 것이 분명했다." C. G. Montefiore, *Rabbinic Literature and Gospel Teachings*(MacMillan, 1930), 218쪽.

손길을 내밀고 오만한 자들을 신랄하게 꾸짖는 모습을 직접 지켜 보았다. 간교한 자들과 기득권 세력들이 파놓은 함정을 피해 가시는 모습을 보았다. 하나님 아버지와 기도로 교제하기 위해 따로 시간을 내시는 모습도 보았다. 결국 그리고 아마 가장 중요한 부분이겠지만, 그분이 의도적으로 죽음을 향해 걸어가시는 모습도 보았다. 그분은 그 죽음이 말로 형용할 수 없을 정도로 고통스러우리라는 것을 아셨지만, 하나님의 뜻으로 받아들이셨다. 이런 모습들을 지켜보면서 그들은 변화되었다. 철없던 요한은 나이가 들수록 지혜로워졌다. 소유욕이 강했던 마태는 인생에 돈보다 더 중요한 것이 있음을 깨달았다. 충동적인 베드로는 교회를 지어 올린 반석이 되었다. 열성적인 시몬은 정치적 행동주의가 사회를 변화시킬 최선의 방법이 아니라는 것을 발견했다. 그들은 무학(無學)의 평범한 사람들이었을지 몰라도 하나님이 예비해두신 미래를 향해 나아가면서 세상을 변화시킬 사람들로 성장해갔다. 이런 교훈들은 교실에서 몸을 기울여 책을 보고 교과서를 암

나사렛 마을의 목수 견습생

기하며 신학적 주제를 토론한다고 배울 수 있는 것이 아니다. 오직 일상생활 속에서 새로운 상황과 맞닥뜨리고 최선으로 대응하는 법을 고민하면서 배울 수 있는 교훈들이다.

내가 길이요 진리요 생명이라

최초의 이 제자들은 예수님과 동행하면서 그들의 스승이 진리를 구현하고 생명을 베풀어주며 인생을 살아가는 방법에 대해 보여주고 계심을 알았다. 첫째, 그들은 다르게 사고하는 법을 배우고 있었다. 바울이 뒤에서 로마인들에게 설명하겠지만, 마음을 새롭게 하는 훈련을 하고 있었다. 예수님의 가르침을 경청하고 그들이 만나는 사람들과 교류하시는 장면을 지켜보면서 인생을 새로운 시각으로 보는 법을 배웠고, 그들이 자라난 사회의 제한적인 기준과 반대되는 하나님나라의 급진적 가치들을 점점 더 이해하게 되었다. 그들은 진리를 알게 되었다.

둘째, 예수님을 통해 하나님과 그들의 관계가 발전하고 있음을 알았다. 예수님은 기도하는 법을 그들에게 가르쳐주셨다. 또한 그들 가운데 역사하시며 그분의 사후에 개인적으로나 공동체적으로 그들에게 임재하시고 충만하게 해주실 성령에 대해 가르쳐주셨다. 예수님은 그들이 하나님이 보시는 대로 자신을 바라보고 점점 변화되어가도록 도우셔서 나중에 바울이 고린도 교인들에게 설명하듯이 매일 예수님을 더욱더 닮아가도록 하셨다. 그들은 예수님이 약속하신 대로 단순한 생명이 아니라 풍성한 생명을

얻었다.[6]

셋째, 그들은 점점 새로운 목적의식으로 채워지고 있음을 알았다. 하나님을 향해 나아갈수록 하나님의 시각으로 자신들의 정체성을 인식하기 시작했고, 하나님이 주시는 소명이 무엇인지 알아가기 시작했다. 이 과정은 예수님이 돌아가시고 성령이 강림하셔야만 완성될 것이다. 성령으로 영적 자원을 공급받지 않으면 예수님의 직접적인 권위 아래 사역을 이행할 때처럼 강력하게 다른 이들을 섬기고 사역할 수 없기 때문이다. 찰스 콜슨은 그리스도께 삶을 의탁한 후 엄청난 성공을 거두게 해주었던 세상을 비판적인 시각으로 바라보기 시작하면서 "이제 우리는 어떻게 살아야 하는가?"라고 질문했다. 유배 생활 중이던 하나님 백성의 절규를 의도적으로 모방한 질문이다.[7] 이 질문에 대한 대답은 '다르게'였다. 바울은 로마 총독 벨릭스에게 그 도(The Way)를 따른다는 것이 무슨 의미인지 설명하면서 "하나님의 말씀을 따라" 살아야 한다고 말했다.[8] 그 도(길)는 우리를 어딘가로 인도한다.

재능의 성장

실제 현장에서 재능이 성장한다는 것은 무슨 의미인가? 제이콥에게 레 꼼빠뇽 두 드부아 수습 기간은 여러 곳으로 현장을 옮

---

6) 요한복음 10:10.
7) 에스겔 33:10.
8) 사도행전 24:14(NRSV).

겨 다니며 훈련받는 가운데 자신감이 자라고 인격적으로 성장하는 것을 의미했다. 그러나 훨씬 더 중요한 점은 실제로 가구를 만들고 그렇게 해서 가능한 최고 수준의 실력을 갖추는 것이었다. 예수님은 제자들의 믿음과 인격이 성장하기를 기대하셨지만, 또한 더 실제적인 성과를 염두에 두고 계셨다. 그들이 특정한 일들을 하도록 훈련하고 계셨던 것이다.

존 콜스(John Coles)는 이렇게 주장한다. "그리스도인이 된다는 것은 점점 더 그리스도를 닮아간다는 의미다. 그리고 이것은 최소한 세 가지 부분과 관련이 있는 과정이다."

(1) 예수님이 하나님과의 관계를 누리신 것처럼 하나님과의 관계를 발전시켜나간다.
(2) 성령으로 우리 삶이 변화됨으로 예수님의 삶에 드러난 순결과 거룩의 자질이 점점 더 우리에게 드러나게 한다.
(3) 예수님이 사역하실 때 보여주신 것과 동일한 사랑과 능력으로 사람들을 섬기는 법을 배운다.[9]

이 세 가지 모두 더 자세한 설명이 필요하기 때문에 나중에 다시 살펴보기로 하자. 하지만 실제로 성과가 나타나는 부분은 세 번째이며, 아마 가장 용기가 필요한 부분도 바로 이 훈련이었을 것이다. 예수님은 도제식 훈련이 시간이 걸리는 과정임을 알고 계셨다. 무엇보다 먼저 "와서 나를 따르라"고 초청해야 한다. 두 번째 단계는 경청하고 관찰하는 과정이다. 제자들은 예수님이 가

---

9) John Coles, *Learning to Heal*(Authentic Media, 2010), 3쪽.

르치시는 교훈을 들었고 사역하시는 장면을 눈으로 보았다. 일단 이런 과정이 어느 정도 진척되자 예수님은 제자들이 직접 현장에서 실천하기를 기대하셨고 그래서 세 번째 단계로 나아가셨다. 열두 제자를 두 사람씩 짝을 지어 보내시며 동시에 아주 분명한 지침을 내리셨다. 가르침을 받은 대로 하나님나라에 대해 가르쳐야 하고, 그 가르침을 뒷받침하는 차원에서 그분이 행하신 대로 행해야 하는 것이다. 주님은 정확히 이렇게 말씀하셨고, 그분의 의도에 대해서는 어떤 의심의 여지도 주지 않고자 아주 명확하게 말씀하셨다.

"복음을 전파하라", "천국이 가까이 왔다", "병든 자를 고치며 죽은 자를 살리며 나병환자를 깨끗하게 하며 귀신을 쫓아내되"(마 10:5-8).

누가는 얼마 후 70명의 다른 제자들도 같은 지시를 받았다고 말한다. 사도행전에 기록된 대로 예수님이 돌아가신 후 초대 교회는 이런 방식을 기본으로 사역했다. 이것이 예수님의 제자들이 취해야 하는 정상적인 사역 방식이다. 그리고 이런 사역 방식으로 사람들은 예수님이 그분 자신에 대해 말씀하신 내용이 사실임을 확인하게 되었다. "어떤 표적을 주셔서 우리가 당신을 믿도록 하실 것입니까? 지금 당신은 무엇을 하고 계십니까?" 제자들은 떡 다섯 개와 물고기 몇 개로 5천 명을 먹이시는 모습을 지켜보며 예수님께 물었다. 다시 말해서, 이렇게 여쭌 것이다. "이것은 모두 무엇을 말씀하시기 위함입니까?" "정말 당신은 하나님의 아들이십니까?" "우리가 이것을 어떻게 확인할 수 있습니까?" 예수님은 이렇게 말씀하셨다. "내가 아버지 안에 있고 아버지가 내 안에 계신 것을 믿으라. 그렇지 않다면 내가 하는 일 그 자체로 인해 나를 믿으라." 예수님은 단순히 예언의 말씀을 하시거나 윤리적인 교훈을 주신 것이 아니었다. 하나님나라가 가까이 왔다는 가시적이고 눈에 잡히는 증거를 주고 계셨다. 새로운 세계 질서가 시작되고 있으며 역사가 새로운 국면으로 접어들었다는 확실한 증거를 주고 계셨다. 예수님은 제자들이 당신의 뒤를 따르며 점점 더 깊이 있는 도제 훈련을 받았으므로 이런 일들이 당신의 죽음으로 중단되지 않을 것이라고 설명해주셨다. 세대에서 세대로 제자들의 진정한 표본으로 계속 남아 있을 것이다. "내가 진실로 진실로 너희에게 이르노니 나를 믿는 자는 내가 하는 일을 그도 할 것이요 또한 그보다 큰 일도 하리니 이는 내가 아버지께로 감이라."[10] 그들이 하는 일은 그들의 정체성을 확인해주는 역할을 할 것이다. 그들이 실제로 그분의 대리자임을 보여주는 증거이자 그분이 약속하신 대로 그들과 함께하시겠다는 증거가 될 것이다. 예수님의 제자들은 그분의 이름으로 사역에 적극 관여한다. 그 사역은 하나님의 능력과 임재의 현재적 증거를 보여주는 사역이다.[11]

오늘날 교회들이 가장 무시하는 부분은 아마 예수님을 더욱 닮아간다는 이 세 번째 측면일 것이다. 우리는 학문적인 모델의

---

[10] 요한복음 14:11-12. 어떤 권위로 하나님의 아들이라고 스스로 주장하는지 말하라고 옥박지르는 종교 지도자들에게 예수님은 동일한 답변을 주셨다: "하나님의 아들이라는 나의 말을 너희가 받아들이지 못한다는 말인가? 내가 내 아버지의 일을 하고 있지 않다면 나를 믿지 마라. 그러나 내가 아버지의 일을 하고 있다면 나를 믿지 않는다고 하더라도 그 일은 믿으라. 그래서 아버지께서 내 안에 계시고 내가 아버지 안에 있음을 알고 깨달으라"(요 10:33-38, NRSV).

[11] 더 상세하게 알고 싶다면 앨리슨 모건의 *Doing What Jesus Did*(Re-Source, 2009)를 참고하라.

제자도에 익숙해져 있다. 물론 당연히 실제로 실천하기보다 말로만 하는 것이 훨씬 더 쉽다. 아마 실천적인 제자도를 생각하면 우리는 두려움이 앞설지 모른다. 사람들이 병에서 고침받고 깨끗해지며 회복되고 자유롭기를 고대하며 기도하는 것은 큰 위험을 감수하는 일이다. 어리석고 바보 같은 사람처럼 보일 가능성이 매우 크며, 사람들을 실망시킬 가능성도 늘 상존한다. 아마 가구를 만들기보다 매뉴얼을 공부하는 데 더 많은 시간을 들이는 경향을 보였던 이유가 여기에 있을 것이다. 그러나 주님의 명령은 분명하다. 주님은 그분의 가르침을 듣기만 하지 말고 적용하기를 원하신다는 사실을 제자들에게 명확히 전하셨다. 주님은 이렇게 말씀하셨다. "누구든지 나의 이 말을 듣고 행하는 자는 그 집을 반석 위에 지은 지혜로운 사람 같으리니." "나의 이 말을 듣고 행하지 아니하는 자는 그 집을 모래 위에 지은 어리석은 사람 같으리니." "무리들이 그의 가르치심에 놀라니 이는 그 가르치시는 것이 권위 있는 자와 같고 그들의 서기관들과 같지 아니함일러라."[12]

제자도의 단계

예수님이 제공하신 훈련 과정을 꼼꼼히 들여다본 최초의 학자 중 한 명을 꼽는다면 A. B. 브루스(A. B. Bruce)일 것이다. 그는 1871년 『열두 제자의 훈련』(*The Training of the Twelve*)을 썼다. 그가 밝힌 훈련 과정은 단 3단계다. "와서 보라," "와서 나를 따르

---

12) 마태복음 7:24-29.

라", "와서 나와 함께 있으라." 후대 주석가들은 브루스의 이런 분석을 확대해 발표했다.

1963년 『주님의 전도 계획』(*The Master Plan of Evangelism*)이란 책에서 로버트 콜먼(Robert Coleman)은 예수님의 제자 훈련이 8단계로 이루어진다고 밝혔다.

(1) 제자들을 선택하심.
(2) 선택한 사람들과 동거하심.
(3) 성별(聖別)―순종과 충성을 요구하심.
(4) 분여(分與)―자신을 내어주심: 평화, 기쁨, 왕국, 영광, 생명.
(5) 시범―어떻게 살아야 하는지 보여주심.
(6) 위임―할 일을 할당해주심: 눅 10장-70명, 마 10장-12명.
(7) 감독―제자들을 계속 점검하심.
(8) 재생산―그들이 다른 사람들을 제자로 삼기를 기대하심: 일꾼들을 주시도록 기도하심(마 9장), 제자로 삼으심(마 28장).

『목적이 이끄는 삶』(*The Purpose Driven Life*, 디모데 역간)에서 릭 워렌(Rick Warren)은 영적 진보를 4단계 여정으로 설명했다.

(1) 자격 요건을 갖추기 위해 전력하기―그리스도를 알아가는 과정.
(2) 성숙을 위해 전력하기―그리스도 안에서 자라는 과정.
(3) 사역에 헌신하기―그리스도를 섬기는 과정.
(4) 선교에 전력하기―그리스도를 전파하는 과정.

『온전한 제자도』(The Complete Book of Discipleship)에서 빌 헐(Bill Hull)은 A. B. 브루스의 3단계에 한 단계를 추가한다.

(1) 와서 보라—요 1:35-4:46, 탐색 단계: 4-5개월 참여한 사람
(2) 와서 나를 따르라—마 4:19, 막 1:16-18, 제자도의 기본 원리: 10-11개월 참여한 사람, 예수님께는 이제 70-120명의 성실한 제자가 생겼다.
(3) 와서 나와 함께 있으라—막 3:13-14, 세계 선교를 위한 소수 정예 준비: 20개월 참여한 사람
(4) 내 안에 거하라—요 15:5-7, 성령을 의지하는 법 배우기, 전 교인: 이후는 평생

2011년 나는 마다가스카르 남서쪽 톨리아라 성공회 교구를 방문했다. 이 교구는 새로운 선교 교구로서 그 당시에는 사제가 세 명에 불과했다. 이 중 한 사람은 돈네라는 사람으로, 그의 이야기는 예수님의 제자가 된다는 것이 어떤 의미인지 알 수 있는 좋은 사례다. 돈네는 마을에서 소문난 주정뱅이였다. 하지만 예수님을 영접한 즉시 그의 인생은 완전히 변화되었다. 온 마을이 그의 변화를 알아차렸고, 돈네를 통해 예수님께 인생을 의탁하는 사람들이 생겨나기 시작했다. 곧 그는 교회를 개척했고, 그 후로도 계속해서 교회를 개척하는 일을 멈추지 않았다. 그의 사역이 얼마나 빨리 성장했는지 토드 맥그

레고르 주교가 그에게 사역자로 서품을 주는 것이 좋겠다고 생각할 정도였다. 또한 신학 공부를 하도록 그를 신학교에 등록해주기도 했다. 돈네는 신학 과정을 밟았지만, 시험을 통과하지 못했다. 한 번이 아니라 세 번씩이나 낙방했다. 주교는 돈네가 신학자가 될 수 없음을 깨닫고 공부는 포기하고 사역에 전념하게 하기로 결정했다. 그 당시 기독교로 개종하는 사람들이 폭발적으로 증가하자 사도행전 19장처럼 돈네의 사역에 대한 지역 사회의 반발이 갈수록 심해졌다. 마다가스카르는 지금도 기독교 인구가 50퍼센트에 불과하며 나머지 50퍼센트는 강력한 형태의 전통 종교를 믿는다. 결국 주교는 그를 다른 지역으로 전출시킬 수밖에 없었다. 그리고 그곳 사람들도 그리스도께로 돌아오고 있다. 왜 이런 일이 일어나는가? 돈네가 적절한 신학 과정을 밟아서가 아니다(물론 신학 공부는 항상 유익하다). 예수님이 행하도록 그에게 구비해주신 것을 했기 때문이다. 하나님나라의 복음을 전파하고 그리스도가 그를 자유롭게 하신 대로 사람들에게 자유를 가져다주었기 때문이다. 사역의 핵심은 공부가 아니다. 예수님이 위임하신 일을 하는 것이다. 돈네는 지금 '예수 안에 뿌리내린 삶'의 코디네이터로서 교구 전역에서 제자 훈련을 지원하고 있다.

예수님의 첫 제자들은 배워야 할 교훈이 많았다. 그들은 예수님에게 도제식 훈련을 받고 있었다. 그분이 기도하시는 대로 기도

하는 법을 배우고, 그분이 사역하시는 대로 사역하는 법을 배웠다. 이제 드디어 마지막 단계가 되었다. 다른 사람들이 그들과 같은 방식으로 도제 훈련을 받도록 문을 열어야 하는 것이다. 예수님은 갈릴리 바닷가의 산 옆에 서 있는 그들에게 이렇게 말씀하셨다. "너희가 더 많은 사람을 제자로 삼아 내가 명령한 모든 것을 지키도록 가르치기를 바란다. 갈릴리와 유대와 사마리아의 마을과 촌락을 함께 다니며 너희에게 가르친 모든 것을 지키도록 가르치기를 바란다." 이것은 단순히 새로운 신념 체계가 아니었다. 일생을 바쳐야 할 새로운 사명의 위임이었고 직무에 대한 설명이었다. 예수님의 정확한 말씀은 아래와 같다.

> "하늘과 땅의 모든 권세를 내게 주셨으니 그러므로 너희는 가서 모든 민족을 제자로 삼아 아버지와 아들과 성령의 이름으로 세례를 베풀고 내가 너희에게 분부한 모든 것을 가르쳐 지키게 하라 볼지어다 내가 세상 끝날까지 너희

〈예수님과 함께하는 여정〉
-제임스 티소(James Tissot, 1836-1902)

와 항상 함께 있으리라 하시니라"(마 28:18-20).

오늘 현장에서 배우기

그렇다면 우리는 어떻게 해야 하는가? 제이콥처럼 전임 훈련 과정을 시작해야 하는가? 열쇠는 예수님이 졸업반이 된 도제들에게 주시는 위임 명령의 마지막 문장에서 찾을 수 있다. "기억하라. 내가 항상 함께 있을 것이다." 이제 그들이 독립적으로 사역하도록 주님이 떠나가신다고 하더라도 그들 자신의 권위나 힘으로 이 모든 사역을 감당하도록 두지 않으셨다. 성령을 보내주실 것이라고 이미 말씀하셨고, 바로 이 성령의 임재하심으로 그들은 복음 사역에 대한 명령을 이행하고 다른 사람들도 이 명령을 감당하도록 준비시키게 될 것이다. 예수님은 이 세상을 떠나신 것이 아니었다. 우리가 그분의 제자들처럼 살고 일하고자 노력할 때 여전히 우리와 동행해주시는 분이다.

현장에서 배우기

"예수님은 당신을 따르라고 우리를 부르신다. 이 말은 그분이 우리를 어디로 인도하시더라도 따라간다는 의미다. 따르는 방법이 너무나 다양하다는 의미다. 댄스 파트너를 따르듯이 우리는 그분을 따른다. 그분의 가르침을 따르며 성령의 인도하심을 따른다. 십자가로 나아가는 그분의 발자취를 따른다. 소외당한 자들을 사랑하고 아픈 자들을 위해 기도하며 귀신에게 사로잡힌 자들을 건져주신 그분의 본을 따른다. 우리가 그분을 따르는 이유는 우리를 사셨기 때문이다. 그분의 사랑과 아름다움으로, 그분의 권능과 은혜로, 그분의 진리와 용서하심으로 우리를 사셨기 때문이다. 최악의 상황에서도 오직 그분만이 영생의 말씀을 가지셨으므로 절대 예수님이 아닌 다른 누군가를 따를 수 없다. 그러나 그 누구도 완벽하게 주님을 따른 이들은 없다. 예수님을 따르는 법을 배우는 과정은 개인적인 여정이며 일생이 걸리는 일이다."

―루시 페피아트(Lucy Peppiatt), 『제자-진정한 인간이 되어가는 과정』(The Disciple-On Becoming Truly Human, Cascade Books, 2012).

"제자도는 할 일이나 하지 말아야 할 일 목록을 숙지하고 과제를 이행하면 뿌듯한 만족감을 얻거나 몇 가지를 놓치면 죄책감을 느끼게 되는 차원의 일이 아니다. 그것은 합법적인 나라의 일이다. 제자도는 한 번에 한 걸음씩 나아가는 가운데 예수님의 마음을 발견하고, 하나님의 임재를 누리는 법을 배우며, 내주하시는 성령의 힘으로 살아가도록 도우심을 받는 것이다. 우리 마음에 새겨진 하나님의 법을 확인하고, 주님이 기뻐하시는 것이 무엇인지 성경으로 배우며, 점점 인격의 성숙으로 나아가는 것이다. 실수하기도 하고 때로 잘못을 저지르기도 하지만, 그분이 우리 손을 맞잡고 이끌어주신다. 게다가 그리스도의 몸 된 교회가 함께해준다."

―토니 풀린(Tony Pullin), 『제자 삼기』(Making Disciples: How did Jesus do it? CWR, 2014).

> "제자도는 그리스도인의 생활을 규정하는 특성이 되어야 한다. 무엇보다 주님을 따르기로 처음 결단할 때의 마음가짐에서 절대 벗어나서는 안 된다. 우리 주님이 보여주신 삶을 얼마나 충실히 살아내느냐의 정도는 우리 스스로 진정한 제자라고 자처할 수 있는 정도와 비례한다."
>
> —마이클 프로스트 & 앨런 허쉬, 『세상을 바꾸는 작은 예수들』(ReJesus-A Wild Messiah for a Missional Church, 포이에마 역간)

이 도제식 훈련 과정에 참여할 방법은 많다. 대부분 방법은 예수님이 첫 제자들에게 사용하신 과정들과 매우 흡사하다. 소그룹이나 의도적인 제자도 공동체 속에서 함께 배우고 성장하되 우리보다 더 오래 그 길을 걸었던 이들의 도움을 받으며 항상 지식보다는 적용을 강조해야 한다. 9장에서 이 방법의 일부를 살펴볼 것이다. 그러나 비공식적인 방법들도 있다. 제자도의 핵심 요소는 우리 삶에 예수님이 함께하시는 것이지 이런저런 프로그램에 참여하는 것이 아니기 때문이다. 때로 어쩌다가 실수로 적극적인 사역의 길로 들어서는 사람들도 있다.

> 그레이엄은 우리가 운영하는 소모임 프로그램 중 하나인 '아름다운 생활'(Beautiful Lives)에 등록한 평범한 그리스도인이다. 3세기에 사람들이 앞다투어 기독교로 개종하자 로마의 그리스도인인 미누시우스 펠릭스는 "우리에게 드러나는 인생의 아름다움을 보고 이방인들이 우리

무리에 대거 합류하고 있다…우리는 위대한 일들을 말로 하지 않고 삶으로 살아낸다"라고 썼다. '아름다운 생활'이라는 우리 프로그램은 단순히 생활 속에서 자연스럽고 효과적으로 신앙을 나눌 수 있도록 자신감을 가지라고 독려한다.[13] 모임이 끝날 때마다 그룹의 지체들은 그 다음 주에 적용하도록 실전용 연습 문제를 할당받는다. 어느 주에 그레이엄은 그냥 편하게 사람들을 만나며 하루를 지내라는 과제를 받았다. 믿음을 나누는 방법을 고민할 필요 없이 그날 만나는 이들이 누구이든 가벼운 일상의 대화를 나누면 되었다. 그레이엄은 토요일에 이 과제를 하기로 했고, 평상시처럼 자신의 텃밭으로 갔다. 흙을 파던 그는 심호흡을 하며 얼굴을 들었고, 바로 옆의 텃밭에 있는 이웃을 보게 되었다. 이전에 한 번도 그에게 말을 걸어본 적이 없었지만, 누구를 만나든 친절하게 대하라는 숙제가 생각나서 그는 자신을 소개하며 안부 인사를 했다. 그 남자는 허리가 아프다고 말했다. 그레이엄은 복음을 전하지 않아도 된다는 사실을 잊어버리고 "저는 그리스도인입니다. 혹시 그 문제에 대해 기도해도 되겠습니까?"라고 물었다. 그 남자는 약간 놀란 듯이 "아

---

13) 미누시우스 펠릭스(주후 160-240), *Octavius* 31.7, 38.5, Alan Kreider, *Worship and Evangelism in Pre-Christendom*(Grove Books, 1995)에서 인용. Roger Morgan, *Beautiful Lives-Sharing our Faith with Friends and Neighbours*(The Mathetes Trust, 2019). 베드로전서 3:2-4은 그리스도인으로서 우리 삶의 특징이 되어야 할 아름다움과 경외심에 대해 말한다. 로저는 성령의 능력으로 살며 사람들을 믿음으로 인도하는 삶이 아름다운 삶이라고 믿는다. 등장 인물의 이름은 모두 다르게 표기했다.

…네"라고 대답했다. 그레이엄은 과제의 범위를 넘어선 행동이라는 것을 알고 당황하기는 했지만, 그를 위해 기도했다. 그 남자는 흥분해서 "정말 신기하네요. 허리가 후끈하더니 통증이 다 사라졌습니다"라고 말했다. 그러더니 "이런 고통에 시달리는 사람들이 많은데 그들을 위해서도 이 기도를 해주면 좋겠어요"라고 말했다. 그레이엄은 이렇게 믿음의 여정을 걸으며 배우고 있다.

몇 달 전에 나는 런던의 리 애비에서 제자도 수련회를 인도하고 있었다. 참석자 중에 마크라는 사람이 있었다. 그는 예수님을 따른다는 것이 자신에게 무슨 의미인지 이야기해주었다. 마크의 어머니는 정기적인 치료가 필요한 소피라는 딸을 둔 친한 친구가 있었다. 마크는 어느 날 어머니를 방문했는데 어머니가 매우 화가 나 있었다. 의사가 엉뚱한 약을 처방한 바람에 소피가 그 길로 바로 코마 상태에 빠지고 말았다는 것이다. 소피는 병원에 입원해서 집중 치료를 받았다. 심장과 신장이 기능을 멈춘 상태였다. 의사는 그녀가 살아날 가망이 별로 없다고 말했고, 혹시 살아난다고 하더라도 영구적인 뇌 손상을 입을 것이라고 했다. 마크는 위층으로 올라가 기도 시간을 가졌다. 병 고침에 대해 기도해본 경험이 없었지만, 하나님이 병원으로 가라고 말씀하신다는 생각이 들었다. 스스로 어처구니가 없다고 생각하면서 그는 병원으로 달려갔다. 긴 기다림 끝에 마크는 집중 치료실로 들어가도록 허락받았다. 소피는 의식이 전혀 없었다. 마크는 "그녀를 보자 어찌해야 할지 모르겠더군요"라고 말했다. 당혹스러웠다. 이런 상황이 익숙하지 않았고 근무 중인 간호사들이 신경쓰였다. 그는 조용하게 기도하기로 했다. 하나님은 "큰 소리로 기도하거라"고 말씀하셨다. 마크는 순종했다. 그리고 집으로 갔다. 하나님은 그다음 몇 개월 동안 시간이 나는 대로 병원에 가라고 말씀하셨다. 마크는 그다음 6개월 동안 13번이나 병원에 갔다. 소피는 볼 때마다 조금씩 나아져 있었다. 한번은 하나님이 그녀의 손을 잡고 기도하라고 말씀하셨다. 어떤 때는 "수상 돌기를 위해 기도하라"고 말씀하셨다. 마크는 수상 돌기가 무엇인지 전혀 몰랐고, 나중에 검색해본 뒤에야 뇌 속 신경 조직의 일부임을 알게 되었다. 기도를 드리자 말로 할 수 없는 뜨거운 열기를 느꼈다. 마치 불 속에 있는 것 같았다. 주위를 둘러보니 침대 끄트머리에 흰옷을 입은 누군가가 서 있는 것을 보았다. 그는 기도를 끝내고 여느 때처럼 집으로 돌아갔다. 마침내 의사들의 예상과 달리 소피는 완전히 회복되어 퇴원했다. 마크는 이런 놀라운 경험을 한 후 사람들의 병이 낫도록 기도하기를 원하신다면 기꺼이 감당할 수 있게 해달라고 하나님께 기도드렸다. 이제 그는 본마우스의 '거리의 치유' 팀에서 섬기고 있다.[14]

---

14) 마크 쉘(Mark Shell)이 이 이야기를 내게 들려주었다. 어떤 이름들은 다르게 표기했다.

모든 일이 늘 이렇게 극적이지는 않다. 종종 우리가 다른 사람들을 위해 드리는 기도는 매우 일상적인 내용이다. 예수님은 치유가 필요한 사람들을 의도적으로 찾아 나서지 않으셨다. 사실 때로 사방에서 데려오는 병자들이 너무 많아 피하신 적도 있었다. 그러나 항상 인간의 필요를 외면하지 않으시고 반응해주셨다. 해결이 필요한 상황을 처리해주시고 위로해주시거나 필요할 경우 잘못을 지적하시고 용서해주셨다. 제자들에게도 동일하게 행동하기를 기대하셨고 우리도 마찬가지다. 예수님은 대화를 마다하지 않고, 기꺼이 위험을 무릅쓰며, 그분이 우리를 통해 일하시도록 도구로 쓰임받기를 원하는 태도를 그분의 제자들에게서 찾고 계신다. 우리가 해야 할 중요한 일은 큰일이든 작은 일이든 주님께 순종하는 것이다.

스티브를 만난 것은 2013년 가을이었다. 그는 리소스에서 개최한 포츠머스 교구의 1일 콘퍼런스에 참석했다. 영국 해군에서 엔지니어로 일하고 있던 그는 점심시간에 걸프전 때 복무하면서 경험한 일을 이야기해주었다. 그는 1,400명이 탄 전함에 승선 중이었다. 그중 그리스도인은 단 6명에 불과했고, 이들은 매주 주일 예배를 드렸다. 어느 월요일에 전함은 100일간의 강도 높은 작전에 착수하기로 되어 있었고, 그 주일에 6명의 그리스도인은 여느 때처럼 선미 갑판에 모였다. 선명한 수평선, 청명한 하늘, 부드럽게 갑판에 부딪히는 물소리로 평화롭기 그지없는 한 장면이었다고 스티브는 기억한다. 가끔 그랬지

만 함장도 그날 예배에 참석했다. 수행하는 사람들이 있었기 때문에 함장이 오는 날이면 참석자 수가 약간 늘어나는 것이 보통이었다. 그러나 이날은 앞날에 대한 불안감 때문인지 예배에 참석한 사람 수가 400명이 넘었다. 그날은 스티브가 말씀을 읽는 순서였다. 놀랍게도 그는 자신의 신앙에 대해 한 번도 이야기해본 적이 없었지만, 앞으로 100일 동안 사람들이 그에게 그들 자신과 가족을 위해 기도해달라고 부탁하리라는 것을 알았다. 기도 부탁을 받으면 스티브는 항상 그 자리에서 바로 기도하려고 노력했다. 전함들과 비행기들의 감시 장치들이 그들을 추적하는 가운데 심지어 어두운 통제실로 누군가가 찾아올 때도 가능한 즉석에서 함께 기도드렸다. 이렇게 위험한 기간 내내 한 사람씩 그를 찾아오는 상황이 계속되었다. 때로 사람들은 스트레스와 불안으로 본능적으로 하나님을 찾는다. 조용하고 겸손한 사람이었던 스티브는 자신이 그들을 도울 수 있음을 알았다. 그는 이런 일을 기대하거나 추구하지 않았다. 마가처럼 단순히 매일 삶의 환경에서 예수님을 따르고자 애썼을 뿐이었다. 포츠머스로 돌아온 스티브는 지금 지역 교회에서 리더로 섬기고 있다.

이런 모든 평범한 제자들의 한 가지 공통점은 예수님이 일상의 삶에서 만난 사람들을 돌보도록 사용하셨다는 점이다. 우리는 무슨 일이든 미리 계획하고 행동하기를 원하지만, 예수님은

2천 년 전 첫 제자들에게 그렇게 하셨던 것처럼 일상이라는 여행 속에서 우리의 사명을 알려주신다. 빌 헐은 제자도에 관한 자신의 책에서 많은 사람이 소위 '무제자도 기독교'를 받아들인 다음 자신들의 사명을 고민한다고 주장한다. 단언하건대 이런 사람들은 자신들의 사명이 무엇인지 절대 알 수 없을 것이다. 질문지를 다 채우거나 연구 과정에 등록해서가 아니라 의식적이고 겸손하게 예수님을 따름으로 우리의 소명을 발견하기 때문이다.15) 아마 이 일이 그렇게 어렵지는 않을 것이다. 그레이엄, 마크, 스티브는 하나님의 계획이 무엇인지 묻지 않았다. 다만 예수님이 텃밭으로, 병원으로, 전함으로 동행하실 수 있도록 순종했을 뿐이다. 그러나 어렵든지 쉽든지 예수님께 받는 도제 훈련을 진지하게 받아들이고자 한다면 이 일에 더 집중적으로 관심을 기울일 필요가 있다. 우리는 툭하면 상황을 복잡하게 만들어 이런 일들을 회피하려고 한다. 그러나 결정 자체는 매우 단순하다. 조지 맥도널드(George McDonald)는 그것을 이렇게 말한다. "당신이 믿는지 안 믿는지 자신에게 묻지 말고 오늘 주님이 하라고 하신 대로 한 가지를 했는지 혹은 하지 말라고 명하신 대로 삼갔는지 자신에게 물어보라. 주님이 명령하신 일을 조금도 하지 않으면서 주님을 믿는다거나 심지어 믿기를 원한다고 말한다면 말이 안 되는 일이다."16)

우리는 예수님의 도제다. 우리 자신의 문화라는 망가진 이야

---

15) Bill Hull, *The Complete Book of Discipleship-On Being and Making Followers of Christ*(NavPress, 2006), 4장, "The distinguishing marks of a disciple."
16) 빌 헐이 인용, *The Complete Book of Discipleship*, 117쪽.

기에서 빠져나와 새로운 세계로 들어섰고, 예수님이 하신 일들을 함께해나가는 법을 배워가고 있다. 제자도는 신분의 변화에서 시작된다. 우리 삶을 다시 쓰는 여정이 시작된다.

> **현장에서 배우기:** 갱단 출신 청년의 어머니가 삶의 방향을 돌이키도록 사람들을 설득한 방법
>
>
>
> '은혜의 말씀 사역'(Word of Grace Ministries)을 이끄는 미미 에이셔 목사는 아들 마이클이 그녀가 사는 마야츠 필즈의 주택 단지를 중심으로 활동 중인 갱단의 일원이라는 사실을 알고 큰 충격을 받았다. 그녀는 자신이 직접 문제를 해결하기로 결심하고 아들이 갱단에서 활동하지 못하게 막는 최선의 방법은 조직범죄(Organised Crime), 즉 약칭 O. C.를 해체하는 것뿐이라고 결론을 내렸다. 미미 목사는 3년 동안 O. C. 갱단들에게 자신의 집을 개방했다. 그들에게 요리해주고 옷을 세탁해주고 심지어 그들을 극장이나 수영장으로 데려가기도 했다. 그 갱단의 두목인 칼 로코 혹은 애칭인 '제너럴 록크스'는 한동안 그 집에 살다시피 했다. 지금 그는 성공한 음악가이자 청년들이 갱단 생활을 청산하도록 돕는 멘토로 활동하고 있다. 미미는 지금도 여전히 지역 교회의 그룹들과 부모, 전직 갱단 멤버들과 함께 청년을 위한 다양한 활동

을 마련하기 위해 지속적으로 노력하고 있다. 미미 목사의 이야기는 〈리소스〉지 25호 'Beautiful Lives'에 발표되었다.

"마야츠 필즈 지역은 이곳에 사는 청년들이 사람들에게 무차별 테러를 가하기 때문에 사탄마저 지나가지 않으려 하는 곳이라는 악명을 떨쳤다. 내가 살고 있는 곳이 바로 이곳이다. 이곳 청년들은 사람들을 협박해 정보를 빼내고 그 지역을 통과하고 싶다면 암호를 대라고 윽박질렀다. 그곳에 오는 사람들을 감시하는 그들만의 방식이었다. 평소에 너무나 착한 아이라서 나는 내 아들이 연루되었으리라는 것은 꿈에도 생각하지 못했다. 갱단의 존재를 알게 된 것은 한 경찰관과 이야기를 나눈 뒤였다. 그때까지는 그 사실을 까맣게 모르고 있었다.

청소년들은 자신보다 연장자들을 롤 모델로 보며 자동차, 여자, 돈을 가지고 있다고 생각하기 때문에 그들을 부러워한다. 청소년들은 거리에서 갱단원으로 선발당하거나 가입하게 된다. 런던 어디서나 과정은 동일하다. 나는 무작정 나무 지팡이를 들고 거리로 나가 아들을 찾아다녔다. 밤이든 새벽 시간이든 아들은 친구들을 만나러 나갔고, 나는 아들을 찾아내 집으로 들어오라고 말했다. 다행히 아들은 매우 공손한 아이라서 고분고분하게 나를 따라오곤 했다.

이렇게 해서 마이클의 엄마가 언제라도 찾아올 수 있다는 사실을 모두가 알게 되었고, 그들은 매우 불안함을 느꼈다. 거리에서 나를 보면 마이클의 엄마가 온다고 숨어버리곤 했다. 필요하다면 나는 지구 끝이라도 찾아갈 태세였다. 새벽 두 시에 아들을 찾아 차로 돌아다니기도 했다. 나는 아들이 죽은 채 발견되거나 감옥에 갇힐까 봐 두려웠고, 그런 일이 생기도록 방치할 수가 없었기 때문에 아들을 구하려고 필사적이었다. 그러다가 아들의 친구들을 찾아가서 우리 집으로 초대하고 요리를 해주기 시작했다. 아이들은 부담 없이 우리 집을 찾아왔다. 나는 그들과 대화하려고 노력했고 실제로 많은 대화를 나누었다.

사실상 그 지역의 모든 소년을 거의 다 돌보다시피 했다. 나는 이 아이들을 잠재력이 큰 소년들로 보고 있었지만, 그들에게 변화가 일어나야만 가능한 일이었다. 내 마음에는 그런 열정과 뜨거운 간절함이 있었다. 그들 모두를 구하려고 필사적으로 노력했다. 내가 가진 많지 않은 돈을 그들과 나누어 쓰곤 했다. 분명히 쉬운 일은 아니었다. 때로 나 자신의 생활이 걱정되기도 했다. 때로 피해 의식이 생길 때도 있었다. 믿음을 붙들어야 했고 고개를 들고 당당해야 했다. 그러나 두려움 때문에 지금 하는 일을 그만둘 마음은 전혀 없다."

2010년 미미 에이셔 목사는 보리스 존슨 런던 시장에게 런던 평화상을 받았다.

나눔을 위한 질문

1. 예수님의 도제로 배우기

- 도제가 되어본 적이 있는가? 혹은 도제식 훈련 과정을 통해 특별한 기술을 배운 경험이 있는가? 그렇다면 어떤 식의 경험이었는가? 신앙생활을 하면서 유사한 경험을 해본 적이 있는가?

2. 도제 훈련의 단계

　이 장에서 우리는 예수님이 제자들에게 4단계로 도제식 훈련을 하셨음을 살펴보았다.

　(1) 그들이 예수님의 부르심을 받아들였다.
　(2) 그분이 일하시는 모습을 지켜보았다.
　(3) 그런 과정을 통해 그 일에 동참하는 법을 배웠다.
　(4) 그들은 다른 이들도 동참할 수 있도록 훈련하는 임무를 받았다.

- 개인적으로 자신은 어떤 단계에 해당한다고 생각하는가?

3. 주차된 차를 움직일 수는 없다

　예수님의 첫 제자들은 교실이 아니라 예수님과 함께 길을 다니며 수업했다. 그러나 우리는 사람들이 무엇이든 직접 하도록 하기 전에 먼저 훈련부터 하려고 하는 때가 너무나 많다. 빌 혈은 주차된 차를 움직이게 할 수는 없다는 지적으로 이 점을 잘 드러낸다.

- 지금 다니는 교회에 대해 생각해보라. 사람들이 운전석에 앉게 하고 제자가 되도록 가르치고 있는가? 아니면 주차장의 안전한 곳에서 그들을 가르치기를 더 선호하는 편인가?

4. 예수님이 하신 대로 하기

- 마태복음 28장 19-20절과 10장 7-8절을 읽으라. 이 두 구절이 오늘날 우리에게 뜻하는 바는 무엇인가?

5. "너희와 항상 함께 있으리라"

"다가오는 해에는 우리 능력이 아닌 하나님의 능력을 의지하도록 가능한 원대한 꿈과 계획과 목표를 세우시기를 바랍니다."
—사이먼 걸리보드(Simon Gulliebaud)

- 에베소서 3장 20절을 함께 읽으라. 당신은 야심 차게 구하고 상상하는 편인가? 아니면 안전하게 가는 편이 더 낫다고 생각하는가?

6. 현장에서 배우기

- 그레이엄, 마크, 스티브의 이야기를 생각해보라. 일상생활에서 하나님의 도구로 얼마나 기꺼이 자신을 내어드리고 있는가? 이 장이 개인적으로나 공동체적으로 자신에게 어떤 의미를 갖는가?

5장

제자의 복수형이 교회다

"기독교는 도덕적 덕성을 가르치거나, 예의범절을 갈고 닦거나,
고상하고 우아하게 이 세상의 삶을 살아가도록
훈련하는 학교가 아니다.
그 계획은 더 심오하고 더 거룩하며, 그 목적은 훨씬 고귀하다.
인생의 전반적인 변화, 우리 자신과 영혼과 몸을
가장 엄격하면서 고차원적인 의미에서
하나님께 온전히 바쳐야 함을 의미한다.

윌리엄 로(William Law, 1686-1761)[1]

역사적 관점

윌리엄 로는 18세기의 엄청난 사회적 변화가 시작되던 시점에 살았던 인물이다. 그 변화는 우리가 사는 이 시대까지 실제로 비견할 만한 것을 찾기가 어려울 정도의 거대한 것이었다. 영국의 대부분은 여전히 들판과 시장 마을의 전통적 풍경을 하고 있었다. 각기 치즈나 거위나 옷감을 사고팔았고, 배가 다닐 수 있는 강으로 시장이 연결되어 있어서 오늘날 고속도로로 우리 머리에 일종의 정신적 지도가 각인되듯이 그런 형태의 정신적 지도가 형성되어 있었다. 누구도 영국의 사회적 풍경을 바꿀 산업 혁명을 예견하지 못했지만, 변화의 기운은 여러 곳에서 감지되었다. 1720년대에 영국 전역을 여행하고 있었던 작가 대니얼 디포(Daniel Defoe)는 리버풀에 도착했을 때 느낀 충격을 글로 썼다. 이전에는 '산뜻하고 사람들로 북적거렸던 도시'였지만, 이제 도시는 급속도로 확장되어 단 28년 만에 건물과 인구가 두 배로 늘

---

1) 'Christian Perfection 2', *The Works of the Rev William Law*, 제3권, 263쪽; Bill Hull, *The Complete Book of Discipleship*(NavPress, 2006), 26쪽에서 인용.

어났고, 가공한 상품들을 수입하고 수출하기 위한 거대한 부두가 새로 건설되었다. 맨체스터에서도 동일한 모습을 발견했다. 그는 이곳을 여전히 '잉글랜드에서 가장 큰 평범한 마을'이라고 부를 수 있었지만, 근래 들어 급성장한 섬유 산업 덕분에 20,000명이던 인구가 50,000명으로 증가했다고 지적한다. 맨체스터는 미래의 도시가 되어가고 있었다. 1750년 나의 먼 증조부인 리처드 키머는 견습생으로 그곳에 갔다. 서퍽에서 모직물 소매상을 하던 그의 아버지가 멀리 장래를 바라보고 내린 결정이었다. 결과적으로 1930년대까지 가족 면화 사업이 크게 번성해서 큰 성공을 거두었다. 더 남쪽의 브리스톨시는 100,000명까지 인구가 늘어났고, 사람들은 모두 인구 밀집도가 높은 중심부에 살았다. 항구를 통해 이동하는 물동량이 엄청났고(대부분 노예 무역과 관련이 있었다), 갓 채굴한 석탄은 새로운 광산 지역에서 육로로 수송했다. 1739년 그중 한 곳인 킹스우드에서 존 웨슬리(John Wesley)가 최초로 옥외 설교를 했다.[2]

이런 내용을 언급하는 이유는 무엇인가? 바로 이런 사회적이고 문화적인 격변기에 복음을 새롭게 표현하고 예수님의 부르심을 남자들과 여자들과 아이들에게 새롭게 알리는 기회가 생기기 때문이다. 그들은 세상의 혼란스러운 격변기에 인생이 완전히 달라지는 경험을 했다. 농촌에서 사람들이 몰려들면서 새로운 도시마다 빈민가가 우후죽순처럼 생겼고, 근방의 킹스우드에서 거칠고 폭력적이라고 소문난 광부들은 브리스톨의 무질서한 도시에서

---

[2] Daniel Defoe, *A Tour Through the Whole Island of Great Britain*, 제3권에서 발표, 1983년 Polio Society에서 재출간.

도 두려움의 대상이 되었다. 부(富)가 신흥 계급으로 떠오른 무역과 제조업 종사자들의 신앙적 경건함을 높여주지는 않았다. 조너선 스위프트(Jonathan Swift)는 "상류층 사람 중에서 분명한 종교적 원리에 따라 행동하는 사람이 백 명 중 한 명도 되지 않는 것 같다. 너무나 많은 사람이 이런 원칙을 다 폐기해버리고 일상적인 담론에서 모든 계시를 불신하는 그들의 신앙 상태를 언제라도 자백할 준비가 되어 있다. 평민이라고, 특별히 대도시의 평민이라고 조금도 나을 바가 없다"라고 개탄했다.[3] 당시 영국 성공회 목사였던 존 웨슬리가 "영국 온 땅에 성경적 성결을 전파하고자" 하는 사명감으로 기독교 제자도의 개념을 재발견한 때가 바로 이런 상황에서였다.

〈잉글랜드에서 가장 큰 마을 맨체스터〉
-1728년 벅(Buck) 형제가 제작한 판화

---

3) Michael Henderson, *A Model for Making Disciples-John Wesley's Class Meeting*(Warner Press, 1997), 20쪽에서 인용.

지금은 어떤가?

우리 역시 변화의 시대에 살고 있다. 온갖 과장된 주장에도 불구하고 우리 시대가 그때처럼 극심한 빈곤의 시대는 아니고 최초의 산업화 시대는 확실히 아니다. 하지만 그 모든 것에도 우리 세계와 18세기 후반부 사회를 완전히 재편성한 그 세계는 유사성이 적지 않다. 높은 수준의 사회적 이동성, 증가하는 국제 이주, 늘어나는 채무, 계속 확대되는 빈부 격차, 복음의 기준으로 볼 때 이상적인 것과는 너무나 동떨어진 재정 분야가 대표적이다. 그들의 문화적 풍경처럼 우리의 문화적 풍경 역시 모든 분야에서 변화가 진행되어 새로운 질문들을 불러일으키고 있으며, 그 당시 존 웨슬리처럼 우리가 도전할 수 있는 가능성을 열어주고 있다. 2천 년 전이 아니라 바로 지금 여기서 실제로 예수님의 제자가 된다는 것이 무슨 의미인지 다시 생각해볼 기회를 맞고 있다. 마크 그린은 "그 자체의 질문들에 대해 답변해주지 못하는 문화는 어떤 답변이든 받아들일 수 있다"라고 언급했다. 나는 예수님 안에서 그와 같은 대답을 찾을 수 있다고 생각한다. 그리고 그 모든 것은 이 특이한 '제자'라는 단어와 연관이 있다.[4]

앞에서 나는 기독교 제자도는 공동체에서 실시하는 도제식 훈련의 한 형태로 보는 것이 가장 적절하다고 주장했다. 이것은 예수님에 대한 인격적 반응으로 시작되며 방향의 전환과 관련이

---

4) Mark Greene, *Imagine How We Can Reach the UK*(LICC, 2003), 7쪽. 우리 문화가 어떻게 변화되고 있는지에 대한 분석은 나의 책, *The Word on the Wind*(Monarch, 2011)를 참고하라.

있고, 해당 제자는 이것으로 일생이 걸리는 배움의 과정을 시작하게 된다. 그러나 이것이 전부는 아니다. 이런 배움은 개인적인 과업이 아니라 공동체적 과업이 분명하기 때문이다. 우리는 예수님에게 배우도록 부름받은 데서 나아가 함께 배우도록 부름받았다. 배움의 공동체 일원으로 부름받았다. 이 장의 주제가 바로 이것이다.

제자의 복수형이 교회다

3장에서는 제자란 단어가 복음서와 사도행전에 빈번히 등장하지만, 구약에서는 사용된 적이 없고, 더욱 놀랍게는 베드로나 바울이나 야고보와 요한의 편지에는 사용되지 않았다는 점을 지적한 적이 있다. 이에 따라 우리는 제자도에 대해 생각하면 무엇보다 먼저 예수님에 대해 생각하게 된다는 결론에 이르렀다. 그러나 이제 더 중요한 질문에 봉착하게 된다. 복음서에서 제자를 부르고 훈련하는 것이 예수님의 사역에서 너무나 중요한 부분인데도 베드로와 바울과 요한과 야고보는 그들의 서신에서 왜 제자라는 단어를 사용하지 않았는가? 이 문제에 대해 고민하던 나는 그들이 사용하던 또 다른 단어가 있다는 사실을 떠올리게 되었다. 이 단어는 반대로 복음서에서는 거의 사용하지 않는다. 그 단어는 바로 교회다.[5]

---

5) 교회(*ekklesia*)라는 단어를 사용한 복음서는 마태복음이 유일하다. 마태복음 16:18과 18:17에서 단 두 번 사용되었다. 신약에서는 모두 114회 사용되었

복음서와 서신서의 이런 단어의 변화를 어떻게 설명할 수 있는가? 예수님이 돌아가신 후 제자도라는 단어가 급속도로 유행에 뒤지는 단어가 되어버렸다고 보아야 하는가? 갈릴리 바닷가에서 제자들에게 더 많은 사람을 제자 삼으며 그분이 명령하신 모든 것을 가르쳐 지키도록 하라고 하신 점을 감안할 때 이런 변화는 이상하게 보인다. 그리고 그들은 실제로 이 명령대로 순종했다고 알고 있다. 빌립, 베드로, 요한을 예루살렘에서, 바울과 바나바와 마가 요한과 실라를 안디옥에서 파송한 것처럼 초대 교회들이 선교사들을 파송했던 것으로 보아 이런 가르침과 훈련은 여전히 계속된 것으로 보인다. 이렇게 여러 곳에서 생긴 새로운 제자 중에서 곧 새로운 지도자들이 등장했다. 시므온, 루기오, 마나엔이 안디옥 교회의 선생이 되었다. 루디아, 뵈뵈, 클로에, 눔바, 빌레몬은 빌립보와 겐그레아, 고린도, 라오디게아, 골로새의 각각의 집에서 교회를 세웠다. 마리아, 우르바노, 드루배나, 드루보사, 버시, 클레멘트, 두기고, 오네시모, 아리스다고, 유스도, 에바브라, 아킵보, 디도, 데마, 누가 그리고 바울이 자신의 동료라고 기술한 기타 사람들이 그가 방문한 여러 곳에서 일꾼으로 지명받았다. 도르가라고 하는 제자는 선행과 자선에 힘썼다. 결혼한 두 부부가 특별히 언급되고 있다. 새로운 회중을 가르치고 제자로 훈련한 브리스길라와 아굴라 부부와 사도라고 호칭하고

고, 사도행전에서 누가가 23회, 바울 서신에서 62회 사용되었다. 영어 구약 성경에는 교회라는 단어가 등장하지 않지만, 주전 3세기 히브리어 원어 본문의 헬라어 역본인 칠십인역에서 에클레시아(*ekklesia*)라는 단어가 히브리어 단어 *qahal*(또한 회당으로도 번역됨)과 '*edhah*(하나님의 백성을 의미함)를 가리켜 사용되었다. 아래 8번 주를 참고하라.

있는 안드로니고와 유니아다. 이름은 알 수 없지만, 루스드라와 이고니온, 비시디아 안디옥, 에베소와 소아시아 교회들에서 장로로 임명된 사람들도 많이 있다. 이와 별도로 바울은 디모데에게 집중적으로 관심을 기울이며 자신에게 배운 것을 "충성된 사람들에게" 전달하라고 지시했다. 그래서 "그들이 또 다른 사람들을 가르칠 수 있"을 것이다.[6] 제자를 삼으라는 대위임령은 예루살렘뿐 아니라 로마 제국 전역에서 분명하게 그대로 실행되고 있었다.

그렇다면 사도들의 서신에서 제자란 단어가 사라져버린 이 이상한 사건을 어떻게 이해해야 하는가? 베드로와 바울과 야고보와 요한에게 제자를 삼는 일이 중요하지 않아서가 아님은 분명하다. 단순히 시간이 흘러서 다른 단어로 교체된 것도 아니다. 서신서들이 복음서와 사도행전 이후에 성경에 포함되었지만, 실제로 동시에 기록되었거나 심지어 더 이른 시기에 기록된 서신서들도 있다. 베드로와 바울과 야고보와 요한은 편지를 쓸 때 제자라는 단어를 사용하지 않았다. 심지어 마태, 마가, 누가와 바로 그 요한이 복음서와 사도행전을 썼고, 이때에는 제자라는 단어를 빈번히 사용했다. 해답은 그들이 한 일이나 그들이 편지를 쓴 시기와 관계가 없다.

---

6) 시므온, 루기오와 마나엔(행 13장); 루디아(행 16장); 뵈뵈(롬 16장); 글로에(고전 1:11), 눔바(골 4장); 마리아, 우르바노, 드루배나, 드루보사, 버시, 글레멘드, 두기고, 오네시모, 아리스다고, 유스도, 에바브라, 아킵보(롬 16장, 빌 4장, 엡 6장, 골 4장); 도르가(행 9:36, 누가는 여기서 그녀를 지칭할 때 제자라는 단어의 여성형 *mathetria*를 사용한다); 브리스길라와 아굴라(행 18장, 롬 16장, 고전 16장, 딤후 4장); 안드로니고와 유니아(롬 16장). 선교사들과 장로들에 대해서는 사도행전 8-14장, 에베소서 4장과 베드로전서 5장; 바울과 디모데에 대해서는 데살로니가전서 1:3과 디모데후서 2:2을 참고하라.

한 가지 단순한 차이에서 해답을 찾을 수 있다. 제자라는 단어는 사도들의 편지에서 자취를 감추었을지 모르지만, 제자도라는 개념은 여전히 선명하게 남아 있다. 차이는 강조의 초점이 예수님의 부르심에 응답하는 개인이 아니라 그 부르심에 비추어 자신들의 삶을 개조하는 법을 배우는 집단에 있는 것이다. 예수님이 자신을 따르는 자들을 지칭할 새로운 단어가 필요하셨듯이 그분의 제자들은 이제 그들이 소속된 공동체를 지칭할 새로운 단어가 필요했다. 그들은 에클레시아(ekklesia)라는 단어를 선택했다. 이 단어는 종교적인 단어가 아니라 그리스의 도시 국가에서 시민들의 총회를 가리킬 때 흔하게 사용하는 단어였다. 영어로 이 단어는 'church'(교회)로 번역한다. 흥미로운 선택이 아닐 수 없다. 헬라어 형태의 에클레시아에서 이 단어는 단순히 "불러냄을 받은 자들"이라는 뜻이기 때문이다. 에크(ek)는 '밖'이란 의미이고, 칼레오(kaleo)는 '부른다'는 의미가 있다. 부름에 대한 강조는 제자와 교회라는 이 두 단어를 연결해주는 또 다른 단서를 제공한다. 복음서에서 우리는 제자가 되라는 부르심을 받은 반면, 서신서에서 우리는 교회가 되라는 부르심을 받았다. 바울과 유다 두 사람 모두 교회에 편지를 쓸 때 "부르심을 받은 자들에게"라는 구절을 사용하고 있다.[7]

이 모든 것을 종합해볼 때 결론은 분명하다. 제자의 복수형이 바로 교회라는 것이다. 교회는 제자들의 공동체이며, 개별적으로나 집단적으로 하나님과 관계를 맺도록 부름받은 사람들의 모임이다. 에클레시아는 예수님과 관계를 공유함으로 하나로 연결

---

7) 로마서 1:6-7(또한 8:28); 고린도전서 1:2; 유다서 1:1의 경우도 마찬가지다.

된 사람들의 집단을 가리키는 용인된 용어가 되었다. 우리는 개인으로 부름받지만, 공동체를 통해 형성되기 때문이다. 실제로 'church'라는 영어 단어는 이런 의미를 내포한다. 헬라어 퀴리오스(kurios) 혹은 주라는 단어에서 파생한 단어다. 교회는 주님께 속한 사람들의 모임, 즉 퀴리아코스(kuriakos)다.[8]

제자의 복수형이 교회라면 우리는 또 다른 결론에 도달할 수밖에 없다. 교회가 제자를 삼는 데 관심을 두지 않으면 교회가 아닌 것이다. 제자도는 교회의 행위에 관한 것이 아니라 교회의 존재됨과 관련이 있다. 교회는 세상에서 제자도를 지원하고 이끌어주는 공동체다. 마이클 윌킨스는 "모든 참된 그리스도인이 제자이므로 교회의 사역은 가장 넓은 의미의 제자도 사역이라고 할 수 있다. 교회는 제자들의 공동체다"라고 말했다. 그레이엄 크레이는 "교회는 어떤 일을 하더라도 소명의 핵심이 제자를 만드는 공동체임을 깨달아야 한다. 기독교 공동체의 일차적인 목적은 제자로서 빚어지는 것이다"라고 주장한다. 마크 그린은 "교회의 목표는 제자를 삼는 것이다"라고 지적한다. 교회의 존재 목적이 여기에 있다. 로완 윌리엄스는 표현은 다르지만 같은 점을 지적한다. "사람들이 부활하신 예수님을 만나고, 나아가 서로 만남으로 그 만남을 유지하며, 더욱 풍성하도록 온 힘을 다할 때 교회가

---

8) 에클레시아(ekklesia)라는 단어의 신약적 용례에 대해서는 레이 보웬 워드(Ray Bowen Ward)의 'Ekklesia: a Word Study', Restoration Quarterly, 1958, 164-179를 참고하라. 또한 온라인상으로는 acu.edu/sponsored/restoration_quarterly/archives/1950s/vol_2_no_4_contents/ward.html에서 확인할 수 있다.

생긴다"라고 지적한다.[9]

그러므로 교회가 건물이나 행사나 제도가 아니라는 점을 스스로 이해하는 것이 유익하다.[10] 교회는 서로 도와 예수님과 더 깊은 관계를 영위하도록 돕는 사람들의 모임이다. 교회는 함께 예수님을 따르는 법을 배우고, 아버지와 아들과 성령의 이름으로 새로운 지체들에게 세례를 주며, 예수님이 명령하신 모든 것을 지키도록 가르치는 제자들의 공동체이고 또한 그렇게 되어가야 한다. 우리 행위의 중심에 제자도가 자리하고 있지 않다면 우리는 교회라 할 수 없다. 이 말은 교회의 건강이 제자도의 깊이에 달려 있다는 의미다.[11]

제자라는 단어의 용도가 세월이 흐를수록 축소되었다면 교회라는 단어 역시 그렇다.

---

[9] Michael Wilkins, *Following the Master-A Biblical Theology of Discipleship*(Zondervan, 1992), 44쪽과 271쪽; 14장과 15장을 참고하라. (『제자도 신학』 국제제자훈련원); Graham Cray, 2013년 ebulletin Fresh Expressions; *Making Disciples in Fresh Expressions of Church*(Fresh Expressions, 2013), 32쪽; Mark Greene, licc.org.uk/imagine-church; Rowan Williams, *Foreword to Mission-Shaped Church*(CHP, 2004), vii쪽.

[10] 교회의 본질에 대한 자세한 논의는 Alison Morgan, *The Word on the Wind*(Monarch, 2011), 13장 "Reimagining church"를 참고하라.

[11] 이것은 우리가 교회의 의미를 재고해야 할 필요성을 점점 더 깊이 인식하고 있음을 반영한다. 획기적인 교회의 '새로운 표현들' 중 78퍼센트가 이제 단순히 출석률보다는 제자도를 의도적으로 부각하고 있다.

'교회'라는 단어의 의미는 무엇인가?

"'교회'라는 단어와 스코틀랜드어로 kirk, 독일어로 Kirche, 러시아어로 tserkov는 헬라어로 '주님의 소유'라는 의미의 헬라어 퀴리아코스(kuriakos)에서 파생했다. 이 형용사는 처음에 주님의 만찬, 다시 말해 성만찬과 주님의 날을 가리켜 사용되었다. 그러나 주후 300년 즈음에 이 명칭은 명사인 '주님의 장소'라는 퀴리아콘(kuriakon)으로 표현되어 사용되기 시작했고 교회를 가리키게 되었다. 교회 회중을 가리키는 단어는 에클레시아(ekklesia)였다. 이 단어는 '불러냄을 받은 사람들' 혹은 '선택받은 사람들'을 의미했다. 주후 400년에 이르러 이 단어는 또한 그리스도인들이 만나는 장소, 즉 건물을 가리켜 사용되기 시작했다."

—오웬 채드윅(Owen Chadwick), 『기독교 역사』(*A History of Christianity*, Phoenix illustrated, 1995)

"바울이 그리스도인들의 모임을 지칭하고자 사용한 용어는 헬라어 에클레시아였다(당시에는 그런 집합 명사가 존재하지 않았다). 바울은 이미 존재하는 용어를 이용해 철저히 기독교적 의미를 새로이 부여했다. 에클레시아는 문자적으로 '불러냄을 받은 사람들의 모임'이라는 뜻이다. 이 용어는 '밖'을 의미하는 에크(*ek*)와 '부르다'를 의미하는 칼레오(*kaleo*), 두 단어에서 파생한 것이다."

—마이클 프로스트 & 앨런 허쉬, 『세상을 바꾸는 작은 예수들』
(*Rejesus-A Wild Messiah for a Missional Church*, 포이에마 역간)

"교회라는 개념은 예수 그리스도와 함께 시작되었다. 다만 그분은 헬라어 에클레시아라는 단어를 사용하시지 않았을 수도 있다. 에클레시아라는 단어가 사용되면서 현재의 의미를 갖게 된 것은 예수 그리스도 때문이었다. 그분의 이름으로 모였고 그분과 특정한 관계를 유지하는, 즉 '그리스도 안의' 사람들로 구성된 그 제도를 가리키는 전문 용어가 되었기 때문이다."

—로이 보웬 워드(Roy Bowen Ward), "에클레시아"(*Ekklesia-A Word Study*), 계간지 〈회복〉(Restoration), 1958.

제자도와 교회

"우리는 사람들이 교회로 오는 것에는 관심을 두면서 시간이 흘러 그들이 교회 안에서 어떻게 자라갈지에 대해서는 깊이 고민하지 않는다."–J. I. 패커(J. I. Packer) & 게리 A. 패럿(Gary A. Parrett)[12]

제자의 복수형이 교회라면 실제 현장에서 이것이 무엇을 의미하는가? 신약 성경에서 교회에 대한 가장 초기의 묘사는 성령이 예루살렘의 사도들에게 임재하신 내용을 묘사한 사도행전 2장에서 찾을 수 있다. 베드로가 말씀을 선포하자 3천 명이 회개하고 예수님의 이름으로 세례를 받으라는 그의 권면을 받아들였다. 이

---

[12] *Grounded in the Gospel-Building Believers the Old-Fashioned Way*(Baker Books, 2010), 72쪽. (『복음에 뿌리를 내려라』 생명의 말씀사)

렇게 새로운 신자들은 사도들의 가르침과 교제에 전념하며 함께 먹고 매일 모여 기도하며 재정적으로나 물질적으로 서로를 후원했다. 복음이 로마 제국의 도시와 마을로 전파되면서 곳곳에 신자들의 작은 모임들이 만들어졌고, 그들의 집에서 모임을 가지며 (3세기가 되어서야 교회 건물이 처음으로 지어졌다), 점진적으로 주변 사람들과는 뚜렷한 차이를 보이는 생활 방식을 확립해갔다. 신약은 이런 과정을 위한 청사진을 전혀 제공하지 않는다. 분명히 상황에 따라 가변적이었기 때문일 것이다. 사람들로 붐비는 안디옥이라는 시리아 도시와 갈릴리의 작은 어촌들과 구브로의 부산한 항구에서 정확히 동일한 모임의 양식이 채택되었을 리가 만무하다. 수백 년에 걸친 히브리 전통을 가진 예루살렘과 팽창주의적인 정치 구조를 지닌 로마, 더베나 루스드라와 같은 소박한 터키의 도시와 민주주의와 철학으로 유명한 아덴의 멋진 도시가 정확히 동일한 방식을 채택한다는 것은 생각하기 어려운 것이다. 바울과 베드로와 야고보와 요한의 편지들은 이 최초의 교회들이 올바른 방향으로 발전해가는 모습뿐 아니라 잘못된 방향으로 나아가는 모습에 대해서도 우리에게 알려주고 있다. 그러나 그 편지의 저자들은 새로운 기독교 공동체들에 대해 두 가지 핵심적인 우선순위를 고수했던 것으로 보인다.

그들이 고수한 첫 우선순위는 생활 방식이었다. 새로운 신자들은 예수님의 가르침을 반영하며 주변 사회와는 구별된 방식으로 살아야 했다. 고린도에서는 사회가 특별히 성적으로 문란하고 고린도인들의 모임이 난잡했으므로 사람들과의 관계와 행실에 근본적인 변화가 일어나야 함을 의미했다. 에베소에서는 그 도시의 이교도적 유산을 지배하는 악의 세력과 합심해서 맞서야 한다는 의미였다. 골로새와 라오디게아에서는 지방의 신비주의 종교가 전파하는 난해한 철학들을 거부해야 한다는 뜻이었다. 소아시아 도시에서는 박해에 굴하지 않고 굳건히 믿음을 지켜야 한다는 의미였다. 이 모든 곳에서 새로운 공동체들의 뚜렷한 특성은 은유적으로 요약할 수 있다. 즉, 주변 사회가 드리우는 어둠 속에 살지 않고 예수의 복음이라는 빛 가운데 살아가며, 옛 정체성을 벗어버리고 새로운 정체성을 옷 입고 전체 반죽의 성격을 변화시키는 누룩의 역할을 해야 한다는 말이었다.[13]

두 번째 고수해야 할 우선순위는 믿음이었다. 바울이 로마에 보낸 편지와 베드로와 야고보의 회람용 서신은 믿음의 주요한 교리들에 대한 가르침을 담고 있다. 구원, 심판, 성령 안의 생활, 소망, 은혜, 예수님의 재림, 선행을 통해 믿음을 드러내야 하는 중요성이 그것이다. 다시 말해서 이 최초의 그리스도인들이 추구한 제자도는 실천적 차원과 인지적 차원이 모두 중요했다는 말이다.

새로운 교회들이 유대의 종교 중심지에서 멀리 떨어진 곳까지 들어서고 늘어날수록 실제적인 제자도에 대한 가르침의 필요성은 더욱 커졌다. 마가복음을 시작으로 복음서들이 기록되었고, 그렇게 해서 새로운 신자들이 자신들이 따르는 이가 누구인지 분명히 알 수 있게 되었다. 갈라디아인들에게 보내는 편지를 보면 그들에게 교사가 배정되었음을 알 수 있다. '가르치다'는 의미의 헬라어 동사로 그들은 곧 교리문답 수강자(catechumens)로 알려지게 되었다.[14] 예수님의 사후 백 년이 지나지 않아 공식적인 교리문답

---

13) 에베소서 4-5장, 골로새서 3장, 갈라디아서 5장 참고.
14) 갈라디아서 6:6. 교리문답사와 교리문답 수강자라는 단어들이 여기서 처

체계가 자리를 잡았고, 이것은 생활 방식과 믿음의 근본적 변화를 요구하는 긴 도제식 훈련 과정으로 발전했다.[15] 이 훈련 과정은 네 가지 주요 단계로 구성되었는데 질의응답, 교육, 세례, 영성 형성이라는 표제로 크게 요약할 수 있다. 첫 단계는 행동의 변화에 초점을 맞추었다. 정체성의 변화와 교회에서 가시적으로 표현되는 예수님과 그분의 왕국에 대한 충성을 강조했다. 일단 이런 변화가 가시화되면 교리문답 수강자들은 두 번째 단계로 들어갈 수 있었고, 이 단계에서는 성경 이야기, 예수님의 가르침, 기독교 공동체의 일원으로 사는 법을 숙지했다. 이 단계는 최대 3년까지 지속될 수 있으며, 이 단계가 끝나면 이 새로운 신자들은 세례를 준비하는 3단계로 진행하여 기도 사역을 받고 퇴마 의식을 거치며 주기도문과 사도 신경을 배웠다. 이 단계는 세례로 마무리되었다. 새로운 그리스도인들은 교회 공동체의 정식 회원으로 받아들여졌다. 네 번째이자 마지막 단계에서 후보자들은 성례전의 신비를 배웠고, 성찬에 참여하며, 교리 교육 과정에서 확인된 은사와 재능을 행사하도록 격려받았다. 그리고 처음으로 '제자'라는 칭호를 받았다. 점차 전체 사회가 스스로 기독교 사회라고 인식하게 되고, 기독교 가정에서 자라나는 사람들이 늘어남에 따라 이와 같은 종합적인 과정의 필요성이 시들해지고 이 체

음 사용된다(헬라어 본문에서).

15) "Catechisis(교리문답)는 '가르치다'라는 의미의 헬라어 단어 *katecheo*에서 파생했다. 이것은 한 개인이 기독교 공동체와 믿음과 계시와 소명에 입문하는 과정이다. 또한 개인이 평생에 걸쳐 살아 있는 전통을 통해 지속적으로 변화되고 교육받으며 빚어지는 과정이다."-J. H. 웨스터호프(J. H. Westerhof). J. I. 패커와 게리 A. 패럿이 *Grounded in the Gospel* 중 28쪽에서 인용했다. (『복음에 뿌리를 내려라』 생명의 말씀사)

계는 거의 사용하지 않게 되었다.[16]

　이 초기 입회 과정은 두 가지 특징이 두드러진다. 신약의 가르침을 기반으로 한 교리 문답은 "믿음을 의도적으로 전수하는 과정으로 인지적 도제 훈련은 물론이고 신자 개인의 전인적 변화와 그리스도의 몸으로서 신자 전체의 성숙을 목적으로 했다."[17] 그러므로 첫째, 오늘날 우리는 믿음을 우선시하는 경향이 있지만, 초대 교회는 생활 방식의 변화를 우선시했다. 우리는 세속 문화 속에 살고 있기 때문에 제자도가 새로운 사실을 배우는 것 못지않게 삶의 방식을 변화시키는 것임을 자각하고 그런 태도를 다시 회복해야 한다. 둘째, 우리는 개인에게 초점을 맞추는 경향이 있지만, 초대 교회는 예수님과의 관계로 하나 된 제자들의 공동체를 형성하는 데 집중했다. 실제로 온갖 올바른 진리를 믿는다고 해도 삶으로 드러내지 못하면 아무 소용이 없다. 예수님의 제자들은 특정한 시각을 공유하는 자들이 아니라 하나님나라에서 산다는 것의 의미를 더욱 이해하고 그것을 삶에 적용하는 사람들이라고 달라스 윌라드는 지적한다.[18] 그리고 이런 이유로 우리는 서로가 필요하다.

---

16)　초대 교리문답에 대한 최고의 논의는 J. I. 패커와 게리 A. 패럿이 *Grounded in the Gospel*, 54-57쪽에서 제시하고 있다. (『복음에 뿌리를 내려라』생명의 말씀사). 또한 마틴 엣킨스(Martin Atkins)의 *Resourcing Renewal-Shaping Churches for the Emerging Future*(Inspire, 2007), 174-185쪽; 온라인 가톨릭 백과사전, 'Catechumen'(newadvent.org/cathen/03430b.htm); Michael Moynagh & Philip Harrold, *Church for Every Context-An Introduction to Theology and Practice*(SCM Press, 2012), 17장도 참고하라.

17)　J. I. Packer & Gary A. Parrett, *Grounded in the Gospel*, 29쪽. (『복음에 뿌리를 내려라』생명의 말씀사)

18)　*The Great Omission*(Monarch, 2006), p. xi.

방법의 확인

1739년 존 웨슬리가 고민 끝에 도달한 결론이 정확히 바로 이런 내용이었다. 조지 휫필드와 찰스 웨슬리의 혁명적인 옥외 집회에서 수천 명의 불신자가 그리스도께 돌아왔을 때 웨슬리는 적절한 후속 조치가 없이는 새롭게 회복한 그들의 열정이 금방 식어서 사라져버릴 것을 알았다. 마태복음 28장과 초대 교회 교리 문답을 꼼꼼히 살펴본 그는 궁극적으로 영국 전역에 영적 부흥과 사회 개혁을 불러일으킬 체계를 도입하기로 했다. 그는 새로운 회심자들을 소그룹에 배정하는 일을 시작으로 인지적이고 행동적인 교육이 포함된 체계를 고안했다. 그러나 이 체계에서 이 두 요소는 전적으로 분리되어 있었다. 기본 모임은 10명에서 12명이 일주일에 한 번 모이는 속회로, 리더가 인도하며 (교리적인 신념이나 성경 지식이 아닌) 개인적 체험을 강조했다. 속회의 목표는 행동의 변화를 끌어내는 데 있었고, 이론적이거나 사변적이며 주관적인 토론은 허용되지 않았다. 일련의 정해진 규칙을 기꺼이 실행하고자 하는 이들이라면 누구나 참여할 수 있었고 입장은 티켓을 이용했다. 정기적으로 출석하지 않거나 기준에서 벗어나는 행동을 한다면 자격이 박탈되었다. 속회 회원은 또한 새로운 감리교 채플에서 열리는 주중 교제 모임에 참석할 수 있었다. 오고 싶은 사람은 모두가 참석할 수 있었고, 성경을 배우고 찬송을 부르는 시간으로 구성되었다. 이 외에 신도반(band)이라고 하는 자발적인 성장 모임이라는 체계가 있어서 동성의 동년배와 기혼자들이 만나 자신들의 신앙 고민을 털어놓고 함께 기도하는 시간을 가졌다.

존 웨슬리가 옥회 집회에서 설교하고 있다.
-1891년, 『존 웨슬리의 일기』(Journal of John Weslesy, CH 북스 역간)에서 발췌.

    웨슬리가 새롭게 시도한 방법은 획기적이었다. 초대 교회의 교리문답식 방법 이후로 처음 등장한 신선한 방법이었다. 이 방법은 영적 성장이 행동과 인식의 변화를 모두 포함한다는 것을 인정할 뿐 아니라 후자는 전자에 따라 결정됨을 인정했다. 또한 그런 성장은 오직 소모임에 개인적으로 참여할 때만 가능하다고 인식했다. 감리교 신학자 아담 클라크(Adam Clarke)는 후에 "전 세계에 영구적이고 성결한 교회들을 세울 수 있었던 것은 바로 이 방법 때문이었다"라고 썼다.[19] 영국이 한 세대 후에 프랑스를 휩쓸었던 혁명을 겪지 않았던 가장 일차적인 이유로 바로 이런 성공을 꼽는 사람들이 많았다. 감리교 개혁주의자들은 영국 전

---

19) 웨슬리의 반 제도(class system)에 대해서는 마이클 헨더슨(Michael Henderson)의 A Model for Making Disciples-John Wesley's Class Meeting(Francis Asbury Press, 1997), 30쪽을 참고하라.

역의 산업화한 새로운 지역 공동체들의 사회 변화를 최전선에서 이끌었고, 궁극적으로는 브리스톨과 리버풀과 맨체스터에 큰 부를 안겨주었으며, 아프리카를 빈곤의 나락에 빠뜨린 국제 노예 무역의 종식을 위한 운동의 중심에 서게 되었다.

예수에 뿌리내리다

"교회가 제자도에 관한 성경의 가르침을 다시 새기고 배운다면 삶의 회복이 일어나고 많은 문제를 바로잡을 수 있을 것이다. 단순히 말씀을 가르친다고 제자도에 필요한 노력을 다한 것이 아님을 유의하라. 개인적인 참여, 훈련, 실제적인 경험과 긍정적인 역할 모델이 있어야 한다."-탄자니아 마라 교구의 가스파 카산다(Gaspar Kassanda)[20]

우연인지 모르지만, 웨슬리가 주창한 원리 중 많은 부분이 현재 아프리카의 많은 국가에서 시행 중인 '예수 안에 뿌리내린 삶' 프로그램의 핵심을 차지하고 있다. 이 프로그램의 회원은 보통 10-12명으로 제한되고, 모두 누군가의 초대로 참석하며, 주중 모임에 출석하는 것을 중요하게 생각해야 한다. 이 모임은 성경을 기반으로 하지만, 성경 공부 모임은 아니다. 구성원들이 예수님의

---

[20] 가스파 카산다, 미발표 논문, "An exegetical analysis of some Luke-Acts passages on discipleship and its relevance to the contemporary East African church as remedial model to the current discipleship crisis"(George Whitfield College, South Africa, 2005).

가르침을 이해하고, 무엇보다 그들의 일상 생활에 적용하는 것을 목표로 한다. 모임은 쌍방향 소통을 중시하며 상호 나눔과 기도와 예배는 물론이고, 토론, 시범, 시연, 드라마, 실제적 예화를 비롯해 다양한 학습 방법을 동원한다. 웨슬리가 인정했듯이 성경의 진리를 찬송으로 부르는 방법은 매우 좋은 학습 방법이며, 읽고 쓸 줄 모르는 사람들에게 특히 효과적이다. 이 프로그램은 주제별로 정리되어 있으며 배운 내용을 실천해야 한다는 점을 끊임없이 강조한다. 그래서 "그리스도인이란 무엇인가?"라는 첫 과는 참석자들이 자신들이 배운 예수님에 대해 인격적으로 반응하도록 초청하는 순서가 포함되어 있다. 뒷부분에 배치된 용서에 관한 과는 용서의 신학을 가르칠 뿐 아니라 모임의 구성원들이 실제로 용서할 사람들을 확인하고 그것을 실천하도록 돕는 것을 목표로 한다(르완다나 모잠비크와 같이 과거의 트라우마로 고통당하지 않는 사람들이 거의 없는 나라에서는 매우 놀라운 훈련이다). 먼저 주제별로 학습하는 시간을 가진다. 예를 들어, 성령의 사역을 소개하는 단원, 성경으로 배우는 것에 대한 단원, 교회라는 주제로 배우는 시간이 여기에 해당한다(세례와 성찬 준비에 관한 내용을 다루고, 혈족이나 부족의 정체성에 상관없이 그리스도의 몸으로서 자기 이해에 대해서도 다룬다). 고난, 절제, 일, 돈, 결혼과 가정생활과 같은 주제를 비롯해 생활 방식에 관한 주제도 포함되어 있다. 신앙생활의 중요한 영역을 다루는 시간도 있다. 그렇게 배운 것을 그대로 실천할 것을 강조한다. 성령의 은사를 받아들이고 행사하며, 병 고침과 건져주심을 위해 기도하고, 사역의 발전을 위해 노력하도록 한다. 소속된 지체들의 신앙이 자라갈수록 다른 사람들과 믿음을 효과적으로 나누도록 돕고, 자신에게서 눈을 돌려 지역 공동체의 필요를 돌보도록 서로 돕는 시간도 가진다. 각 과는 한 가지 암송 구절로 요약할 수 있으며, 지체들은 한 주 동안 이 구절을 묵상하고 실천하도록 노력해야 한다. 소모임이 정해진 과정을 완수하면(2년 과정) 모든 구성원은 하나님이 주신 사역을 확신을 가지고 감당해야 한다. 어떤 이들은 직접 하나의 소모임을 인도하는 책임을 맡을 수도 있다.

그동안 우리는 이 프로그램을 활용하는 각 교구나 지역에서 이 과정을 감독한 사람들에게서 놀라운 이야기를 적지 않게 들었다. 이 모임의 지원으로 알코올 중독자들이 술을 끊고 새롭게 인생을 출발할 수 있었고, 매춘하던 여성들이 매춘을 그만두고 힘을 모아 새로운 일을 시작하기도 하며, 가족이 서로 화해하는 경우도 있었다. 사람들은 전통적인 주술과 민간요법에 의지하지 않고 물질적이고 정서적인 필요를 주님께 기도로 아뢰고 치유함을 받았다. 다른 부족이나 지역 공동체에 소속된 사람들을 대하는 태도가 변화된 사람들도 있었다. 마틴 브레이텐바흐 주교는 본인의 교구에서 '예수 안에 뿌리내린 삶' 프로그램의 한 모임이 어떻게 다른 지역 공동체의 부족민들과 새롭게 관계를 구축했는지 말해준다. "성 안드레 교회는 극우파인 아프리카너 민족주의(Afrikaner nationalism)의 본산이 되는 곳에 자리하고 있습니다. 1994년에 시작된 새로운 남아프리카 공화국에 대한 가장 강렬한 저항의 일부가 바로 이 지역에서 발생했었습니다. 그들은 모디몰 소재의 교회 출신들(이전의 백인 교회)과 파가멩의 (흑인) 교회 출신들로 구성된 모임을 만들었습니다. '예수 안에 뿌리내린 삶' 프로그램은 그들이 서로를 알아가고 깊이 교제하도록 돕고 있습니다."

교육 수준이 저마다 다른 모임 구성원들은 스스로 성경을 읽는 데 자신감을 갖게 되었고, 성경을 아는 이들과 그렇지 않은 이들 간에 형식상의 구분은 점차 사라지고 있다. "수업마다 우정을 나누고 서로 협조하는 분위기로 가득하다"라고 탄자니아의 한 교구 코디네이터는 기쁨을 감추지 못하고 이렇게 적었다. "엄청난 변화다." 명목상의 많은 교인이 삶이 변하는 예수님과의 관계를 경험했다. 모잠비크에서는 이전에 교회 리더였고 전통 종교의 주술사였던 사람들 중에도 이렇게 변화된 이들이 있다. 어떤 사람들은 '예수 안에 뿌리내린 삶' 프로그램에 참여하고 처음으로 신앙을 고백하게 되었다. 모잠비크의 복음 전도자인 라민 조아오 마틴호는 단순히 이 프로그램에 참여하도록 초청하는 방법으로 외곽 지역인 모름발라 지역의 복음을 듣지 못했던 이들을 대상으로 19개의 교회를 개척했다. 그는 "그 책을 알기 전에 제 인생은 매우 비참했습니다"라고 나에게 털어놓았다. "이제 저의 인생은 완전히 달라졌습니다. '예수 안에 뿌리내린 삶'에 깊이 감사드리고 싶습니다."

사람들은 믿음이 자라고 제자도로 성장할수록 그들의 삶이 변하고 기독교 공동체의 일원이 된다는 의미를 이해하기 시작한다. 탄자니아 마사시에서 루카스 사이디는 "성경을 알고 교구와 교회에서 서로 격려하며 기도하고 삶을 나누는 기회로 우리는 하나가 되어가고 있다"라고 이야기한다. "사람들과 회중이 예수님의 사랑으로 불타오르면서 이 교구에서 놀라운 일들이 일어나고 있다"라고 마틴 브레이텐바흐 주교는 남아프리카 성 마가 교구에서 편지를 써 보냈다. 린네트 스미스는 탄자니아 마라 교구에서 "우리는 마자메에 있는 교회로 갔다. 그들은 어떻게 두려움에서 벗어나 직접 성경을 펴서 볼 수 있었는지 이야기해주었다. 이제 그들은 다른 사람들에게 복음을 전할 수 있다고 생각한다. 또한 유혹에 맞서는 데 큰 힘이 된 암송 구절들을 공부했고, 이제 남들을 가르칠 수 있다는 자신감도 생겼다"라고 써보냈다. 이런 모든 일을 목격한 지역민들은 종종 큰 영향을 받는다. 마이클 사무엘은 "이 프로그램으로 사람들이 받았던 수많은 축복은 도저히 말로 다 표현할 수 없을 정도입니다"라고 탄자니아 키테토 교구를 개척하던 초기 시절에 편지를 보내왔다. "교회에 놀라운 부흥의 역사가 일어났고 이제 그리스도인들은 하나님의 말씀을 알고 있습니다. 공동체는 우리 모임을 통해 많은 것을 보았고, 인생이 완전히 변화될 수 있다는 것을 보았습니다. 어떤 사람들은 음주, 우상 숭배, 주술 등과 같은 죄에서 돌이켜 인생의 완전한 변화를 경험했기 때문에 정말 하나님이 살아계신다고 간증합니다." 몇 년 후 세 배로 늘어난 이 교구의 성직자들과 가진 모임에서 이렇게 급속히 성장한 이유가 무엇이냐고 물었다. 그들은 "우리는 모두 '예수 안에 뿌리내린 삶' 모임을 통해 교회에 나왔습니다"라고 대답했다.

　하나님의 손길이 그들의 인생에 함께하심을 경험한 모임의 구성원들은 확신을 갖고 다른 사람들을 위한 사역에 더 적극적으로 임하게 되었다. 루카스 사이디는 이렇게 덧붙인다. "여러 지역의 모임 구성원들은 자신들이 어떤 축복을 받았는지 내게 증언했다. 한 사람은 이렇게 말했다. '지금 저는 성령의 능력을 체험하고 있습니다. 어디로 가더라도 예수님의 복음을 사람들에게 담대히 전할 수 있습니다. 성경 없이 청년들에게 다가가서 그들과 대화할 수도 있습니다. 제 머릿속에 암송한 말씀이 저장되어 있으니까요'라고 말했다." 아루샤의 코디네이터인 찰스 운지로는 모임에 참석한 사람들이 "하나님이 제게 말씀해주시네요"라고 기뻐서 외쳤던 내용을 말해준다. 그는 그들 중 일부가 복음을 모르는 새로운 지역으로 가서 교회를 개척하고 이제 복음 전도자로 일하고 있다고 보고했다. 우간다의 분요로 키타라에서는 '예수 안에 뿌리내린 삶' 소모임들이 모든 교구에 치유 사역팀을 만들었다는 소식을 전해왔고, 잠비아의 루아풀라와 모잠비크의 니아사에서는 지역 공동체에서 사역을 시작해 고아를 돌보고, 병자를 방문하며, 가난한 사람들을 지원하는 활동과 그 경과에 대한 소식을 전해온다. 그리스도인으로서 생활 방식과 사역의 성장에 덧붙여 '예수 안에 뿌리내린 삶'의 가르침의 요소 역시 중요했다. 많은 교구에서 이 요소는 세례와 견진성사를 위한 기본적인 준비 작업의 도구로 사용되고 있다. 다른 교구에서는 교리문답 수강자들과 복음 전도자들, 공동체의 사역자들과 사제들을 훈련하는 데 활용되고 있다. 그러나 다른 곳에서는 성경 대학의 핵심 커리큘럼의 일부로 편입되었다. '예수 안에 뿌리내린 삶' 주니어 편(Rooted in Jesus Junior)이라는 새로운 교재가 개발되어 주일 학교에서 어린이들이 사용할 수 있게 되었고, 이에 따라 어린이들의 생활 역시 유사한 변화가 일어나고 있으며, 교회에 출석할 뿐 아니라 교회 생활과 사역에 적극적인 역할을 하는 어린이 수가 많이 늘어나고 있다.[21]

---

[21] 이 모든 내용과 더 많은 내용은 rootedinjesus.net에서 확인할 수 있다.

아마 가장 놀라운 이야기들을 전해 온 곳은 모잠비크의 니아사 교구일 것이다. 이 교구는 마크 주교와 헬렌 반 코버링 신부의 리더십 아래 최근 몇 년 동안 지속적이고 놀라운 교회 성장을 경험했다. 이런 성장은 이 나라의 절반에 해당하며 영국의 세 배 크기인 지역에서 일어났다. "우리는 이런 하나님의 은혜가 무엇 때문인지 단서를 찾아보고 있습니다." 2010년 헬렌은 불과 5년 이내에 교회와 교회 지도자들의 수가 배로 늘어난 이유가 무엇인지 곰곰이 생각해보았다면서 이렇게 말했다. "아마 새롭게 개척한 곳에서 교회다운 교회를 세우고 싶은 우리의 열망이나 더 많은 사람에게 복음을 전하고 전권을 주고자 '트레이너들을 훈련하는' 새로운 지도자 훈련 방식 때문일 것으로 보입니다. 병 고침과 성장, 신자들을 위한 새로운 뿌리내림과 공동체에 필요한 새로운 소속감을 제공함으로 새로운 생활을 하게 한 것도 주효했을 것입니다." 그녀는 제자도를 교구 생활의 핵심으로 삼고자 하는 결심으로 '예수 안에 뿌리내린 삶'을 더욱 강조하게 되었다고 말한다. "'예수 안에 뿌리내린 삶'은 우리의 모든 사역과 선교 훈련의 토대로서 '예수 안에 있는 공동체들의 모임이 되고자' 하는 우리 교구의 비전대로 성경을 공부하고 서로를 제자로 삼으며, 교회를 개척하고 믿음 안에 뿌리내리며, 성장하고 함께 삶을 바꾸어가는 소모임들을 지원하고 있습니다. '예수 안에 뿌리내린 삶'은 우리의 작은 그리스도인 공동체들(20명 정도로 구성

> 된 주중 가족 모임으로 함께 기도하고 공부하며 서로를 지원하는 모임)의 가장 중요한 교재로 이용되고 있습니다. 이 모임으로 우리는 참여자 수와 치유 기도와 새로운 리더십의 모든 면에서 놀라운 성장을 목도하고 있습니다."
>
> 2006년에 처음 소개된 후 2012년 말에 이르러 이 교구 전체의 '예수 안에 뿌리내린 삶' 모임은 전체 회원 수가 7천 명에서 1만 2천 명 정도에 이르게 되었다. 물론 견진성사 준비를 위해 이 교재를 이용하는 사람들도 여기에 포함된다. 2013년 여름쯤에 헬렌은 교구 차원에서 그들이 경험하고 있는 놀라운 성장에 대해 단순한 결론에 이르렀다. "우리 교회는 다른 시각으로 성경을 읽고 있습니다."[22]

어떤 설명을 하더라도 분명한 것은 하나님이 니아사의 제자들과 제자 삼는 공동체들을 통해 일하신다는 사실이다. 로완 윌리엄스 대주교는 이곳을 방문하고 '행동하는 거룩한 성도들의 모임'이라는 표현을 사용했다. 또 다른 방문객은 "교회는 사회 조직에 영향을 미치고 있다"라는 사실을 알게 되었다. 물론 이 모든 것은 예수님이 첫 제자들에게 다른 사람들을 제자로 삼고, 아버지와 아들과 성령의 이름으로 세례를 주며, 그분이 명하신 모든 것을 가르쳐 지키도록 하라고 말씀하셨을 때 의도하신 그대로 된

---

[22] 전체 이야기와 여러 간증은 rootedinjesus.net/을 참고하거나 헬렌의 기고문이 실린 잡지 〈뉴 와인〉(*New Wine*) 2013년 여름 호를 읽어보라.

것이다.

이런 이야기들을 듣거나 '예수 안에 뿌리내린 삶' 팀의 일원으로 직접 이런 변화를 목격한 많은 사람은 이 프로그램이 영국에서도 효과가 있을 것인지 질문했다. 일부 사람이 주장하는 것처럼 이 프로그램이 영국에서는 효과가 없을 가능성이 높다. 그 이유는 너무나 단순하다. 학문적인 도전은 거의 제기하지 않더라도 영적인 도전이 어마어마하기 때문이다. 2012년 나는 남아프리카공화국 요하네스버그에서 열린 1차 국제 성공회 아블라즈 대회에 강사로 초청받았다. 그곳에서 '예수 안에 뿌리내린 삶' 프로그램을 사용하는 사람을 많이 만났지만, 특별히 두 번의 대화에 매료되었다. 첫 번째는 줄루랜드의 아주 외진 시골 교구에서 일단의 사람들과 이 교재로 공부한 적이 있는 조도모 느드안드웨와 나눈 대화였다. 그녀는 "용서에 관한 부분을 다루게 되었을 때 용서가 필요한 사람이 너무나 많아서 그 과를 마치기까지 여러 주가 걸렸어요"라고 말했다. 두 번째 대화는 은퇴한 주교로서 대도시인 케이프타운에서 대학교 강사들과 기업인들의 모임을 인도하는 필립 러페우브레와 나눈 대화였다. 그 역시 "용서에 관한 주제를 다루게 되었을 때 우리 중에 용서가 필요한 사람이 너무나 많아서 몇 주나 걸려서 겨우 마칠 수 있었습니다"라고 말했다. 제자도의 도전은 관념적인 것이 아니다. 영적이며 모두에게 해당하는 것이다. 그레이엄즈타운에서 온 준은 이렇게 적었다. "이 과정으로 저는 예상치 못한 방법으로 사람들과 유대감을 확인하는 기회를 가졌습니다. 스스로 어떻게 처신해야 하는지, 사람들을 어떻게 대하고 존중해야 하는지 더 고민하게 되었습니다. 우리는 매우 심도 깊게 성경 말씀을 묵상하고 마음에 새기는 시간을 가졌고, 저는 그런 시간을 통해 말씀의 의미에 대한 새로운 통찰을 얻을 수 있었습니다. 이제 성경이 인생에 얼마나 놀라운 지침이 되며 기준이 되어주는지 알 수 있습니다. 인생에 대해 알아야 할 모든 내용이 성경에 다 담겨 있습니다. 어떻게 해야 올바로 살 수 있는지에 대해서도 확실하게 그 지침을 제시해주고 있습니다."

그러나 우리가 모두 동일한 영적 필요를 가지고 있다는 사실에도 불구하고 차이점도 존재한다. '예수 안에 뿌리내린 삶' 프로그램은 아프리카인을 위해 고안된 것으로 아프리카인들은 신앙생활과 관련해 그들만의 특별한 어려움과 과제들을 안고 있다. 예를 들어 이 프로그램은 전통적인 종교의 존재와 부족 간 차이점과 관습, 극심한 빈곤의 어려움을 감안한다. 선진국이 안고 있는 도전은 그들과 다르다. 소위 선진국에서는 아프리카 형제자매들이 직면한 문제와 달리 물질주의와 개인주의가 더 심각한 문제다. 그러므로 실제적인 제자도를 강조하는 기조는 그대로 유지하는 가운데 '거기 계시는 하나님'(The God Who is There)이라는 제목으로 3부로 된 '예수 안에 뿌리내린 삶' 국내 판을 만들었다.[23] '우리 자신을 넘어'(Beyond Ourselves)라는 1부는 서구의 많은 사람이 제기하지만, 아프리카의 형제들은 거의 관심이 없는 근본적인 질문으로 시작한다. "하나님은 계시는가?" 소모임 수준의 토론과 참여라는 원칙을 그대로 유지하면서 또한 주제별로 접근하는 방식을 채택하지만, 과학과 신앙 같은 문화적으로 관련이 있는 주제들도 일부 포함했다. '우리 자신을 넘어'를 통해 믿음에 이르거나 믿음이 깊어진 많은 사람은 2부인 '새 공동체'(The New

---

[23] 로저 모건(Roger Morgan)이 편집하고 The Mathetes Trust에서 출간함.

Community)를 공부하게 된다. 이 부분의 목표는 로완 윌리엄스가 제안한 대로 모임의 지체들이 서로와의 만남을 통해 예수님과의 만남을 유지하고 더욱 발전시켜나가는 것이다. 프로그램의 이 부분은 예배로 구성된다. 이 예배는 아프리카인들에게는 자연스럽지만, 영국에서는 마음에서 우러나오는 열정과 활기가 결여되어 있다. 이런 현상은 매우 광범위하게 발견된다. 브리스톨 주교가 존 웨슬리에게 한 유명한 말처럼 평균적인 서구인에게 여전히 "열정이란 매우 끔찍한 것"으로 보인다.[24]

'거기 계시는 하나님'의 마지막 부분은 '별처럼 빛나다'(Shining Like Stars)라는 제목으로 일상생활에서 예수님의 제자로 산다는 것이 무엇인지에 초점을 맞추어 지역 사회와 직장에서 그리스도인으로서 성실하게 살고 긍휼을 베풀며 살도록 사람들을 준비시키는 것에 집중한다. 3부 모두 지식이 아니라 생활 방식이 어떻게 변화되고 우리의 이해가 어떻게 자라가야 하는지를 강조한다. 아프리카에서 한 가지 배운 것이 있다면 성경 구절을 공부하고 질문에 대답하는 방식으로 사람들을 제자로 삼을 수 있다고 생각하는 보편화된 방식을 탈피해야 한다는 것이다. 예수님은 "가서 제자를 삼되 그들이 내가 명령한 모든 것을 지키도록 가르치라"고 말씀하셨다. "가서 제자를 삼되 그들이 내가 가르친 모든 것을 이해하도록 가르치라"고 말씀하시지 않았다는 점에 주의해야 한다. 우리는 살아계신 하나님의 도제가 되도록 부름받았다. 이것은 인생을 건 과제다.

---

24) 성령의 특별한 계시를 받았거나 성령을 체험했다고 주장하는 이들을 가리켜 P. B. 조셉 버틀러(P. B. Joseph Butler)가 한 말.

'예수 안에 뿌리내린 삶'-공동체의 힘

"나는 캄브와타를 방문했다. 그동안 우리는 그곳에서 두 개의 'Life! Group'을 개척했다. 방문 기간에 나는 '예수 안에 뿌리내린 삶' 교재를 사용하는 'Life! Group'에 다니고 있는 한 여성을 만났다. 그녀는 자신의 이야기를 들려주었다. 몇 개월 전만 해도 그녀는 술주정뱅이였고, 마을 사람들에게 툭하면 시비를 걸고 말썽을 일으켰다고 한다. 그녀의 마을에서 진행된 'Life! Group'은 그녀를 받아들이고 모임에 참석하도록 해주었다. 요약하면 주님은 '예수 안에 뿌리내린 삶'으로 그녀의 인생을 변화시켜주셨다는 것이다. 이제 그녀는 술을 입에 대지 않는다. 그녀는 이전에는 나쁜 엄마이고 끔찍한 아내였지만, 이제 좋은 엄마이자 좋은 아내가 되었다고 고백한다. 그녀의 인생은 완전히 변했다. 이제 자신이 헌신된 그리스도인이며 한 인간으로서 큰 행복을 누린다고 말한다. 이런 놀라운 변화를 보고 많은 사람이 이 모임에 큰 관심을 가졌고, 이제 이 모임은 빠른 속도로 성장하고 있다."

—아우구스틴(Augustine), 디그너티 월드와이드(Dignity Worldwide), 루아풀라 임팩트 팀(Luapula Impact Team), 잠비아

"'예수 안에 뿌리내린 삶'의 한 프로그램인 '한마음과 한뜻 가족'을 통해 하나님을 만난 사람들에게서 구속받은 여러 이야기를 들을 수 있었다. 엄격히 전통을 고수하며 지금도 조상신들을 믿는 부모를 둔 13살의 어린 소년 조아킴 차차는 그리스도인으로 회심하기 전에 자신이 어떤 인생을 살아왔는지 이야기를 들려주었

다. '저의 아버지는 전통 신을 숭배하는 분인데 저의 어머니를 죽이고 토착 신들에게 제사를 지냈어요. 어머니는 저의 품 안에서 돌아가셨어요. 어머니는 여섯 자녀를 낳았어요. 어머니가 돌아가신 후 저는 삼촌 집에서 지금까지 살고 있어요. 삼촌은 저희를 교회로 데려가셨어요. 교회에서 저는 '한마음과 한뜻 가족'을 만났고 그 프로그램에 등록했어요. 예수님이 어떻게 십자가에 못 박히시고 돌아가셨는지 그리고 사흘 만에 어떻게 다시 살아나셨는지 들었어요. 우리를 구원하시려고 십자가를 지신 예수님의 사랑보다 더 큰 사랑은 없다고 말씀하셨어요. 이 말씀이 저의 마음을 만졌고 저는 전능하신 하나님께 제 인생을 바쳤어요.'

—캐논 제이콥 로버트(Canon Jacob Robert), 탄자니아 마라 교구

"직업여성 열 명에게 복음을 전했는데 모두 이 프로그램에 참여하고 싶어 해요. 문제는 생계를 유지하기 위해 도움이 필요하다는 겁니다. 이 여성들은 변화되기를 갈망하며 인생을 새롭게 출발하고 싶어 해요. 우리는 매일 새벽 5시부터 6시까지 만나고 있습니다. 어떤 사람들이 사업에 대한 아이디어가 있다고 사업을 하자는 제안을 했어요. 작은 규모로 말이지요." [2년 후] "그들은 지금 생계를 유지할 다른 방법들을 찾았어요. 두 사람은 결혼했고 다섯 사람은 고향의 농장으로 돌아갔어요."

- 수잔 출루(Susan Chulu), 말씀 사역자, 잠비아 동부 교구

"부모들은 그 프로그램으로 배운 뒤 변화된 자녀들의 모습을 보고 선생님들에게 감사 인사를 전해왔어요. 아이들은 지금 이

과정에 참석해 아주 열심히 배우고 있어요. 그동안 배운 대로 실천하고 싶어 해요. 이제 아이들은 얼굴에 웃음이 만발하고 틈나는 대로 늘 기도를 드려요. 이 프로그램을 활용하기 전에는 기도를 가르치는 것이 골칫거리였고 아이들을 어떻게 다루어야 할지 난감했어요. 이제 아이들은 누구나 기도 시간을 인도하고, 다른 사람들을 섬기며, 성경을 읽고 싶어 해요."

―제인 나니온조(Jane Nanyonjo), 제자훈련교회(Quality Discipleship Church Network), 우간다 와키소

"'예수 안에 뿌리내린 삶' 어린이 프로그램을 채택한 뒤로 주일 학교 모임이 너무나 재미있고 활기가 넘쳐요. 다섯 분의 주일 학교 교사는 이제 아이들과 모임을 할 때 더욱 실제적으로 가르칠 수 있게 되었어요. 이렇게 해서 그리스도를 향한 아이들의 열정과 사랑도 더욱 깊어졌어요. 복음 전도, 예배, 설교, 기도, 이야기하기, 드라마, 성경 암송처럼 많은 영적 은사가 특히 아이들에게서 실현되고 있어요. 이 중에는 대예배와 다른 교회 모임의 예배를 인도하는 아이들도 있어요. 대략 25명이었던 아이들의 수가 이제 150명이 넘었답니다."

―알리 무쳄모(Ali Mukembo) 목사, 새생명선교침례교회(New Life Missionary Baptist Church), 우간다 진자

공동체로 배우다

"우리는 서로와 나누는 것만을 세상과 나눌 수 있다."

-짐 월리스(Jim Wallis)[25]

    무엇인가에 소속되고 함께 만나며 인생 여정을 함께하고 싶어 하는 것은 인간에게 자연스러운 현상이다. 그런 만남을 통해 삶의 구조와 존재 목적을 확인하려고 하는 것도 자연스럽다. "현대 사회가 통렬하게 체감하는 상실 중의 하나는 공동체 의식이다"라고 현대 철학자인 알랭 드 보통은 지적한다. 이어서 그는 "교회는 고독에 대해 알고 있어서 공동체를 조성해줄 뿐 아니라 우리가 성공하지 않고서도 행복할 수 있도록 초청한다. 우리의 두려움을 다루어주고 세속적인 요건을 전혀 강요하지 않으며 환대해주는 따뜻하고 강렬한 공동체를 통해 우리가 갈망하는 존중과 안정감을 제공한다"라고 분명하게 인정한다. 그러나 알랭은 무신론자다. 이런 내용을 언급한 책의 나머지 부분은 그 공동체의 주인이신 하나님의 뜻을 배제한 채 기독교의 이런 통찰과 습성을 세속의 영역에 이식하는 복잡한 문제를 다룬다.[26] 1년 후 알랭 드 보통이 쓴 비그리스도인을 위한 종교 사용법 지침서가 출판되었고, 샌더슨 존스(Sanderson Jones)라는 사람이 세속적 용도로 설립한 런던의 교회에서 매달 일요일 집회를 주최하기 시작했다. 〈선데이 타임스〉(The Sunday Times)지의 표현을 빌리면 "노래와 일반적인 사려 깊음은 있지만, 더 상위의 존재에 대해서는 어떤 언

---

25) Graham Cray, *Who's Shaping You? 21st Century Disciples*(Cell UK, 2011), 67쪽 인용.
26) Alain de Botton, *Religion for Atheists-A Non-Believer's Guide to the Uses of Religion*(Hamish Hamilton, 2012). (『무신론자를 위한 종교』 청미래)

급도 하지 않는다." 존스는 "종교에서 가장 좋은 것만 취하고 나쁜 것은 버릴 수 있어서 행복하다"라고 말했다. "우리가 하나님을 믿지 않을지는 몰라도 공동체에 대한 이런 인간적 욕구는 여전히 가지고 있다." 설교 대신 대화를 나누고, 과학 강의를 하며, 찬송가 대신 본 조비의 "기도로 살아요"(Living on a Prayer)와 같은 팝송을 부른다. 일반적으로 모임은 침묵하고 성찰하는 시간을 반드시 가지며 차와 빵을 나누는 것으로 마무리한다. 이 모임은 많은 사람의 호응을 얻었고, 같은 해에 존스는 이 소식을 전하기 위해 세계 순회 여행을 시작했다.[27]

인간은 공동체를 이루며 살도록 지어졌다는 알랭 드 보통의 지적은 의심의 여지가 없을 정도로 정확하다. 제자도에 대한 우리의 이해가 극도로 축소되어 많은 교회는 샌더슨 존스가 일요일 집회로 모방해 선보인 것 이상의 모델을 보여주지 못할 수도 있다. 내적인 역동은 모두 사라지고 믿음의 외피만 남아 있는 실정이다. 그러나 그 필요는 여전히 그대로다. 설교만으로 충분하지 않다는 존 웨슬리의 지적 이후로 그 어느 때보다 지금 그 필요성이 더 강할지도 모른다. 다른 곳에서 2천 년대 초입을 살아가는 사람들의 삶을 특징짓는 것은 목적의식의 상실, 영성의 위기, 행복에 대한 맹목적 추구라고 쓴 적이 있다. 세속화는 한 세대 전체가 인생이 무엇인지 몰라 방황하는 결과를 낳았다.[28] 반면에 예수님을 따르며 하나님나라의 보루로 살아가야 하는 그리스도

---

27) 'Church minus God' and 'Congregation growing fast at the Sunday Assembly, the church that is not a church', 〈더 타임스〉지, 2013.9.16; 'Atheist meetings livin' on a prayer', 〈선데이 타임스〉지, 2013.9.22.
28) Alison Morgan, *The Word on the Wind*(Monarch, 2011), 3장과 4장.

인들은 다른 삶을 살아야 한다. 예언자적이며 모두에게 매력적인 삶을 살아야 한다. 이 세대에서 우리는 그 목적에 맞게 살고 있는지 새롭게 확인할 필요가 있다. 런던 현대 기독교 연구소의 마크 그린은 오늘날 영국 교회에 대해 이렇게 말했다. "우리는 제자를 삼고 학습 공동체에서 일생 배우고 실천하며 살라는 예수님의 명령으로 돌아가야 한다. 이런 공동체는 예수님을 모르는 이들을 찾아 제자 삼도록 사람들을 준비하게 한다. 이렇게 되려면 목회 훈련과 현재의 목회적 관행을 근본적으로 변화시켜야 하며, 그리스도인 개개인이 일생에 걸쳐 신앙적 학습 훈련에 기꺼이 헌신하고자 하는 자발성의 근본적 변화가 필요하다."[29] 그린의 호소는 실제적이고 새로운 제자도에 대한 동아프리카의 필요를 호소한 가스파 카산다의 입장과 놀라울 정도로 유사하다. 문화는 다르지만 필요는 동일한 것이다.

그러므로 어느 곳에서든 할 일은 같다. 예수님의 제자를 삼는 것이다. 예수님과 사도들이 했던 방식이 아닌 다른 방식으로 제자를 삼을 수 있다는 주장은 문제가 있다. 예수님의 방법은 사람들을 소규모 교제 모임으로 모으고 이들의 삶에 변화가 일어나도록 훈련하는 방법이었다. 전 세계에 있는 현대 교회들의 성장과 쇠락의 특징을 살펴보면 건강한 교회는 초심자이든 기존의 신자들이든 서로 책임을 져주는 소규모 공동체의 일원이 되어 신앙의 모든 영역에서 자랄 수 있도록 제자로서 더욱 성장하게 서로 독려한다는 뚜렷한 공통점을 보인다. 이와 관련해 최근의 가장 명

---

29) Mark Greene, *Imagine How We Can Reach the UK*(LICC, 2003), 4쪽.

확한 사례는 현재 급속한 교회 성장을 경험하고 있는 중국에서 찾을 수 있다. 중국의 법은 종교적 신념의 자유를 보호하는 반면에 정식으로 등록되지 않은(그래서 엄밀히 말해 불법으로 남아 있는) 수많은 가정 교회를 비롯해 모든 비공식적인 모임을 금지한다. 특히 15-20명 이상의 모임은 허락하지 않는다. 모임은 공개된 건물이 아니라 오직 개인적으로만 가질 수 있다. '외세의 지배'는 금지된다. 다시 말해서 미등록된 교회뿐 아니라 공식적으로 인가받은 교회들도 외부의 지도자나 훈련을 좋아하지 않는다는 것이다. 이런 조건들은 예수님과 사도들이 염두에 두었던 것과 맞아떨어지는 것처럼 보인다. 현지인 리더들의 지도 아래 소규모로 교제하고 개인들의 가정에서 모임을 하는 것이다. 효과도 상당히 있는 것 같다. 중국 정부는 중국의 그리스도인 수가 40년 전 300만 명으로 추산되었지만, 지금은 1억 1천만 명에 육박하는 것으로 판단한다.[30]

놀라운 요소

2장에서는 제자도를 '공동체에서 시행하는 도제 훈련'으로 정의했고, 예수님과 그분과 함께 최초로 순회 여행을 다녔던 이들 간의 관계를 살펴보았다. 예수님은 자신이 뽑은 제자들이 자신과

---

30) Chris Hancock, 'Expert Report: Risks to Christians in China today', Wolfson College(Oxford, February 2013). 또한 Alan Hirsch, *The Forgotten Ways*, 19, 77-78, 188-189쪽도 참고하라. (『잊혀진 교회의 길』 아르카)

그리고 서로와 친밀하면서도 책임을 져주는 관계로 발전하도록 이끄셨다. 단순히 가장 효과적인 학습 환경을 조성하기 위해서가 아니라(물론 이런 환경이 조성되었지만) 공동체 그 자체의 효과 때문이었다. 또한 복음의 장래가 이 관계의 효력에 있다고 주장하셨다. 종종 지적하듯이 대안은 없었다. 이 땅에서 제자들과 함께하는 여정의 끝이 바로 앞에 다가오자 예수님은 어떤 의심의 여지도 없도록 이 점을 분명하게 지적하셨다. 그분은 제자들의 발을 씻겨주시고 함께 만찬을 드시면서 이렇게 말씀하셨다. "새 계명을 너희에게 주노니 서로 사랑하라 내가 너희를 사랑한 것 같이 너희도 서로 사랑하라 너희가 서로 사랑하면 이로써 모든 사람이 너희가 내 제자인 줄 알리라."[31]

　　제자들은 혼란스러웠다. 어떻게 이런 일이 가능하다는 말인가? 그들 중 어부인 제자들은 관계의 중요성을 이미 잘 알고 있었다. 시몬과 안드레와 야고보와 요한은 서로를 속속들이 알고 의지하는 어촌 마을에서 자랐다. 새로운 소식은 바로 함께 나누었고 언제나 서로 도우며 살았다. 오늘날 니아사 호숫가 마을도 마찬가지다. 이 마을에서 나는 어부 두 사람이 잡은 물고기를 온 동네 사람이 배에서 내리고 서로 나누어 갖는 모습을 본 적이 있다. 그러나 그런 관계는 생존에 중요하지만, 세상을 변화시키는 힘은 절대 없다. 심지어 예수님이 앞으로 그들과 함께하시지 않고 떠나신다면 사람들이 그런 관계를 본다고 하더라도 어떻게 그들이 예수님을 알아볼 수 있다는 말인가?

　　예수님은 그들을 위해 이렇게 설명해주셨다. "너희가 나를 사

---

31)　요한복음 13:34-35.

랑하면 나의 계명을 지키리라 내가 아버지께 구하겠으니 그가 또 다른 보혜사를 너희에게 주사 영원토록 너희와 함께 있게 하리니 그는 진리의 영이라 세상은 능히 그를 받지 못하나니 이는 그를 보지도 못하고 알지도 못함이라 그러나 너희는 그를 아나니 그는 너희와 함께 거하심이요 또 너희 속에 계시겠음이라."[32] 뭔가 새로운 일이 일어날 것이다. 이 모든 일이 가능하게 해줄 일이 일어나는 것이다. 성령이 예수님께 속한 모든 이에게 임재하시고 역사하시는 것이다. 선지자들이 예언한 대로다. 그런 다음 예수님은 쉽게 이해할 수 있도록 예를 들어주셨다. 포도나무를 생각해보라고 말씀하셨다. "너희는 가지고 나는 포도나무다. 가지는 그 자체로 생존할 수 없다. 나무에서 떨어진 가지는 말라서 죽어간다. 그러나 가지가 나무에 붙어 있으면 살 수 있고 열매를 맺을 수 있다." 예수님과 우리의 관계도 마찬가지다. "성령은 포도나무의 진액처럼 너희가 나에게 붙어 있도록 해줄 것이다. 너희는 내 안에 뿌리를 내리게 될 것이다."[33]

성령은 내가 그동안 써왔던 모든 것을 가능하게 해줄 놀라운 존재다. 웨슬리와 휘필드는 두말할 필요 없이 훌륭한 설교자였다. 하지만 평범한 노동자들이 인생을 예수님께 의탁할 수 있었던 것은 그들의 웅변술 때문이 아니었다. 그들의 영혼에 속삭이시는 하나님의 음성 때문이었다. 트라우마에 시달리는 13세의 조아킴 차차는 하나님이 그를 사랑하신다고 말해주는 '예수

---

32) 요한복음 14:15-17.
33) 요한복음 15:1-17. 예수님은 이사야 5장의 열매 맺지 못하는 포도나무라는 이스라엘에 대한 심상을 이용하신다. 이 예화를 사용하심으로 이스라엘 백성이 아닌 사람들이 포도나무에 이식될 것을 추가로 암시하신다.

안에 뿌리내린 삶' 모임에서 따뜻한 환대를 받았다. 하지만 그것이 다가 아니었다. 그는 자기의 마음을 어루만져주는 사랑의 손길을 느꼈고 두려운 마음으로 그 손길에 반응했다. 라민 마티노가 19개의 교회를 개척한 것은 개인적인 카리스마 때문이 아니었다. 그는 조용하고 나서기를 싫어하는 사람이었다. 하지만 그 안에 역사하시는 성령으로 새롭게 되고 그분이 주시는 생명의 능력으로 그 일을 감당할 수 있었다. 첫 제자들이 그랬던 것처럼 우리는 예수님의 부르심에 응답한다. 하지만 그 부르심이 인간적으로 잘 이해되어서가 아니라 성령님 그 자신이 직접 하나님께 나아가도록 우리를 초청하시기 때문이다.[34]

부르심에 일단 반응하면 우리는 하나가 되고 함께하게 된다. 하지만 타고난 친화력 때문이 아니라 우리 안에 성령의 임재가 함께하시기 때문이다. 우리는 함께하는 가운데 변화되어간다. 성장하며 서로를 신뢰하고 의지하는 법을 배운다. 단순히 개인으로서가 아니라 공동체로 새로워진다. 서로를 용서하는 법을 배우고 서로 섬기며 존중하는 법을 배운다. 서로를 위해 기도해주며 서로를 세워주는 법을 배운다. 이 역시 우리 안에 계시는 성령으로만 가능하다. 그분은 우리가 서로 사랑과 희락과 화평과 오래 참음과 자비와 양선과 충성과 온유와 절제를 특징으로 하는 관계를 누리도록 도와주시며, 지혜를 나눔으로 우리 안에서 일하시고, 치유와 기적과 예언과 영적 분별력과 기도 응답으로 우리 안

---

34) '그 자신'이란 표현을 사용한 것은 성을 표현하기 위해서가 아니라 성령이 인격이시라는 사실을 반영하기 위해서다. 'spirit'이라는 단어는 히브리어로는 여성형(*ruach*)이며 헬라어로는 중성(*pneuma*), 라틴어로만 남성형(*spiritus*)으로 우리가 '그'라고 표기한 이유가 이 때문이다.

에 역사하신다. 우리가 사람들을 예수님의 제자로 삼을 수 있는 것은 우리의 관계 때문이 아니라 우리 가운데 살아계시는 성령의 임재 때문이다.[35] 나는 기독교 가정에서 자라지 않았지만, 24살에 처음 예수님께 내 인생을 의탁한 뒤로 이렇게 서로에게 헌신하며 성령을 의지하는 공동체의 일원으로 살아올 수 있었다. 바로 이런 환경에서 나는 아이들을 키웠고, 내 소명을 발견했으며, 고통 중에도 기도로 이겨낼 수 있었다. 그리고 사람들이 이런 일을 할 수 있도록 지원하고 도왔다. 이 외에 달리 어떻게 살아야 하는지 나는 모른다.

성령에 대한 예수님의 가르침이 심오할 수는 있지만 복잡하지는 않다. 우리는 예수님의 제자로서 성령의 임재하심을 통해 예수님이 우리 안에 여전히 함께하시고, 우리를 가르치시며, 변화하도록 도우시고, 능력을 주고 계심을 끊임없이 자각하며 살아가야 한다. 영웅이나 슈퍼스타나 뛰어난 전문가처럼 개별적인 차원이 아니라 그리스도인 공동체들의 역동성을 통해 이런 삶을 살 수 있다. 예수님은 "모든 민족을 제자로 삼으라"고 말씀하시고 "그 일을 잘 감당하도록 너희와 함께할 것이다"라고 약속해주셨다. 하나님께 헌신하고 성령의 능력을 덧입은 사람들의 공동체는 일반적인 인간의 공동체가 아무리 그 대화가 유익하고 나누는 빵이 맛있다 하더라도 그들보다 더 의미 있는 공동체가 될 수 있다. 이 첫 제자들이 배우는 여정은 예수님과 이별할 준비를 하는 이 해변에서 끝난 것이 아니었다. 이제 시작일 뿐이었다.

퀘이커 신학자 엘턴 트루블러드(Elton Trueblood)는 이렇게

---

[35] 갈라디아서 5장과 고린도전서 12-13장을 참고하라.

말했다. "하나님께 가장 중요한 것은 사랑의 교제를 나누는 중심 거점들을 만들고 이것으로 세상에 영향을 미치는 것이다. 세상이 이렇게 해서 구속받을 수 있을지 우리는 모른다. 하지만 적어도 이 외에 다른 길이 없다는 것은 확실하다."36) 초창기 그리스도인들은 분명히 이런 시도를 했다. 3세기 카르타고의 테르툴리아누스는 이교도들의 공동체와 교회의 차이를 이렇게 묘사했다. "이방인들은 '보세요. 저 사람들이 어떻게 서로를 사랑하는지를요'라고 말한다(이방인들은 서로를 미워하기 때문이다). '저 사람들은 서로를 위해 죽을 각오가 되어 있어요'(이방인들은 언제라도 서로를 죽일 수 있기 때문이다)." 4세기에 갈라디아의 그리스도인들은 율리아누스 황제가 가난한 자들과 병든 자들을 극진히 대하고 사랑하기 때문에 그들을 능가할 자가 없다고 투덜거릴 정도로 일반적인 기준과 근본적으로 다른 공동체 생활을 개발했다. 그는 "헬라인들의 종교는 내가 원한 만큼 아직 번성하지 못하고 있다. 헬라 신앙을 고백하는 자들 때문이다. 그리스도인들이 나그네를 대접하고, 죽은 자들의 장례를 치러주며, 건전하고 모범적인 생활의 모범을 보임으로 그들의 대의를 진전시키는 데 너무나 크게 기여하고 있는데 왜 [우리는] 보고 깨닫지 못한다는 것인가?"라고 탄식했다.37) 새로운 그리스도인 공동체들이 사랑을 실천하고 문화에 맞서는 가운데 탁월한 영성을 드러내며 사는 법을 배웠기 때

---

36) Elton Trueblood, *The Company of the Committed*(Harper & Row, 1961), 113쪽.
37) *Epistle of Mathetes to Diognetus*, 요하네스 쿠아스텐(Johannes Quasten)의 Patrology 250에서 인용(2세기); Tertullian, "Apology", Chapter 39.7(AD 200년경); Julian the Apostate, *Letter to Arsacius*, AD 360.

문에 사람들은 대거 기독교로 개종했다. 평균 성장률이 10년당 40퍼센트로 추정되는 가운데 4세기 중반에 이르러서는 로마 제국의 56퍼센트가 공식적으로 그리스도인이 되었다.[38]

새로운 계명: 서로 사랑하라

"교회나 이와 같은 부류의 공동체는 귀하게 여기고 가꾸어나가야 하지만, 또한 잘못하면 비판하고 개혁해나가야 한다. 온갖 흠과 분열과 실패에도 예수 그리스도의 교회는 여전히 영적 활력을 유지하는 데 꼭 필요한 최선의 희망이다. 아무리 미숙하고 서투르다고 해도 교회가 없으면 문제는 더욱 심각해질 것이다. 복음서에 나오는 충격적인 구절 중의 하나를 보면 예수님은 서로 사랑하고 돌보며 화해하는 작은 이 공동체를 대체할 것이 없음을 암시하셨다. 그분은 교회가 제대로 기능하지 못할 경우 모든 세상이 잘못될 것이라고 주장하셨다. 보잘것없는 이 무리에게 그들이 실제로 세상의 소금이며, 이 소금이 제 역할을 못 할 경우 제대로 된 보존제가 없다고 말씀하셨다. 교회에 그 나라의 명운을 거셨다. 사람들이 돌이켜 그리스도께 충성하도록 도울 가장 강력한 방법을 하나 꼽는다면 하나님의 위대한 사랑으로 다른 사람들을 사랑하는 것이다. 우리 시대에 이런 교제의 공동체가 생긴다면, 즉 위선적이지 않고 진심으로 온전하게 서로를 사랑하며 과거의

---

38) Rodney Stark, *The Rise of Christianity*(Princeton University Press, 1996), 1장. (『기독교의 발흥』 좋은 씨앗)

어둠에서 자유로운 공동체가 생긴다면 참으로 중요하고 의미 있는 흥미진진한 사건일 것이다. 진심으로 사랑하는 친구들의 모임, 개인적인 명성을 위해 싸우는 이기적이고 자기중심적인 노력에서 자유롭고 모든 비현실성이 제거된 이런 모임은 말로 형용하기 어려울 정도로 귀중하고 강력한 모임이 될 것이다. 지혜로운 사람은 아무리 멀어도 그들을 만나려고 달려갈 것이다."

　　—엘턴 트루블러드, 『헌신된 자들의 무리』(*The Company of the Committed*, Harper & Row, 1961).

"제대로 기능하기만 한다면 지역 교회처럼 놀랍고 아름다운 것은 없다. 그 아름다움은 말로 다 표현할 수가 없고 그 힘은 놀라워서 숨이 막힐 정도다. 잠재력이 무궁무진하다. 공동체가 함께 애통해하는 자들을 위로해주고 상한 자들을 고쳐준다. 구도자들에게 다리를 놓아주며 혼란에 빠진 자들에게 진리를 알려준다. 어려움에 빠진 자들에게 자원을 제공해주며 잊힌 자들과 짓밟히고 환멸에 빠진 자들을 두 팔 벌려 맞아준다. 중독의 사슬을 끊어주고, 압제당하는 자들을 자유롭게 하며, 이 세상의 소외된 자들에게 소속감을 심어준다. 인간의 고난을 수용할 수 있는 역량이 어느 정도이건 교회는 치유와 온전함을 위한 더 큰 역량을 지니고 있다. 오늘날까지 지역 교회의 잠재력은 내 머리로는 다 파악하기 어렵다. 지상의 어떤 조직도 교회에 견줄 수 없다. 심지어 비교조차 할 수 없다."

　　—빌 하이벨스(Bill Hybels), 『용기 있는 리더십』(*Courageous Leadership*, Zondevan, 2002).

개인적인 시각

나의 신앙 여정을 되돌아보면 중요한 모든 경험이 관계라는 상황에서 이루어졌다는 사실을 발견한다. 다른 사람들과의 관계와 성령과의 관계를 통해 그런 경험을 한 것이다. 나는 다른 사람들과 함께 배웠고 그들을 통해서 배웠다. 하나님의 임재를 가장 친밀하게 경험할 때는 바로 사람들과 함께할 때였다. 하나님은 본성상 관계적이신 분으로 우리는 바로 그런 분의 형상으로 만들어진 존재다.

나의 신앙 여정은 캠브리지에서 대학원생으로 재학 중일 때 시작되었다. 병상에 누워 임종을 앞둔 상황에서도 나와는 비교가 안 될 정도로 풍성한 세계를 영위했던 친구를 통해 믿음을 갖게 되었다. 그 뒤로 나는 교회에 다니기 시작했고 성경 공부 모임에 참석하게 되었다. 교회는 다소 낯설게 느껴졌다. 하나같이 가족적 가치를 중시하고, 멜로디가 없는 노래를 부르며, 설교는 지루할 정도로 길었다. 성경 공부 모임은 흥미로웠지만 또한 동시에 좌절감을 느꼈다. 성경에 대해 더 배우기 시작했지만, 토론은 상상력의 빈곤을 보여주었고 몇 주 전에 나를 만나주셨던 그 하나님은 어디로 가셨는지 보이지 않았으며, 그분이 계시는 하늘조차 보이지 않았다. 처음에 억수처럼 퍼붓는 폭우를 만난 듯이 하나님과 뜨겁게 교감하고 대화했지만, 더 이상 대화가 지속되지 않는 것 같았다. 지적으로 흥미진진하고 짜릿한 나의 연구 세계와 비교할 때 그 모든 일이 지루하고 따분하게 느껴졌다.

1년 후 로저와 나는 코비로 이사했다. 나는 하나님에 대해 배울수록 성령을 더 체험하게 해달라고 기도하기 시작했다. 교회는 몇 가지 문제로 어려움을 겪고 있었다. 교인들 간의 불륜, 불만과 서로 간의 원망으로 어지러웠다. 교인들은 한 사람씩 부정적인 분위기에 휩쓸렸고 교회는 분열되기 시작했다. 우리는 어떻게 할지 확신이 서지 않는 상태에서 작은 기도 모임을 시작했다. 8명의 작은 인원으로 구성된 모임이었다. 어떻게 기도해야 할지 막막했던 우리는 그냥 침묵하며 앉아 있었다. 그리고 하나님은 말씀하시기 시작하셨다. 어떤 사람에게는 구체적으로 말씀을 주셨고 어떤 사람에게는 그림을 보여주셨다. 누구도 그런 일을 경험한 적이 없었다. 하지만 우리는 배우기 시작했고 신뢰하며 따르기 시작했다. 그러자 하룻밤 사이에 불만이 눈 녹듯이 사라지는 역사가 나타났다. 우리 중 누구도 어떤 조처를 하거나 제안하지 않았다. 그다음 5년 동안 우리는 계속해서 모였고, 다른 상황에서라면 나누고자 생각지도 않았을 문제와 필요를 두고 서로를 위해 기도했다. 우리는 "오직 여호와를 앙망하는 자는 새 힘을 얻으리니 독수리가 날개치며 올라감 같을 것이요 달음박질하여도 곤비하지 아니하겠고 걸어가도 피곤하지 아니하리로다"[39]는 말씀을 생각하고 그 모임의 이름을 '독수리'라고 지었다. 실제로 이 말씀대로 이루어졌다. 코비에 도착했을 때 나는 성경에 대해서는 거의 몰랐고 하나님에 대해 전혀 경험이 없던 새 신자였다. 6년 후 우리가 그곳을 떠나갈 무렵 나는 믿음이 관계의 문제이며, 하나님이 원하시는 대로 변화되어가는 것은 바로 그런 관계를 통해서임을 확실히 알게 되었다.

우리는 1990년에 코비를 떠났다. 그 이후로 나는 항상 함께

---

39) 사도행전 40:31.

기도 생활을 하며 기꺼이 서로에게 취약해지고 서로에게 책임을 져주기로 약속한 가운데 사역을 이어가는 사람들과 소모임을 가져왔다. 우리는 레스터로 이사했고, 그곳에서 내게 가장 중요한 모임은 20여 명으로 구성된 여성들의 공동체였다. 한 달에 한 번씩 만나 식사하며 서로를 도울 목적으로 저녁 모임을 했다. 실제로 우리 첫 모임은 내 남편이 도로에서 사고가 나서 집중 치료실로 급히 이송된 후 몇 시간 뒤에 계획대로 진행되었다. 대부분 리더의 역할을 하고 있었기에 우리는 모두 교회 사역에 적극적으로 참여했다. 일부 사람과는 기도 파트너로 더 자주 만났다. 때로 함께 성경을 읽고 때로 함께 기도했다. 하지만 그냥 대화를 나누며 함께 웃거나 읽은 책에 관해 토론했고, 예술 활동으로 우리가 처한 환경이나 관계를 표현할 경우도 자주 있었다. 자녀 문제나 결혼 생활에 관한 이야기를 나누기도 하고, 자신의 삶에 관해 이야기하기도 했다. 서로를 위해 기도해주고 인생을 살면서 겪는 고통을 함께 견뎌내기도 했다. 우리는 모두 함께 울고 웃었고, 그중 한 사람은 먼저 주님 곁으로 갔다. 그렇게 서로를 위하며 우리는 함께했다.

 2003년 마틴 카벤더가 성공회 자선단체의 한 모임에 참석해 달라고 요청했다. 그는 편지로 자신과 세스카와 다른 여러 사람으로 구성된 소모임에 합류할 수 있는지 물었다. 만물이 하나님을 찬양하는 아름다운 세상에서 선교를 통해 교회를 위한 그분의 뜻을 함께 분별하고, 그 모든 일을 통해 우리에게 주신 그분의 소명에 순종하자고 요청했다. 이것이 기능적이거나 필요에 의한 요청이 아님을 분명히 한 그는(비록 이런 두 측면을 포함하고 있기는 하지만) 연약한 여행자 무리를 그들이 사랑하는 이들과 연결해 이전에 한 번도 본 적이 없었던 종류의 선교적 공동체로, 순례하는 사역의 모임으로 가꾸어가도록 헌신하자고 말했다. 나는 이런 것들이 어떤 의미인지 전혀 모른 채 그 요청을 받아들였고, 내 인생은 또다시 변화의 시기를 맞았다. 이제 우리는 서머셋에 살고 있으며 작은 팀으로 움직이고 있지만, 함께 마음을 모아 작은 사역 모임을 이루고 있다. 사역을 위해 서로 정기적으로 만나는 것 외에 식사 교제와 기도를 위해 한 달에 한 번씩 모임을 하고 있다. 우리는 또한 전문적이고 개인적인 문제에 대해 하나님께 도움을 구한다. 함께 예배드리고 서로 필요를 나누며 하나님의 응답을 함께 기다린다. 어디로 가든지 나는 헌신되고 서로를 책임지며 성령으로 충만한 관계들을 통해 성장했고, 우리가 모두 불화하지 않고 평안을 누리며 주님을 사랑하고 섬길 수 있었던 것도 이런 관계를 통해서였다. 우리 모임은 대부분 그렇게 두드러질 정도로 특별하지 않았다. 그러나 전체적으로 보면 나의 신앙생활을 형성해가는 기반이 되어주었다.

5장.

나눔을 위한 질문

1. '제자의 복수형이 교회다'

- 이 말이 우리가 속한 교회를 묘사하는 정확한 표현인가? 로완 윌리엄스의 말대로 우리는 부활하신 그리스도를 만나고 서로의 만남을 통해 그 만남을 유지하며 성숙시켜나가는 사람들의 모임이라고 생각하는가?

2. 제자도와 교회

- "말씀을 가르치는 것이 제자도의 전부가 되어서는 안 된다. 개인적인 헌신과 실제적인 훈련과 경험과 긍정적인 역할 모델이 있어야 한다"(가스파 카산더). 자신이 속한 신앙 공동체를 생각해볼 때 스스로 믿는 바와 그것을 삶으로 실천하는 것의 간극을 잘 조절하며 균형을 이루고 있다고 생각하는가?

3. 공동체로 배우기

- "우리는 제자를 삼고 배우는 공동체에서 일생 배우며 실천하는 자로 살아가라는 예수님의 가르침으로 돌아가야 한다. 이렇게 하려면 목회적 관행의 근본적 변화와 그리스도인 개개인이 일생에 걸쳐 신

양적 학습 훈련에 헌신하고자 하는 자발성에 근본적 변화가 일어나야 한다"(마크 그린). 당신 자신은 이런 경험을 하고 있다고 생각하는가?

4. 놀라운 요소

- "내가 아버지께 구하겠으니 그가 또 다른 보혜사를 너희에게 주사 영원토록 너희와 함께 있게 하리니 그는 진리의 영이라 세상은 능히 그를 받지 못하나니 이는 그를 보지도 못하고 알지도 못함이라 그러나 너희는 그를 아나니 그는 너희와 함께 거하심이요 또 너희 속에 계시겠음이라…성령 그가 너희에게 모든 것을 가르치고 내가 너희에게 말한 모든 것을 생각나게 하리라"(요 14:16-17, 26). 지금까지 경험으로 볼 때 성령이 우리가 속한 신앙 공동체에 함께해주시면 어떤 변화가 일어나리라 생각하는가?

5. 현재의 신앙 공동체

- "우리는 서로와 나누는 것만을 세상과 나눌 수 있다"(짐 월리스). 자신의 상황을 돌이켜볼 때 지금 다른 사람들과 어떤 것을 나누고 있는가? 그런 나눔이 우리 인생에 어떤 영향을 미치는가? 그리고 그것을 다른 사람들이 긍정적으로 받아들이는가?

6장

목적이 있는 공동체

"너희는 택하신 족속이요
왕 같은 제사장들이요 거룩한 나라요
그의 소유가 된 백성이니
이는 너희를 어두운 데서 불러 내어
그의 기이한 빛에 들어가게 하신 이의
아름다운 덕을 선포하게 하려 하심이라."

베드로전서 2:9

아이들이 어렸을 때 우리 가족이 좋아했던 나들이 장소 중 하나는 버밍엄 본빌에 있는 캐드베리 월드 초콜릿 공장이었다. 나들이 장소로 매우 매력적인 곳이었다. 상상할 수 있는 온갖 형태의 초콜릿 샘플들을 잔뜩 구경할 수 있었을 뿐 아니라 초콜릿의 생산과 소비에 관한 역사를 알 수 있는 유익한 정보를 제공해주었다. 한편으로 아즈텍의 원래 향을 가미한 초콜릿 음료를 마실 수 있었고, 또 다른 한편으로는 캐드베리를 세운 조지와 리처드 캐드베리가 처음 품었던 비전을 엿볼 수 있는 기회이기도 했다.

조지 캐드베리(George Cadbury)는 1839년에 태어났다. 1세기 전에 대니얼 디포가 처음 묘사한 새로운 형태의 도시들로 수십만 명의 사람이 몰려들 정도로 거센 산업화의 물결이 휩쓸고 간 후 1세기가 지난 뒤였다. 그들은 새로운 일터와 공장으로 일자리를 찾아왔고, 하수 처리 시설도 없고 깨끗한 물을 구할 수도 없는, 집들이 빽빽이 들어선 곳에서 살았다. 시인 로버트 사우디(Robert Southey)는 이곳을 방문하고 이렇게 소감을 적었다.

"마치 지옥에 있는 것처럼 수많은 소리가 뒤섞여 머리가 지끈거렸고, 지옥에서 타오르는 듯한 뜨거운 불빛으로 눈알이 빠지는 것 같았다. 지옥이 따로 없을 것 같은 곳에 고용된 너무나 많은 인간 군상을 보고 심장이 터질 것 같았다는 말도 추가해야 할지 모르겠다. 귀를 찌르는 소음은 형용할 수 없는 수준이었다. 악취가 코를 찔렀다. 불행의 생생한 공식을 보여주는 것처럼 악취가 공기를 휘젓고 돌아다녔다. 온 대기를 가득 채우고 구석구석까지 침투해 들어가 모든 것에 얼룩을 남기고 코 안과 피부까지 속속들이 파고드는 것 같았다. 굴뚝을 청소하는 것처럼 내 목구멍도 청소가 필요하다는 생각이 저절로 들었다."[1]

1925년 캐드베리에서 펴낸 소책자 표지,
본빌의 캐드베리 공장

헌신적인 그리스도인이자 퀘이커 교도인 조지 캐드베리는 일을 시작한 뒤로 평생 매주 성인을 위한 주일학교에서 교사로 섬겼다. 그와 그의 형제가 아버지에게서 물려받은 코코아 사업은 규모가 날로 커졌고, 그들은 직원들의 생활 실태를 확인한 후 큰

---

[1] 영국을 방문했던 스페인 귀족 돈 마누엘 알바레즈 에스프리엘라의 편지를 번역한 *Letters from England*의 일부. 1807년에 출간. 2013년 Nabu Press에서 재출간: 온라인은 euppublishing.com/doi/abs/10.3366/vic.2012.0056.

충격을 받고 혁명적인 조치를 계획했다. 도시 외곽에 부지를 매입해서 공장을 새로 짓고 또한 영국 최초의 '전원 도시'를 마련하기로 한 것이다. 직원들이 단순히 생활하는 수준이 아니라 여유로운 삶을 누릴 수 있도록 주택과 정원과 탁 트인 공간들을 갖춘 새로운 형태의 마을이었다. 그들은 이곳을 본빌(Bournville)이라고 이름 지었고, 캐드베리의 공장은 '전원 속의 공장'으로 알려지게 되었다. 부지가 늘어나면서 학교, 병원, 스포츠 시설, 독서실, 세탁소가 추가되었다. 직원들은 주일에는 안식일로 쉬는 것이 당연했고 토요일에는 절반을 쉴 수 있었다. 일종의 연금도 제공되었다. 교회를 세우고 아침 기도회와 매일 성경 읽기 프로그램을 진행했다. 술은 판매를 금지했다. 그리고 이 주류 판매 금지는 오늘날까지 주민 투표로 유지되고 있다.[2]

다른 기독교 기업인들도 유사한 프로젝트를 진행했다.[3] 그들

---

[2] 조지 캐드베리는 노년 연금과 노동 조건을 위한 캠페인을 전국적으로 벌이며 적극적으로 활동했다. 또한 매년 도시의 소외된 지역 어린이 25,000명을 위해 여름 캠프를 운영했다. 더 자세한 내용은 cadbury.co.uk, birmingham.gov.uk and bournvillevillagecouncil.org.uk를 참고하라.

[3] 또 다른 퀘이커 교도인 윌리엄 클락(William Clark)은 서머셋 스트리트에 공장 마을을 건설했다. 지금도 실외 수영장이 정기적으로 운영되고 있다. 1888년 회중파 교회 신자인 윌리엄 레버(William Lever)는 비누 공장 노동자들을 위해 포트 선라이트 정원 마을을 지었다. 직물 공장 공장주이자 1853년에 브래포드 시에서 가장 큰 고용주인 티투스 솔트(Titus Salt)는 사람들이 '건강하고 경건하며 고귀한 삶을 영위할 수 있는 환경을 조성하고자 솔테어 시범 마을을 세웠다. 1859년 성공회 신자인 에드워드 아크로이드(Edward Akroyd)는 할리팩스 직물 공장 노동자들을 위해 시범 주택 단지를 조성했다. 조지 캐드베리처럼 학교를 세우고, 연금을 공급하고, 직원들을 위한 교회를 짓고, 노동자들이 저축하도록 장려하고자 소액 저축 은행을 설립하게 도왔다. 그와 캐드베리는 전국적으로 활발하게 활동했다. 캐드베리는 사회개혁을 위한 캠페인을 벌였고, 아크로이드는 허더즈필드와 브래드포드를 위해 적극적으로 활동했다.

은 신앙에서 영감을 얻고 교회의 지원을 받아 예수님의 제자가 되다는 것이 무슨 의미인지 근본적으로 이해하게 되었다. 자신이 변화되어야 할 뿐 아니라 자신이 몸담고 살며 일하는 곳의 주변 사람들도 변화를 체감하도록 해야 하는 것이었다. 그래야 그들 역시 하나님나라에 끌림을 받을 수 있었기 때문이다. 예수님은 "너희는 너희가 속한 공동체에서 소금과 빛이다. 이같이 너희 빛이 사람 앞에 비치게 하여 그들로 너희 착한 행실을 보고 하늘에 계신 너희 아버지께 영광을 돌리게 하라"고 말씀하셨다.[4] 존 웨슬리는 이것을 잘 알았다. 그는 제자도의 성장은 단순히 자기 자신에게 관심을 쏟는 것으로 이루어지지 않고 다른 사람들을 위한 적극적인 사역에 동참할 때 이루어진다는 개념을 회복한 최초의 근대인이었다. 진정한 제자도는 항상 외부를 향해야 한다.[5]

제자도는 일종의 도제 훈련이며 공동체적으로 수행해야 한다는 사실을 살펴보았다. 이제 여기서 한 걸음 더 나아가 이것이 단순히 사람들이 공동체에서 더 잘 배우기 때문이 아니라 개인이 아닌 공동체 자체를 훈련하고 구비하도록 하는 데 목표가 있기 때문이라는 사실을 이해해야 한다. 공동체는 존재 목적이 있다. 제자의 복수형이 교회다. 그리고 이것은 이야기의 끝이 아니라 시작이다. 교회는 그냥 존재하는 것이 아니다. 존재하는 목적이

---

4) 마태복음 5:13-16(NRSV).
5) 웨슬리는 프랑스 천주교 신자인 몽르 드 랑테(Monr de Renty)의 영향을 받았다. 그 역시 사람들을 섬김으로써 개인적으로 성장하는 것을 강조했다. 당시 대부분의 성공회 모임은 자신을 세밀히 살핌으로 개인적으로 성장하는 데 집중했다. M. H. Henderson, *A Model for Making Disciples*(Warner Press, 1997), 50쪽을 참고하라.

있다. 우리는 부르심을 받고 훈련받으며 파송된다. 목적은 제자도에서 없어서는 안 되는 부분이다. 교회는 교회 자체를 위해 존재하지 않는다.[6] 그것보다 더 큰 목적을 위해 존재한다.

거룩한 제사장

수 세기에 걸친 교육으로 우리는 개념적으로 사고하는 경향을 보이게 되었다. 제자도에 관한 책들을 보면 장마다 추상적인 사고와 신학적 개념들과 좋은 의도의 권면들로 가득하다. 여전히 실제적인 경험을 중심으로 생활을 이어가는 아프리카에서 나는 아프리카 사람들이 예의상 추상적 개념들을 받아들이지만, 실제적인 예화와 구체적 사례와 평이한 언어로 명확한 설명이 있어야 열정적인 반응을 보인다는 것을 알게 되었다. 이런 반응이 놀랍지는 않을 것이다. 우리가 사용하는 모든 개념적인 용어와 추상적인 단어들은 궁극적으로 구체적인 하나의 기원을 가지기 때문이다. 우리는 우리 눈으로 확인할 수 있는 것과 관련지어 개념들을 이해한다. 눈에 보이지 않는 것들, 바울이 로마인들에게 지적했듯이 심지어 하나님도 만들어진 피조물을 통해 이해하게 된다.[7] 그래서 베드로는 우리가 제자로 부름받고 특정한 목적을 지

---

6) Graham Cray, 〈새로운 표현 운동〉(*Fresh Expressions*), 2013년 9월호, freshexpressions.org.uk/news/main-thing.

7) 로마서 1:20. 개념 어휘의 구체적 기원에 대해서는 스티븐 핑커(Steven Pinker)의 *The Stuff of Thought*(Allen Lane, 2007)을 참고하라. 추상적 개념들은 감각계에서 시작된 메타포를 이용해 표현된다. 가령, '독립'은 '매달려 있지

닌 공동체로 지어져 감을 설명할 때 추상적인 용어로 그 개념들을 소개하지 않았다. 메타포를 사용해서 구체적이고 눈에 보이는 것, 그의 독자들이 공통으로 경험한 것과 이미 관련이 있는 어떤 것을 이용해서 설명했다. 다시 말해 성전을 이용해 이야기했다. 그는 소아시아의 신생 기독교 공동체들에 편지를 쓰면서 이렇게 말했다. "너희는 성전에 대해서는 잘 알고 있다. 그런데 교회는 성전과 비슷하다. 다만 차이점이 있다면 건축학적으로 접근하는 대신 유기적 조직으로서 교회를 생각해야 한다는 것이다." 교회는 성전이지만 석조로 만들어진 것이 아니라 살아 있어 호흡하며 모두 예수님과 연결된 사람들로 이루어져 있다.

> **"사람에게는 버린 바가 되었으나 하나님께는 택하심을 입은 보배로운 산 돌이신 예수께 나아가 너희도 산 돌 같이 신령한 집으로 세워지고 예수 그리스도로 말미암아 하나님이 기쁘게 받으실 신령한 제사를 드릴 거룩한 제사장이 될지니라"**(벧전 2:4-5).

전체 건물을 지탱하는 성전의 모퉁잇돌은 예수님을 가리킨다. 성전을 짓는 데 사용된 돌들은 성도를 말한다. 성도는 예수님을 통해 살게 되었으므로 산 돌이다. 그들은 물리적인 집이 아니라 신령한 영적 집으로 함께 지어져 가고 있다. 여기까지는 이해하

않음'이란 뜻이고, '정거장'은 '서 있는 곳'이란 뜻이며, '존경하다'는 '뒤돌아보다'는 뜻이다. 한때는 의미가 생생했던 이 단어들은 점차 실체가 희미한 개념들이 된다. 그리고 종종 그 영향력을 상실한다.

는 데 아무 어려움이 없다. 제자의 복수형이 교회인 것이다. 그러나 베드로는 여기서 한 걸음 더 나아간다. "성전은 목적이 있다. 성전은 제사장들이 예배를 집전하고 희생 제사를 드리는 곳이다. 교회 역시 목적이 있다"라고 말한다.

> **"너희는 택하신 족속이요 왕 같은 제사장들이요 거룩한 나라요 그의 소유가 된 백성이니 이는 너희를 어두운 데서 불러 내어 그의 기이한 빛에 들어가게 하신 이의 아름다운 덕을 선포하게 하려 하심이라"**(벧전 2:9).

예수님의 제자로서 우리는 성령으로 충만하며 새롭고 살아 있는 공동체로 지어져 가고 있다. 그러나 이 공동체는 우리 자신의 유익이 아니라 다른 사람들의 유익을 위해 존재한다. 우리는 단순히 새로운 신령한 집의 인간 구성원이 아니라 거룩한 제사장으로서 짐승을 드리는 제사가 아닌 영적인 제사를 드리도록 부름 받았다. 우리에게는 할 일이 있다. 유급 사역자만이 아니라 우리 모두에게 할 일이 있다. 우리는 예수님이 하신 일을 사람들에게 전해야 한다. 조지 캐드베리가 노력했던 대로 우리 역시 어둠 속에 빛을 비추어야 한다.[8] 이것도 당연하게 보인다. 우리는 누구나 쉴 수 있고 관계를 누릴 수 있는 집이 있다. 그러나 매일 집을 떠

---

8) 이 메타포가 더 효과적인 이유는 최소한 두 가지 차원에서 사용되기 때문이다. 베드로는 성경(사 28:16, 시 118:22, 사 8:14-15)을 인용하고 있을 뿐 아니라 자신이 하나님의 성전이라는 예수님의 가르침을 상기시키고 있다. 베드로는 이렇게 해서 옛 종교가 완성되고 새 종교로 대체되었음을 암시한다(가령, 막 14:58, 요 2:19-21). 바울도 유사한 메타포를 사용한다(가령, 엡 2:19-22).

나 세상으로 나가 우리 몫의 역할을 하지 않으면 집에 갇혀 두문불출한다는 말을 들을 것이다. 집과 같이 교회도 나가야 하는 곳이다. 지난 장에서 소개한 세 소그룹의 공통된 비결이 이것이었다. 우리는 각기 서로에 대한 헌신과 하나님에 대한 헌신 그리고 세상에서 그분을 섬기겠다는 결단으로 하나가 되었다. 이 중 어느 모임도 그 자체가 존재 목적은 아니었다.

우리는 공동체에서 진행하는 도제 훈련의 형식으로 제자도를 규정하는 것으로 출발했다. 그러나 여기서 끝이 아니다. 모든 온전한 신앙 공동체는 또한 그 자체를 넘어서는 존재 목적이 있다. 마이클 윌킨스는 성경적 제자도에 대한 자신의 고전적 연구를 마무리하면서 예수님의 제자가 된다는 것은 실제로 단 두 가지로 정리할 수 있다고 강조했다. "한편으로 제자도는 사도적 가르침으로 틀을 잡아가고, 살아계신 하나님과의 경험으로 힘을 공급받으며, 제자들의 공동체에 참여할 것을 요구한다. 또 다른 한편으로 제자도는 가야 하는 길과 더불어 성취해야 할 사명을 수반한다."[9] 우리는 신령한 집으로 지어져 가며 거룩한 제사장으로 섬기도록 부름받은 산 돌이다.

거식증에 걸린 교회?

"교회는 교회를 위해 존재하지 않는다. 세상을 위해 존재한

---

9) Michael J. Wilkins, *Following the Master-A Biblical Theology of Discipleship*(Zondervan, 1992), 342쪽. (『제자도 신학』 국제제자훈련원)

다. 불행하게도 많은 현대 교회는 현실 문제와의 이런 괴리를 해결할 수 없어서 스스로 현실에 대해 완전히 무관심한 방향으로 후퇴하든지, 아니면 다른 두 가지 유형의 '거대 화두'를 모방해 자신을 재설정하는 식으로 반응한다. 첫째는 교회 구성원들의 필요를 채워주는 교회를 만드는 것이다. 너무나 많은 사람이 너무나 심각한 영적 필요를 지니고 있기 때문에 이런 접근 방식은 많은 장점이 있다. 그러나 이런 접근이 종종 건강하지 못한 결과를 낳는 경우가 있다. 필요는 욕구로 변하며 유해한 자기 중심성으로 쉽게 발전할 수 있다. 스스로 빛을 내기를 거부하고 블랙홀로 빠져들어 소멸하는 별처럼 '필요를 채우는 데 집중하는 교회'는 자신도 모르게 오직 그 자체의 생존에만 급급할 수 있다.

많은 현대 교회가 맹목적으로 추구하는 두 번째 '거대 화두'는 성공이다. 자본의 지배를 받는 문화와의 일체감을 추구하는 '성공' 만능주의적 사고방식은 단순하다. 클수록 좋은 것이다. 크기가 중요하다. 성장이 중요하다.

항상 더 많은 것이 필요하다. 더 많은 사람, 더 많은 시설, 더 많은 인력, 더 많은 돈이 필요하다. 온건한 형태의 기독교적 다윈주의다. 적자가 생존하는 혹은 교인 수가 가장 많은 교회가 살아남는다는 것이다.

이런 유형의 거대 화두를 추구하는 교회들은 외부와 이어주는 교량이 사라진 섬이 된다. 그들이 뿌리내리고 살고 있는 공동체에 해줄 말도 없고 말을 할 수단도 없다. 동원할 방법은 기껏해야 공동체와 연결이 끊어진 채 바람 빠진 풍선처럼 공허한 말을 시작하는 것이다. '이번 주일날 오세요.' '예수님은 당신을 사랑하십니다.' '선교의 날 행사에 오세요.' 교회 밖에 있는 사람들에게 이런 말은 겨울철의 낙엽처럼 공중으로 흩어져 사라질 뿐이다."

―로버트 루이스(Robert Lewis), 『불가항력의 영향력을 가진 교회』(The Church of Irresistable Influence, Zondervan, 2001), 3장에서 발췌.

예언자적 공동체

문제는 이것이 실제로 어떤 의미이냐는 것이다. 예수님은 그분 자신의 목적, 즉 사람들에게 위임하시려고 하는 목적에 대해 종종 말씀하셨다. 사역을 시작하시며 나사렛 회당에서 "나는 가난한 자에게 복음을 전하고 포로 된 자에게 자유를, 눈먼 자에게 다시 보게 함을, 억압당한 자를 자유롭게 하고 하나님나라의 도래를 선언하도록 보냄을 받았다"라고 말씀하셨다. 이로부터 일주일 후에 우리는 이것이 실제로 무슨 의미인지 처음으로 확인하게 된다. 예수님은 이때 가버나움에서 약 65킬로미터 떨어진 곳에 계셨다. 이곳에서 사람들을 가르치시고, 병든 자를 낫게 하시며, 억눌린 자들을 건져주시면서 하루를 보내셨다. 그다음 날 아침에는 이렇게 해서 하나님나라의 복된 소식을 선포하셨다고 알리셨다.[10] 예수님은 복된 소식이란 말뿐 아니라 행동으로 선포되어야 하는 것임을 보여주셨다. 그것은 단순히 개념들의 집합인 명제적 진술이 아니라 새로운 세계로 향하는 출입구였다. 변화된 세상이 기다리는 신세계로 들어가는 입구였다. 예수님은 처음

---

10) 누가복음 4:16-21, 31-44.

으로 짝을 지어 제자들을 파송하시며 이렇게 덧붙이셨다. "너희도 이 모든 일, 곧 복음을 선포하고 병든 자를 고치며 귀신을 쫓아내는 이 모든 일을 하기를 원한다. 아버지께서 나를 보내신 것처럼 나도 너희를 보낸다." 실제로 "이보다 더 큰일도 하기를 바란다. 사람들에게 외면당하고 멸시당하며 손가락질받는 이들과 내가 어떻게 교류하는지 보았으니 너희도 이같이 하기를 바란다. 굶주린 자들을 배불리 먹이고 헐벗고 가난한 자들에게 옷을 입혀주며 병든 자들을 돌아보고 감옥에 갇힌 자들에게 찾아갈 때 하나님나라가 가시적으로 드러날 수 있다." 그러고 나서 마지막으로 그들을 떠날 준비를 하시면서 이렇게 말씀하셨다. "이제 너희에게 이런 일을 위임할 뿐 아니라 다른 사람들도 이같이 하도록 훈련하는 일을 너희에게 맡기려고 한다. 너희는 가서 제자를 삼아라." 바울이 나중에 디모데에게 지시하듯이 제자들 역시 같은 일을 하도록 다른 사람들을 제자로 삼아야 했다. 마지막으로 예수님은 한 가지 약속을 주셨다. "내가 세상 끝날까지 너희와 항상 함께 있을 것이다."[11]

여기서 제기되는 어려움은 사명이 불확실하다는 것이 아니라 서로 다른 너무나 많은 영역을 다루는 것처럼 보인다는 것이다. 실제로 복음서 저자들은 제자도와 관련해 서로 이해가 달랐거나 최소한 우선순위가 달랐던 것으로 보인다. 요한은 관계를 강조하고, 누가는 사역을 강조했지만, 마태는 사회를 강조했다.[12] 그들

---

11) 마태복음 10:7-8; 요한복음 20:21; 마태복음 25:34-40; 디모데후서 2:2; 마태복음 28:19-20. 착한 일을 함으로 공동체에서 빛과 소금이 되라는 내용에 대해서는 마태복음 5:13-16을 참고하라.
12) 로저 월턴(Roger Walton)은 이렇게 지적한다: "누가복음만 알고 있다면

이 촉구한 대로 모두 이행하는 것이 가능한가? 이 모든 것을 할 마음이 있는가? 요약하자면 정확한 지시사항이 무엇이냐는 것이다. 이것을 분명하게 이해하지 못한다면 결국 아무것도 하지 않게 되거나, 잘못된 것을 하거나, 아니면 심지어 잘못된 이유로 옳은 일을 하게 될 것이다. 우리는 이 일을 할 수도 있고 저 일을 할 수도 있다. 하지만 우리가 무엇을 해야 하는지에 대해 세세한 일에 집중하다 보면 정작 그 일을 하도록 요청받은 이유가 무엇인지 쉽게 망각할 수 있다. 그렇게 해서 전체 핵심을 놓칠 위험에 처한다.

복음서에 나타난 제자도:

강조의 초점이 각기 다른 마태와 누가와 요한

마태

- "또 누구든지 제자의 이름으로 이 작은 자 중 하나에게 냉수 한 그릇이라도 주는 자는 내가 진실로 너희에게 이르노니 그 사람이 결단코 상을 잃지 아니하리라 하시니라"(10:42).

예수님을 따른다는 것이 선교와 봉사만을 의미한다고 생각할 것이다…요한복음만 알고 있다면 제자도는 그리스도와 개인적 관계에 달려 있고, 그분을 알고 믿으며 그 안에 거하는 것이라고 생각할 것이다. 제자도에 대해 이런 대조되는 시각들이 존재하는 이유는 다양하지만, 핵심 요인은 의도한 청중이 처한 상황에 있다. The Reflective Disciple(SCM Press, 2012), 13-14쪽.

- "바리새인들은 그들의 제자들을 예수님께 보내며 이렇게 말했다. 당신은 사람을 외모로 보지 아니하심이니이다"(22:16, NRSV).
- "내가 주릴 때에 너희가 먹을 것을 주었고 목마를 때에 마시게 하였고 나그네 되었을 때에 영접하였고 헐벗었을 때에 옷을 입혔고 병들었을 때에 돌보았고 옥에 갇혔을 때에 와서 보았느니라"(25:35-36).

누가

- "예수께서 열두 제자를 불러 모으사 모든 귀신을 제어하며 병을 고치는 능력과 권위를 주시고 하나님의 나라를 전파하며 앓는 자를 고치게 하려고 내보내시며"(9:1-2).
- "그 후에 주께서 따로 칠십 인을 세우사 친히 가시려는 각 동네와 각 지역으로 둘씩 앞서 보내시며 이르시되 추수할 것은 많되 일꾼이 적으니"(10:1-2).
- "제자의 온 무리가 자기들이 본 바 모든 능한 일로 인하여 기뻐하며 큰 소리로 하나님을 찬양하여"(19:37).

요한

- "그러므로 예수께서 자기를 믿은 유대인들에게 이르시되 너희가 내 말에 거하면 참으로 내 제자가 되고"(8:31).
- "너희가 서로 사랑하면 이로써 모든 사람이 너희가 내 제자인 줄 알리라"(13:35).
- "예수께서 자기의 어머니와 사랑하시는 제자가 곁에 서 있는 것을 보시고 자기 어머니께 말씀하시되 여자여 보소서

> 아들이니이다 하시고 또 그 제자에게 이르시되 보라 네 어머니라 하신대"(19:26-27).

많은 교회는 정기적으로 모여 하나님을 예배하고 서로에게 관용을 베풀며 우정을 나누는 것 외에, 자신들이 존재하는 이유가 무엇인지 전혀 모른다. 서로 사랑하라는 요한의 명령을 떠올리며 "우리 비전은 환대하는 것이다"라고 선언하기도 한다. 자신들이 무엇을 해야 하는지 훨씬 더 분명하게 알고 있는 이들도 있지만, 그들조차 나무를 보는 데 급급해서 숲을 보지 못한다. 빅토리아 시대 개혁가들의 전통을 계속 이어가며 마태복음 25장에 나오는 예수님의 경고에 부응하여 가난한 자들을 구제하고 몸담고 있는 곳을 살기에 더 나은 곳으로 만들고자 노력하는 이들의 수는 꾸준히 늘어나고 있다. 그러나 이런 노력을 하는 이유는 이것을 예언자적 행동으로 보거나 여기 이 땅에서 교회로 예표하고 있는 영적 왕국으로 가는 길이라고 생각해서라기보다 이것이 일반적인 세속적 가치로 자리 잡았기 때문일 경우가 종종 있다. 사회적 실천이 그 자체로 목적이 되기가 너무나 쉽다. 이런 요청, 즉 하나님나라의 복음은 잃어버린 단어 중 하나가 되었다.[13]

---

13) 앤 모리시(Ann Morisy)는 교회 공동체와 분리되어 선교보다는 욕구 충족을 강조하는 사회적 의제에 일방적으로 좌우되는 프로젝트들을 경고한다. 그 이유는 이런 프로젝트들이 단순히 중요한 핵심을 놓쳐서가 아니라 우열의 관계들을 조성함으로 소위 '시혜자들'이 '수혜자들'과의 접촉으로 믿음과 제자도에서 성장하는 것을 방해하기 때문이다. *Journeying Out-A New Approach to Christian Mission*(Continuum, 2006)을 참고하라.

어떤 교회들은 구원의 복음을 전해야 하는 의심할 수 없는 필요에 초점을 맞춘다. 그들은 복음을 선포하며 사람들이 인격적으로 반응하고 성경 공부 모임에 참여하도록 초청한다. 물론 이것은 좋은 일이다. 그러나 복음이 본질적으로 일차원적인 수준에서 벗어나지 못하는 위험을 안고 있다. 새 신자들은 교회 문턱을 넘어서서 교회 안으로 들어오지만, 겨우 저녁 성경 공부반에 있는 자신들을 볼 뿐이다. 어느 해 참석했던 자정의 크리스마스 예배를 지금도 기억하고 있다. 이날 목사님은 성육신의 메시지를 성경 공부에 한 번 더 참여하라는 권유로 축소해서 전했다. 물론 그 설교자의 설교가 틀렸다고 할 수는 없었다. 하지만 나는 우주의 시작과 끝을 인간 역사의 이 놀라운 한순간으로 포착한 것 이상의 뭔가를 고대하고 있었다. "성경 공부에 더 열심히 참석하는 것"은 내가 잠을 미루면서까지 듣고 싶었던 메시지는 정말 아니었다.[14)]

어떤 이들에게 하나님나라의 열쇠는 성례전이다. 그들이 생각하는 교회의 존재 목적은 지체들에게 일생에 걸친 성례전적 여정을 제공하는 것이다. 성직자의 서품에 대한 현대적 개념 때문에

---

14) 로저 월턴은 제자도에 관한 20세기 작가들[가령 Leslie Weatherhead, *Discipleship*(SCM Press, 1934); David Watson, *Discipleship*(Hodder & Stoughton, 1981)]이 기도와 연구와 교제와 기독교적 덕성의 함양을 강조했음을 지적하고, 이것이 분명히 유익하지만 더 이상 충분하지 않다고 주장한다. "기독교 제자도에 대한 구체적인 패턴을 그리고자 하는 모든 시도는 그 시대에 적합할 경우에만 효과적일 것이다. 그러나 그 결과 다음 세대에는 유효하지 않을 것이다." *The Reflective Disciple*(SCM Press, 2012), 113쪽. 문화적 상황의 변화로 제자도에 대한 새로운 요구가 대두된다. 월턴은 영향력 있는 새로운 요인들로 포스트 민족주의, 포스트 모더니티, 포스트 크리스텐덤이라는 새로운 경향을 지적한다.

이들은 여전히 이 혜택을 다른 이들에게 전달할 수 없다.[15] "그게 효과가 있어요?" 통계학자인 밥 잭슨(Bob Jackson)은 교회의 중대한 복음 전도의 도구를 정기적인 성례전의 시행이라고 주장하는 한 목사에게 물었다. 이런 반문에 그는 아무 답변도 하지 못했다. 성례전이 매우 소중하기는 하지만, 최소한 그가 다니는 지역 교회의 경우 성례전을 통해 사람들이 그리스도를 믿도록 인도하는 효과는 거의 없었다.

또 다른 이들에게 가장 중요한 명령은 치유와 구원의 사역으로, 누가는 예수님이 이런 치유와 구원 사역을 출발점으로 삼으신 경우가 너무나 많았다고 말한다. 그러나 이것은 수단이지 목적이 아니라는 것을 늘 기억하고 경계하지 않으면 처음에 시작했을 때보다 결국 더 많은 문제를 일으키게 된다. 모든 사람이 육신의 치유를 받을 수 있다는 확신이 강해질수록 사람들이 병 고침을 받지 못할 경우 문제가 더욱 복잡해진다. 한 여성은 바로 어제 나에게 이런 글을 써보냈다. "하나님은 저의 기도를 들어주지 않으셨어요. 남편이 암으로 죽어가고 있는데 병 고침을 받지 못했어요. 남편을 위해 기도해주시겠어요?" 예수님은 병 고침을 하나님나라의 징조이자 구원이라는 큰 그림의 일부라고 말씀하셨

---

15) 서품의 대상과 관련한 어려움의 많은 부분과 서품받은 사역자의 역할은 12세기에 있었던 서품의 재정의와 관련이 있다. 이것은 당시 점점 위력을 발휘하는 세속 권력에 맞서 교회가 분명한 목소리를 내고자 했던 시도의 일환이었다. 특히 성만찬 의식은 서품을 받은 사제들만 시행하도록 규정을 다시 마련했다. 12세기 전에는 교회나 사회의 특정한 직책에 임명받는 것을 아우르며 훨씬 더 폭넓게 서품이라는 용어를 받아들였다(남녀 모두 해당). 여왕으로 서품을 받을 수 있고 심지어 문지기로 서품을 받는다고 생각했다! Gary Macy, *The Hidden History of Women's Ordination*(OUP, 2008)을 참고하라. 요약 내용은 alisonmorgan.co.uk를 참고하라.

다. 새롭고 완전히 다른 세상, 더는 사망도 없고 애통함이나 눈물이나 고통이 없는 세상의 예언자적 증표로 주어진 강력한 징조라고 말씀하셨다. 육신의 건강은 항상 일시적이다. 우리의 궁극적 치유는 오직 죽음 이후에야 얻어진다.

위에서 언급한 모든 방식, 즉 환대, 사회적 실천, 개인적 복음 전도, 성례전의 시행, 치유와 구원을 위한 기도는 교회 사역의 일부다. 어느 방식이든 실행하지 않을 때보다 실행할 때 훨씬 더 유익을 얻을 수 있다. 결론은 예수님이 이 모든 것을 명령하시고 실행하셨지만, 그 자체가 중요한 것은 아니라는 사실을 기억하는 것이다. 이 모든 것은 하나님나라라는 새롭고 구속함을 받은 세상으로 향하는 문이었다. 예수님은 온갖 비유와 이야기를 통해 청중을 이 세상으로 초청하셨다. 이 세상은 팔복의 믿기 어려울 정도로 간략한 설명으로 그들 앞에 소개된 세상이며, 선지자들이 스치듯 보고 요한계시록의 마지막 장들이 그리고 있는 세상이다. 세례 요한은 "오실 그이가 당신이오니이까 우리가 다른 이를 기다리오리이까"라고 예수님께 물었다. 예수님은 이렇게 대답하셨다. "너희가 가서 듣고 보는 것을 요한에게 알리되 맹인이 보며 못 걷는 사람이 걸으며 나병환자가 깨끗함을 받으며 귀먹은 사람이 들으며 죽은 자가 살아나며 가난한 자에게 복음이 전파된다 하라."[16] 예수님은 행하시고 말씀하시는 모든 것으로 영원한 실재를 보게 하셨다. 그리고 그분의 제자들을 훈련하시고 그들이 같은 일을 하도록 위임하셨다. "아버지가 나를 보내신 것 같이 나도 너희를 보낸다. 가라. 어디든지 가라. 지체하지 말고 가라. 문을

---

16) 누가복음 7:19-22.

열고 그들을 안으로 들어오게 초청하라. 그들을 가르치고 훈련하라. 그런 다음 그들을 보내라. 작은 씨앗이 큰 나무로, 많은 새가 와서 깃들 수 있을 정도로 큰 나무로 자라듯이 그 일은 점점 더 확대되고 커질 것이다."[17] 늘 전체 그림을 염두에 두라. 그러면 모든 일이 다 제자리를 찾을 것이다.

예수님처럼 우리에게도 존재 목적이 있다. 우리는 이런 일들이 이정표이지 목적지가 아니며, 목적이 아니라 수단이라는 사실을 늘 기억하면서 이 모든 노력을 기울여야 한다. 우리의 목적은 우리가 처한 상황에서 하나님나라의 복음을 선포하는 것으로, 우리가 하는 모든 일이 예언자적 기능을 한다는 사실을, 다시 말해 일 그 자체보다 더 큰 무엇인가에 대해 말한다는 것을 항상 되새겨야 한다. 예수님의 제자로서 우리가 할 일이 이것이다. 다시 말해 교회가 할 일이다. 교회 공동체는 단순히 풍랑이 이는 거친 세상에서 우리가 가라앉지 않도록 하는 데서 만족하지 않고 사람들을 다른 세상으로 향하는 길로 인도하는 역할을 해야 한다. 이런 교회 공동체는 하나님나라의 살아 있는 광고판과 같다. 세상과 다른 방식으로 일을 처리하는 곳이다. 교회는 그레이엄 크레이의 표현을 빌리자면 "미리 보는 미래"의 공동체이며, "새 하늘과 새 땅을 이 세상에서 불완전하게나마 맛보도록 사람들을 돌보며 모델이 되어주는 공동체"다.[18]

이것은 너무나 급진적인 개념이라서 마이클 프로스트는 이

---

17) 마태복음 13:31-32(NRSV).
18) Graham Cray, "Remembering the main thing", Fresh Expressions Bulletin(September, 2013); and *Who's Shaping You?- 21st Century Disciples*(Cell UK, 2011), 24쪽.

것을 가리키는 용어를 따로 만들었다. 목적을 지닌 '코뮤니타스'(communitas) 혹은 공동체라는 표현이다. 기독교 공동체는 기독교적 선교라는 더 큰 대의의 산물이라고 그는 주장한다. 교회는 행동하는 공동체이며 자신을 초월하는 사명을 지닌 공동체이자 위험을 무릅쓰는 공동체다. 어떤 공동체이든 지속되기 위해서는 표방하는 목적이 있어야 한다. 교회는 예수 그리스도의 복음을 나누는 곳이다. 우리가 이 일을 배제하고 소홀히 한다면 결국 사이비 공동체, 혹은 일종의 지지 집단 정도로 머물게 될 것이다. 내향적으로 자기에게 몰두하며 일상의 삶과 괴리되고 무기력하며, 솔직히 말해 지루한 모임이 되고 말 것이다.[19] 사람들이 교회를 떠나는 이유가 바로 이런 점들 때문일 것이다.

> **우리는 교회의 존재 목적이 선교라는 것을, 그리스도의 복음을 전하고 굶주린 자를 먹이며 헐벗은 자를 입히고 옥에 갇힌 자들을 찾아가며 정의를 위해 노력하는 것임을 내내 알고 있었다. 바로 이 목표를 위해 섬김으로 우리는 동지**

---

[19] Michael Frost, *Exiles-Living Missionally in a Post-Christian Culture*(Hendrikson, 2006), 5장. Alan Hirsch, *The Forgotten Ways*(Brazos Press, 2006), 25쪽도 참고하라, (『잊혀진 교회의 길』 아르카). 교회의 본질과 존재 목적에 대한 더 자세한 논의는 앨리슨 모건의 *The Word on the Wind*(Monarch, 2011), 13장을 참고하라. 나는 이 책에서 교회는 예수를 중심으로 하는 공동체이자 하나 된 공동체, 선교적 공동체, 성령으로 형성되고 빚어져 가는 공동체라고 주장했다. 내향적인 교회의 위험성에 대해서는 로저 월턴의 *The Reflective Disciple*(SCM Press, 2012), 4장 "The rhythm of discipleship"에서 도움이 될 논증을 제공하고 있다.

사역자들과 코뮤니타스를 이루게 될 것이다.-마이클 프로스트[20]

늘 이유를 생각하라

말과 행동으로 복음을 선포하고 각자 처한 특정한 상황에서 예언자적이고 제사장적 공동체의 일원으로 살아가는 훈련을 받아왔다면 각각의 장소에서 이것이 실제로 의미하는 바가 무엇인지 알아볼 필요가 있다. 마을에 아이들이 한 명도 살고 있지 않은데 좌충우돌 체험형 교회를 여는 것은 아무 소용이 없다. 물질적인 어려움을 겪는 사람이 공동체에 한 명도 없을 경우, 진지한 한 교인이 부유한 옥스퍼드 교구에서 푸드 뱅크를 시작하는 것은 무의미한 행동일 것이다. 평균 연령이 62세이고 모두가 일찍 잠자리에 드는 시드머스에서 거리의 사역자는 예언자적 사역을 한다고 인정받기 어려울 것이다. 바쁜 상업 지구에서나 좋아할 길거리 치유사역은 외딴 시골 공동체에서는 별다른 효과가 없을 것이다. 멋진 혁신적인 제안들이 세상에는 적지 않다. 그러나 알렉스 피스(Alex Pease)는 물질적으로 부유하지만, 관계적으로 가난한 이첸 밸리에서 핵심적인 중요한 질문을 던지고 있다. 이런 공동체에서는 어떤 문제로 고통스러워하는가? 이런 특정한 필요를 지닌 이런 특별한 사람들이 사는 이런 특정한 곳에서 교회의 존재 목적은 무엇인가? 이런 곳에서 예언자적으로 산다는 것은 무

---

20) *Exiles*(Hendriskon, 2006), 126쪽. (『위험한 교회』SFC)

엇을 의미하는가? 어떻게 해야 이 사람들의 관심을 이끌어낼 수 있는가? 우리가 함께 살고 있는 사람들에게 하나님나라의 가능성을 열어줄 문은 어디인가? 복음서 기자마다 강조한 내용이 달랐던 이유가 바로 이 때문일 것이다. 그들은 모두 각기 상황이 다른 공동체를 염두에 두고 복음서를 쓰고 있었다.

최근에 영국에서 가장 성공한 계획 중 하나는 2004년에 발간된 영국 교회 보고서 〈선교형 교회〉(Mission-Shaped Church)를 통해 시작된 '새로운 표현 운동'(Fresh Expressions)이다. 교회의 '새로운 표현 운동'은 각기 의도적으로 외부에 초점을 맞춘다. 그것은 "변화하는 문화에 맞는 교회의 한 형태로 특히 아직 어떤 교회에도 속해 있지 않은 사람들이 혜택을 입도록 기획되었다." 다시 말해서 새로운 표현은 단순히 기존 교인들을 위한 교회의 새로운 존재 방식이 아니라 의도성을 지닌 선교 운동이자 외부 지향적인 운동이다. 웹 사이트에서는 교회의 '새로운 표현 운동'에 대해 "경청, 봉사, 성육신적 선교, 제자 삼기의 원리들을 통해 이 운동을 실천할 것이고, 문화적 상황에 맞게 복음과 교회의 영원한 표식으로 만들어지는 교회의 성숙한 표현이 될 수 있을 것이다"라고 설명한다.[21] '교회의 새로운 표현'은 본질적으로 목적이 있는 공동체로서, 교회적 배경이 전혀 없는 이들에게 그들의 삶의 경험과 연결되는 방식으로 다가가 그들을 예수께로 인도하고 하나님나라에 들어가도록 초청하는 것을 목표로 한다. 당연

---

21) *Mission-shaped Church-Church Planting and Fresh Expressions of Church in a Changing Context*(CHP, 2004). Website freshexpressions.org.uk. '교회의 새로운 표현들'이라는 용어는 로완 윌리엄스 대주교가 처음 고안한 것이다.

히 제자도가 이런 초청의 핵심에 있다. "그리스도가 베푸시는 구원은 그분을 따르라는 요청과 불가분의 관계이기 때문에 우리가 선포하는 구원은 또한 일생에 걸친 제자도에 대한 요청이기도 하다."[22] 교회의 몇 가지 새로운 표현은 단기적이며, 많은 표현은 조지 링스(George Lings)가 제시한 선교적인 동시에 교회적인 기준을 충족시키지 못한다. 그러나 많은 표현이 견고하고 독립적인 예수님의 제자 공동체로 자리 잡았다. 이 운동이 시작된 이래 이런 새로운 공동체들을 통해 영국 교회에만 4개의 새로운 교구에 해당하는 조직들이 추가로 생겼다. 이런 새로운 교회들의 가장 흥미로운 특징은 이들 중 40퍼센트가 공식적인 훈련이나 교구의 공식 허가를 받지 않은 평신도들이 인도하고 있다는 것이다. 조지 링스는 "그들은 가는 곳마다 기술을 배우는 도제와 같다"라고 지적한다. 우리가 살펴보았듯이 제자도는 공동체에서 시행하는 도제 훈련의 한 형태다. 이 웹사이트는 여러 사연을 소개하고 있다.[23]

새로운 표현들은 작은 규모의 실험적 운동으로 교회라는 스펙트럼의 끝부분에 위치한다. 그 스펙트럼의 반대편 끝에는 기존의 대형 교회들이 자리하고 있다. 이런 배경에서 제자를 삼는 것이

---

[22] Graham Cray, *Making Disciples in Fresh Expressions of Church* (Fresh Expressions, 2013), 33쪽.

[23] George Lings, *Snapshots-Stories from the Edge*(2호)는 10개 영국 국교회 교구에서 활동 중인 fxC에 대한 처치 아미 조사국의 조사를 근거로 각 교구에서 새로운 표현들이 교회 공동체의 평균 15퍼센트에 해당한다고 지적한다(churcharmy.org.uk/sheffieldcentre를 참고하라). 요하네스버그에서 열린 2014년 Anglicans Ablaze Conference에서 그레이엄 크레이는 이것이 영국 국교회에 4개의 교구가 새로 생긴 것이나 마찬가지라고 평가했다.

우리의 소명임을 기억하기란 어렵지 않다. 하지만 제자의 핵심 과제 중 하나가 다른 제자들을 모집하고 훈련하는 것이라는 사실을 망각하기가 쉽다. 수백 명이 넘는 교회에 소속되어 있으면 성공했다고 자부할 수 있다. 그러나 지속적인 선교 목적이 결여되어 있는 교회는 종교 클럽에 불과하며 진정한 의미의 교회라고 하기 어렵다. "우리가 우리 자신에게 너무나 중요하기 때문에 우리가 변화를 만들어내고 있다고 생각한다. 하지만 실상 우리가 해온 일은 사회에서 고립된 게토를 만들어낸 것에 지나지 않는다"라고 『치명적 우회』(Deadly Detours-Seven Noble Causes that Keep Christians from Changing the World)의 저자 밥 브리너(Bob Briner)는 경고한다.[24] 교회 리더인 앨런 스콧(Alan Scott)은 "비우고 채우기 기법은 효과가 없을 것"이라고 확인해준다. "우리는 흩어져서 섬기는 종들이 필요하다. 서투르게 그리고 무심하게 기름부으심을 전한다고 하더라도 어쨌든 그것을 계속 전할 사람들이 필요하다." 새로운 교회를 세우고 개척하는 선교사뿐 아니라 대형 교회의 교인 역시 열쇠는 오래전 바울이 에베소 교인들에게 준 권면에 있다. 교회 리더들의 일차적인 과업은 교인들을 섬기는 것이 아니라 그들이 교회에서나 세계에서 다른 사람들을 섬기도록 훈련하는 것이다. "성도를 온전하게 하여 사역의 일을 하도록 구비하는 것이다."[25] 급진적인 아웃리치 공동체의 일원이든 아니

---

24) Zondervan, 1996.
25) 에베소서 4:11-13(NRSV). 앨런 스콧은 북아일랜드 콜러레인에 위치한 Causeway Coast Vineyard의 설립자다. 그는 2014년 New Wine Leaders Conference에서 연설했다(new-wine.org). 존 타이슨(John Tyson)은 같은 모임에서 밥 브리너의 말을 인용했다.

면 전통적인 기성 교회의 교인이든 해야 할 과업은 동일하다. 제자를 만들고 훈련하며 세상으로 보내어 다른 사람들이 하나님의 나라로 들어오게 초청하는 공동체가 되는 것이다. 산 돌이 되어 신령한 집으로 지어져 가며 거룩한 제사장으로 섬기는 것이다.

> 물론 교회 상황이 다양한 만큼이나 이 과업을 실천하는 방법도 다양하다. 그리고 상황 자체가 항상 변한다는 점을 감안하면 우리도 변화될 준비가 되어 있어야 한다. 로저와 내가 1990년에 홀리 트리니티 교회에 처음 도착했을 때 주일 학교는 날로 번창하고 있었고, 약 700명이나 되는 교인이 교회에 출석하고 있었다. 최근 리모델링한 아름다운 건물은 이들을 다 수용하고도 남았다. 교회는 어려운 길을 걸어왔다. 거의 폐쇄 직전까지 갔다가 안정을 되찾았고, 다행히 그 후로 성장세가 지속되었다. 선교적 목적에 맞게 교회를 가꾸어가고자 노력한 존 알디스 목사님의 비전에 많은 교인이 도전받고 건축 프로젝트를 위한 기금을 마련하고자 힘에 부치도록 헌금을 바쳤다. 교인들이 그 도시에 복음을 전하고 도움의 손길을 내밀기 위해 필요한 시설을 모두 갖춘 건물을 짓고자 했다. 그러나 교회의 주축이 되는 교인 중 많은 사람은, 특히 건축 프로젝트를 위해 헌금한 바로 그 사람들은 현재 상태에 만족하고 있었다. 그들은 가정별 모임의 안정적 네트워크에 소속되어 있었고 자녀들은 주일 학교에서 교육을 잘 받고 있었다. 새로운 사람들이 오면 언제라도

환영이었지만, 새로운 사람들이 오도록 초청하는 일에 개인적인 역할을 할 마음은 없었다. 그리고 변화가 일어나기를 바라는 마음은 더욱 없었다. 대부분 기독교 가정에서 성장했고, 교회의 사역으로 신앙을 가지게 된 이들은 거의 없었다.

몇 번의 시행착오를 거친 후 가정별 모임 방식을 '셀' 모임 방식으로 바꾸기로 했다. 단순히 목회를 목표로 한 것이 아니라 아주 명확하게 선교적 성격을 표방한 모임이었다. 사역자가 주도해 새 교인들이 기존의 가정 모임에 합류하는 대신(새 교인들은 보통 이 도시에 새로 이사 온 그리스도인들로 단순히 우리 교회의 크기와 위치 때문에 출석했다) 셀 모임이 자발적으로 그들과 접촉하고 친구나 동료 또는 이웃과 믿음을 함께 나누는 기회를 가지도록 했다.[26] 우리는 여러 다양한 방법으로 셀 모임을 지원했다. 사람들이 사용하기 편하게 성경 공부 노트를 준비해주었다. 또한 모두가 관심을 보이는 생활 관련 문제들과 관련해 접근이 용이한 멀티미디어 행사를 기획해 교인들이 친구들을 초청할 수 있게 했다. 치유 기도 사역을 확대했다. 알파 코스를 진행했다. 모두가 교회의 선교와 사역의 다양한 측면들을 위해 기도할 수 있도록 창조적인 기도의 날을 만들었다. 사람들이 많이 오는 펍에 교회를 개척했다. 셀 모임의 일부는 젊은 어머니들,

---

26) 이런 변화를 시도할 때 우리는 특별히 Laurence Singlehurst와 Cell UK(celluk.org.uk)의 도움을 받았다.

학생들, 20대 청년들, 십대들과 그 친구들만을 대상으로 특별한 사역을 하기 시작했다. 15년 후 거의 모두가 어떤 종류이든 소모임에 속해 있었고, 이 모임들은 스스로 지속적으로 알파 코스를 운영하여 많은 사람이 믿음으로 나아오게 되었다. 교회는 외부 지향적인 섬김의 공동체가 되었다. 그리고 부대 효과로 구성원이 매우 다양해졌다.

반면 도시 자체에 변화의 바람이 불고 있었다. 전 지역에 재개발 바람이 불어닥쳤고, 더 부요하고 더 다양한 새로운 인종 집단들이 유입되었으며, 새로운 축구 경기장이 건설되었다. 문화 지구가 확장되고 많은 새로운 기회가 생겼다. 레스터는 살기에 점점 더 활기찬 곳이 되고 있다. 2008년 우리는 이사했고 존 맥긴리가 사역자로 부임해서 교회를 새로운 단계로 이끌게 되었다. 셀 모임에 새로운 도전이 필요하다는 것을 인정한 존은 '선교로 빚어져가는 공동체'라는 개념을 도입하고 각 모임이 특정한 이웃, 네트워크, 혹은 특별한 관심사처럼 특정한 선교적 핵심 과제를 확인하고 그 과제를 공유하며 다른 이들과 연결되도록 격려했다. 교회 웹사이트는 지금 17개의 선교형 공동체를 소개하고 있다. 그중 일부는 기존 모임이 자연스럽게 성장한 것이고 일부는 새롭게 생긴 것이지만, 모두 "유사한 선교적 마음과 과제나 인생의 소명을 중심으로 하나가 되고 있다." 각기 일종의 확대 가족 역할을 하고 있다. 홀리 트리니티 교회는 외롭지 않다. 선교적 공동체들은 대형 교회들이 아무 식욕도

> 없이 무기력하고 필요를 충족시키는 데 급급하거나 성공에 목매는 교회가 되지 않도록 보장하는 확실한 방법으로 받아들여지고 있다. 공동체 구성원들의 제자도는 외부적 지향성을 유지하고 있다.[27]

'새로운 표현 운동'과 선교적 공동체들은 지역 공동체들과 효과적이고 예언자적인 교류를 통해 현대 교회들이 교회와 세상 사이의 너무나 빈번하게 발생하는 괴리감을 극복하도록 도운 네트워크의 두 가지 사례일 뿐이다. 최근 교회들이 많은 공동체 프로젝트를 실행하고 있다. 아마 가장 유명한 프로젝트로는 '거리 치유 사역'(Healing on the Streets), '거리의 목회자들'(Streets Pastors), '푸드 뱅크'(Food Banks), '빈곤에 맞서는 그리스도인 채무 상담'(Christians Against Poverty debt counselling)으로 지역 교회들과 전국의 교회 네트워크가 지금 시행하고 있는 프로그램들이다.[28] 다른 프로젝트들도 끊임없이 등장하고 있다. 2013년 사우샘프톤에 있는 일단의 교회들이 입양이나 위탁을 기다리는 아이들의 부모가 되어주거나 가정을 찾아주기로 공동 서약을 했다. 1년 안에 그 교회들의 70가정이 입양 부모가 되어주

---

[27] 선교형 공동체 전용 웹사이트로 missionalcommunities.co.uk가 있다. 홀리 트리니티에 대해서는 holytrinity.leicester.org/missionshapedcommunities.html을 참고하라. 성 토마스 쉐필드는 홀리 트리니티의 유익한 모델이 되어주었다. stthomaschurch.org.uk/our-communities.

[28] healingonthestreets.com, streetpastors.org, trusselltrust.org/foodbank-projects, capuk.org를 참고하라.

겠다고 자원했고, 레딩과 다른 지역의 교회들 역시 지금 유사한 서약을 하고 있다.[29] 다양한 전문 기관들이 지원하는 계획들도 많이 있다. 이들은 지역 교회들이 각자 속한 공동체들과 예언자적으로 교류하는 길을 찾도록 도와주고 있다.[30]

이런 방법들이 효과가 있다는 사실이 여러 곳에서 확인되고 있다. 대중 매체는 쇠락의 길로 가는 무력한 교회들이나 폐쇄를 앞둔 교회들에 대한 부정적 소식을 알리는 데 희열을 느낀다. 그러나 최근에 실시한 초교파적 설문 조사 결과인 〈1980년부터 지금까지 영국의 교회 성장에 관한 보고서〉는 이렇게 진단한다. "영국의 기독교가 쇠퇴일로를 걷고 있다는 것은 거의 모두가 인정하는 사실이다. 하지만 보편적으로 인정한다고 해서 다 사실은 아니다. 어떤 지역의 어떤 교회들은 쇠퇴하고 있지만, 이 보고서는 또한 지난 30년간 영국 전역에서 실제적이고 지속적으로 교회 성장이 진행되어왔음을 보여준다. 이런 성장은 대규모로 일어나며 지

---

29) eauk.org/idea/southampton-churches-set-the-bar-on-adoption.cfm을 참고하라(또한 homeforgood.org.uk/local-movements를 참고하라). Life Church, Newton Aycliff: freshexpressions.org.uk/stories/lifechurch.

30) 가령, Hope(hopetogether.org.uk)는 말과 행동으로 모든 교회가 선교에 동참하도록 격려한다; ROC(Redeeming our Communities, roc.uk.com)는 교회들이 경찰과 다른 기관들과 협력해 공동체들과 기도로 교류하도록 돕는다; Faithworks(oasisuk.org/what/faithworks)는 그리스도인들과 교회들이 지역 공동체의 중심지에서 그들의 역할을 개발하고 정부와 미디어와 적극적으로 교류하여 교회에 대한 공공의 인식을 개선하도록 노력한다; Prayer 24/7(uk.24-7prayer.com)는 기도와 선교와 정의 등에 교회를 동원함으로 예수 그리스도 안에서 세상이 하나님과 화해하는 데 목표를 둔다. Mission Action Planning, Growing Healthy Churches와 Natural Church Development programmes 모두 교회가 각자 처한 특정한 상황에서 제자도와 선교를 어떻게 성장시킬지 확인하는 과정을 시작하게 돕고 있다.

역적으로 매우 광범위하게 일어나고 있다. 사회적인 범위로 본다면 매우 다문화적이며, 성장의 속도가 둔화하고 있다는 어떤 조짐도 보이지 않는다."[31] 사람들을 제자로 삼아 공동체를 이루고 다른 사람들에게 복음을 전하도록 파송하는 예수님이 제시하신 모델은 여전히 작동하고 있다. 우리가 원한다면 말이다.

청사진인가? 지문인가?

'새로운 표현 운동'과 선교적 공동체들은 우리의 제자도가 의도적이 될 수 있는 검증된 방법들을 보여준다. 그러나 또한 일회성의 깜짝 놀랄 운동들도 적지 않다. 범주화하기가 어려운 것들, 미리 계획할 수 없는 것들로 청사진이라기보다 추적이 필요한 지문들(fingerprints)이라고 하는 것들도 있다. 바로가 하나님의 백성들이 애굽을 떠나도록 해달라는 요청을 거부한 후 애굽 땅에 세 번째 재앙이 임했고, 이 재앙을 재현하는 데 실패한 술사들은 이렇게 경고했다. "이는 하나님의 권능[손]이니이다." 예수님은 "내가 만일 하나님의 손을 힘입어 귀신을 쫓아낸다면 하나님의 나라가 이미 너희에게 임하였느니라"고 말씀하셨다.[32] 우리는 청사진처럼 명확하고 단순한 것을 선호하는 세상에 살고 있다. 이런 세상에서 우리는 다른 곳에서 효과가 있었던 것을 그대로 답

---

31) 데이비드 굿휴(David Goodhew) 편집: *Church Growth in Britain 1980 to the Present*(Ashgate Publishing, 2012), 3쪽. 요약 내용은 alisonmorgan.co.uk를 참고하라.
32) 출애굽기 8:19; 누가복음 11:20.

습하고 싶은 유혹을 받는다. 하지만 예수님은 위험을 더 무릅쓰는 삶을 살기를 원하신다. 그렇게 해서 우리 자신의 성공적인 노력이 아니라 하나님의 예기치 못한 개입하심으로 끊임없이 놀라운 일이 일어나는 삶을 경험하기를 원하신다. 우리가 할 일은 하나님이 이미 하고 계신 일에 동참하며 우리와 함께해주시는 하나님의 손길을 확인하는 것이다. 존 테일러(John V. Taylor) 주교가 40여 년 전에 썼던 글은 지금도 큰 공감을 불러일으킨다.

> **기독교 교회의 역사적 사명의 주인공은 성령이시다. 그분은 전체 사업을 관장하는 책임자가 되신다. 이 사명은 세상에서 그분이 현재 이루고 계신 일로 구성된다…우리는 선교에 대한 우리의 선입견을 포기하고 처음부터 성령으로 시작해야 한다. 다시 말해서, 모든 상황에서 겸손히 지켜보는 태도로 하나님이 하시려고 하는 일을 배우고, 그다음으로 그분과 동역해야 한다.**[33]

존 테일러 주교가 이 글을 쓴 때는 영국에서 교회를 통해 영적 부흥의 물결이 일어나려고 하는 바로 그즈음이었다. 이 부흥의 물결은 60년대 후반에 시작해서 70년대와 80년대까지 그 불길이 꺼지지 않고 지속되었다. 교인들이 기도하며 새롭고 더 직접적으로 사람들을 섬기면서 성령의 능력이 그들을 통해 흘러가는 것을 경험하기 시작했고, 이렇게 해서 새로운 '은사주의' 교회의

---

33) John V. Taylor, *The Go-Between God–The Holy Spirit and the Christian Mission*(SCM Press, 1972), 2010년 재출간.

진영은 더욱더 뜨거운 열정에 사로잡혔다. 영국 성공회에서 공공연히 은사주의를 표방한다고 공언한 최초의 주교인 리처드 헤어(Richard Hare)는 이런 일이 벌어지고 있을 때도 은사주의 운동의 리더들은 정확히 하나님이 무슨 일을 진행하고 계시는지 면밀히 살펴야 한다고 말했다. "그렇게 오랫동안 침묵하시다가 왜 지금 이런 일을 하시는가?"[34] 세월이 흐르고 치유와 구원의 사역이 다시 한번 확산하면서 이제 그 답이 무엇인지 분명해지는 것 같다. 영적 회복은 그 자체가 목적이 아니라 선교를 위한 준비 과정이라는 것이다. 영적 각성을 경험했지만 지역 공동체와 연결되지 못한 교회들은 이제 대부분 그 열정이 식어버렸다. 성령의 은사를 선교의 도구로 인식한 교회들은 그들의 소명을 새롭게 이해하는 수준까지 성장했다. 예수님은 제자들을 떠날 준비를 하시면서 그들에게 이렇게 말씀하셨다. "너희는 위로부터 능력으로 입혀질 때까지 이 성에 머물라 하시니라." "너희는 몇 날이 못되어 성령으로 세례를 받으리라 하셨느니라." 그리고 제자를 삼을 때 아버지와 아들과 성령의 이름으로 각기 세례를 주어야 한다고 말씀하셨다. 성령으로 우리는 하나님의 뜻을 분별할 수 있고, 현명한 결정을 내릴 수 있으며, 열정적이고 신실하게 기도하고 효과적으로 사역할 수 있다.[35] 성령이 함께하시지 않으면 우리는 아무 희망도

---

34) 부흥 운동의 역사와 목적에 대한 더 자세한 논의는 앨리슨 모건의 *Renewal, What Is It and What Is It For?*(Grove Books, 2006)를 참고하라.
35) 누가복음 24:49, 사도행전 1:5, 고린도전서 12장도 참고하라. 오늘날 교회 생활에서 성령의 역할에 대해 더 자세히 논의하고 싶다면 앨리슨 모건의 *Doing What Jesus Did-A Fresh Look at the Gifts of the Spirit*(ReSource, 2009)을 참고하라.

없는 공동체로 모이며, 인간적인 새 신자 모집 운동을 하느라 안간힘을 쓰지만 대체로 아무 소득도 없는 운동에 매달릴 것이다. 알파 코스와 백 투 처치 선데이와 같은 경건 운동들조차 많은 사람이 교회와 연결되거나 다시 연결되도록 하는 효과는 분명히 있지만, 기대했던 것만큼 효과를 보지 못하는 경우가 종종 있다. 대체로 그들이 해당 지역 교회에 아직 존재하지 않는 하나님나라의 모습을 너무나 그럴듯하게 광고하기 때문일 것이라고 누군가는 의심한다.[36]

피클의 고장에 뿌리내리다

2014년 1월 나는 복음 전도를 위한 교구 연례 모임에 믹엘로와 나란히 강사로 초대받았다. 믹은 자신의 이야기를 들려주는 것으로 강의를 시작했다. 버밍엄의 뒷골목 슬럼가에서 자란 그는 15살에 학교를 자퇴하고 재단사의 견습생으로 들어갔고, 결국 기계 기술자 자격증을 획득했다. 그와 그의 아내 잰은 자녀들이 세례를 받으면서

---

36) 로저 월턴은 알파 코스가 교회의 정신과 신념과 공명을 일으키지 않는다면 효과를 내기가 어렵다고 지적한다. "사람들의 사기를 떨어뜨려 다른 사역에 대한 자신감을 무너뜨릴 수 있다." "쉬운 해결책이나 임시방편적 프로그램에 마음이 혹하기 쉽지만 신중하게 검증하고 피해야 한다. 제자 삼는 일은 사람들이 하나님께 처음으로 헌신하거나 경험하도록 하는 수준을 넘어서는 것이다. 포스트 모던 문화에서 경험에 대한 갈망이 공통으로 보이지만, 이런 갈망이 장기적인 헌신적 제자도로 이어지기 위해서는 더 많은 숙고가 필요하다." *The Reflective Disciple*(SCM Press, 2012), 159, 173쪽.

그리스도인이 되었고, 40세가 되어서 성직자로 서품을 받았다. 믹은 겸손한 사람으로 하나님의 뜻에 사로잡혀 물불을 가리지 않고 매진하는 자신의 모습을 볼 때마다 스스로 놀라움을 금치 못한다. 하지만 그는 도제 훈련의 개념을 이해한다. 그는 현장에서 실천하는 가운데 배운다. 또한 주님이 자신을 인도하신다고 믿는다.

2009년 믹은 스태포드 주교에게서 잰과 함께 스토크의 급성장 중인 사역을 내려놓고 유명한 피클의 본고장인 브랜스톤으로 옮길 수 있느냐는 요청을 받았다.[37] 브랜스톤은 누가 보아도 영적으로 성장할 가능성이 보이지 않는 곳이었다. 오전 예배는 3명밖에 출석하지 않았고 저녁에는 7명이 참석했다. 건물은 거미집처럼 다닥다닥 붙어 있어 누가 봐도 궁색한 형편이 뻔히 보였다. "당신이 와서 이 교회를 성장시킬 수 없다면 교회 문을 닫아야 합니다"라고 주교는 말했다. 믹과 잰은 마지못해 그곳을 방문했다. "괜찮을 겁니다. 우리가 되돌려놓겠습니다." 믹은 교구 위원들에게 안심시키기라도 하듯이 이렇게 말했다. 그는 이런 말을 하면서 자신도 놀랐다. 하지만 믹은 하나님을 신뢰했던 경험이 있다. 바울은 데살로니가의 어린 그리스도인들에게 이렇게 편지를 보냈다. "우리 복음이 너희에게 말로만 이른 것이 아니라 또한 능력과 성령과 큰 확신으로 된 것임이라." "우리 하나님

---

[37] 1922년 브랜스톤에서 피클을 처음 만들었고, 2004년 베리세인트 에드먼즈로 이동할 때까지 브랜스톤에서 피클을 계속 생산했다.

이 너희를 그 부르심에 합당한 자로 여기시고 모든 선을 기뻐함과 믿음의 역사를 능력으로 이루게 하시고."[38] 믹은 스토크에서 실제로 이런 일이 일어났음을 기억했고, 잰과 함께 브랜스톤으로 이사했다.

아무런 계획도 없이 브랜스톤에 도착한 믹은 몇 가지 고무적인 조짐을 발견했다. 교회는 막 홀리데이 클럽을 연 상태였다. 그래서 믹과 잰은 일단 어린이 사역을 시작했다. 한때 영국에서 살기에 가장 최악의 장소로 꼽힌 스토크에서 그들은 하나님이 세 개의 교회를 성장시켜주시고, 사람들이 줄지어 믿음을 고백할 뿐 아니라 스스로 사역자로 훈련하는 역사를 이미 체험한 상태였다. 그 과정에서 믹은 교회에 대한 역동적인 시각을 갖게 되었고, 브랜스톤에 정착한 후 그 지역에서 교회의 평판을 높이기 위해 할 수 있는 일이 무엇인지 진지하게 고민하기 시작했다. 고민 끝에 교회 종을 치는 것이 전통적이며 분명한 해결책이 될 수 있다고 생각했다. 교회 탑과 종을

---

38) 데살로니가전서 1:5; 데살로니가후서 1:11.

구하는 데 실패했지만, 믹은 포기하지 않고 녹음기와 두 개의 스피커를 마련했다. 곧 마을에는 스피커로 증폭된 종소리가 울려 퍼지게 되었다. 어느 날 저녁 혼자만의 시간을 보내려고 블랙스미스 펍을 찾았던 믹은 지배인에게 거의 문초에 가까운 질문 공세를 받고 기분이 매우 상했다. "이보세요. 당신이 일요일 아침마다 붉은 종을 쳐대는 그 목사요?" "네, 그렇습니다." 믹은 대답했다. 지배인은 그에게 바짝 다가오더니 뜻밖에도 "악수나 한번 합시다! 정말 신기하네요!"라고 말했다. 시끄럽다는 항의를 받은 적이 몇 번이나 있었던가? 믹은 생각해본다. 딱 한 번뿐이다. 사람들은 무슨 일이 벌어지고 있는지 어리둥절해했다. 믹에게는 이것이 핵심이다. "문제는 사람들이 당신이라는 존재를 당혹스러워하는가다. 당신이 어떻게 하는지는 중요하지 않다. 하지만 그들이 당신에 대해 계속 질문하도록 해야 한다"라고 말한다.

믹은 30분짜리 설교로 사람들의 기대를 의도적으로 무너뜨리는 시도를 이어 나갔다. 펍에서 시간을 보내고 사람들을 방문하며 그에게 찾아오는 사람들을 돕는 데 시간을 투자했다. 한 여성은 자신의 집을 축복해달라고 부탁했다. 그녀는 10년간 주술에 심취했었지만, 그 일을 숨겼다. 그들은 결국 그녀에게서 여러 영을 쫓아낼 수 있었다. 한번은 교회에서 귀신이 자신의 정체를 드러냈고, 당연히 사람들은 큰 충격을 받았다. 그러나 그 일로 그들은 성장했고, 예수님의 첫 제자들이 성장했듯이 그들의 지식도 자라기 시작했다고 믹은 말한다. 또 한 여성은 주중에 열리는 성찬식 도중에 자살을 시도했다. 성찬식을 시작하기 직전에 약을 과용하고 빵과 포도주를 받으러 나오던 중에 쓰러진 것이다. 그들은 그녀를 병원으로 데려갔고 그녀를 계속 방문하고 대화했다. 지금 그녀는 교회 사무실에서 비서로 섬기고 있다. "교회가 성장하기란 쉬운 일이 아니다"라고 믹은 경고한다.

그런데도 그들은 알파 코스를 운영하고 예수님의 복음을 계속 선포하고 있다. 빌이라고 하는 노인은 하나님이 무엇을 하고 계신지 눈으로 확인하고 교회에 12,000파운드의 거금을 기부했다. 그들은 저녁에는 신도석을 밖으로 내놓고 의자를 들인 다음 지역 학교를 초대했다. 어린이들이 교회로 들어와 본 것은 그때가 처음이었다. 이제 크리스마스와 부활절이 되면 두 곳의 지정 장소에 모두 460명의 학생이 참석한다. 신도석을 밖으로 내어 갈 때 거들었던 사람은 소수에 불과했지만, 이제 정기적으로 출석하는 사람의 수만 따지면 30명으로 늘었다. 그들은 대형 천막을 구하고 프랭크와 제이슨은 '카레의 밤' 행사를 조직하기 시작했다. 후원의 날 행사에는 23,000파운드의 기금이 더 모였다. 그들은 이 돈으로 사무실과 어린이 공간을 마련하고, 청년 사역자를 임명했다. 교인 수는 계속 늘었다. 주로 회심의 경험을 통해서였다. 이제 79명의 어른과 어린이들이 오전 예배에 참석하고, 또 다른 30여 명의 사람은 저녁 예배에 참석하고 있다. 그들은 교회 건물 확장 문제를 두고 하나님의 뜻을 구하고 있다. 단 5년 만에 평신도 훈련을 전담하는 이들이 다섯 명이 되었다. 이제 교회 폐쇄는 더 이상 논의의 주제가 아니다.

인간적으로 말해서 믹과 잰은 별다른 특별한 재능도 없고 브랜스톤의 사람들 역시 마찬가지다. 믹에게 그 자신에 대해 질문해보면 이렇게 대답할 것이다. "저는 그냥 버밍엄 뒷골목 출신으로 천국으로 가는 길을 닦으려고 애쓰고 있습니다."[39] 하지만 믹은 우리가 예수님의 제자로서 현장에서 훈련받으며 공동체를 이루어가고 있음을 이해한다. 그 공동체는 사람들을 하나님나라로 초대하고자 존재하는 예언자적 공동체다. "사람들이 세례를 받으러 와서 교회에 남아 있지 않으면 그건 우리 잘못입니다"라고 믹은 말한다.

켈틱 커넥션즈(Celtic Connexions)

2012년 3월 나는 서머셋 랭포트에서 여러 사순절 이야기 중 하나를 들려주고 있었다. 그곳에서 나는 켈틱 커넥션즈에 대해 듣게 되었다. 몇 년 전 연인 한 쌍이 당시 근방인 후이쉬 에피코피에서 사역하던 휴 엘리스 목사님을 찾아왔다. 자신들의 결혼식 주례를 부탁하기 위해서

---

39) 믹은 2014년 1월 Fellowship for Parish Evangelism에서 간증했다. 간단한 인물 소개에 대해서는 fpe-network.org/Documents/MickJanbio%20.pdf를 참고하라.

였다. 벨테인 축제가 열리는 3월 1일에 로램의 아름다운 전원 교회에서 예식을 올리고 싶다고 했다. 손님들은 결혼식이라는 예식에 맞게 격식을 갖춘 복장을 하고 왔으면 좋겠다는 말도 덧붙였다. 휴는 그들의 말을 들으면서 두 사람과 영적으로 강한 유대감을 느꼈다. 알고 보니 그들은 글래스톤베리의 다면성을 지닌 영성과 관련된 네트워크의 핵심 인물이었다. 그는 하나님의 사랑에 대해 이야기하고 탕자의 이야기로 그 사랑을 설명한 뒤 기도해도 되는지 물었다. 그들은 흔쾌히 승낙했다. 그가 기도를 마쳤을 때 한 사람은 눈에 눈물이 가득했고, 한 사람은 "마치 고향에 온 것 같습니다"라고 소회를 밝혔다. 템플 기사단, 드루이드 사제, 그린맨의 복장을 한 다양한 차림의 하객들이 참석한 가운데 결혼식이 거행되었다. 물론 휴는 흰색의 성직자 복장과 화려한 비단 띠인 스톨을 목에 걸쳤다. 휴는 그동안 경험한 결혼식 중 영적으로 가장 인상에 남는 결혼식 예배라고 느꼈다.
온갖 종류의 종교적 상징들로 둘러싸인 두 사람의 정원에서 결혼식 축하 연회가 열렸고, 신랑은 초가로 만든 오두막으로 휴를 초청했다. 오두막 안으로 들어서자 십자가와 예수님의 형상들과 여러 기독교적 상징이 곳곳에 장식되어 있었다. 기도해도 되는지 다시 물어본 휴는 성령께서 신랑과 신부에게 충만히 임해주시기를 기도하며 그들이 하나님의 은혜와 사랑의 통로가 되게 해달라고 빌었다. 깊이 감동한 신랑은 그들과 그들의 친구들을 위해 전원 교회에서 격주로 예배를 드려줄 수 있는지 물었다. 그들은 예수님의 가르침을 자세히 설명해주는 그 예배를 좋아했고 하나님에 대해 이야기하기보다 하나님을 체험하는 기회로 삼기를 원했다. 두 사람은 궁금한 점에 대해 질문하고 기도하는 시간도 가졌다. 2008년 8월 31일, '잃어버린 예수님의 가르침'이라는 소제목으로 최초의 켈틱 커넥션 예배를 드렸다. 영적 구도자들과 다양한 전통의 그리스도인이 함께 참석했다. 한 켈트족 성인을 소개하고 그가 생전에 강조한 기독교적 가르침을 일부 소개하는 시간도 가졌고, 하프 연주자의 연주를 듣는 시간도 가졌다. 몇 주가 흐르자 영적 구도자들의 네트워크에 속한 일부 회원이 신비한 체험을 하게 되었다. 빛이 환하게 비치는 꿈을 꾸거나 예수님과 십자가 환상을 보고 무조건적인 사랑을 체험하기도 했다. 어떤 이들은 '그리스도를 의식하는 것'에 대해 이야기하기 시작했고, 자기 자신을 '직관적 그리스도인'이라고 표현하기 시작했다. 휴는 예배가 교회 예배라기보다 점점 더 '영적인 행사'처럼 되어갔다고 말한다. 그 네트워크에 속한 친구들과 그리스도인들이 자유롭게 서로 어울리는 가운데 모임은 꾸준히 성장했다. 현재 참석자 수는 25명에서 55명에 이른다. 전통적인 그리스도인들에게 그 예배는 감동적인 경험이었다. 일부는 예언적 환상을 경험하기도 했다. 교회 천장이 하늘로 바뀌고 황금색 폭포가 천장에서부터 흘러내려 문밖으로까지 흘러가는 환상을 본 사람도 있었고, 판석 아래서 우물물이 조금씩 나와서 문밖으로 흘러가는 환상을 본 사람도 있었다. 휴는 지금

버킹엄셔의 새로운 사역지로 이동했다. 하지만 켈틱 커넥션즈들은 여전히 전원 교회에서 모임을 갖고 있다.[40]

물론 이것이 이야기의 끝은 아니다. 랭포트의 경험은 수많은 작은 마을을 포함한 팀 사역의 일부이며, 그중에 대표적으로 2014년 벌어진 심각한 홍수로 유명세를 치른 무첼니가 있다. 교회는 당시 홍수로 발이 묶인 마을 사람들의 중심 역할을 하며 기도에서 식료품 배급에 이르기까지 모든 것을 관장했다. 동료 목사인 제인 트위티는 이렇게 설명했다. "교회는 마을의 실질적 중심지가 되어 하루 24시간을 개방해 필요한 음식과 우편물을 보관했고, 보트로 사람을 싣고 마을을 오가는 소방관들에게 뜨거운 차를 제공했다." 주일 예배는 계속되었고 갈수록 출석하는 회중의 수가 늘어났다. 예배가 끝난 후에는 점심을 제공했고, 사람들은 대화를 나누며 각자의 사연을 나누었다. 홍수가 나고 첫 주일에 마을 사람들은 마을의 모든 가정을 모형으로 만들어 기도할 목적으로 제단에 놓았다. "우리는 교회에 함께 모였어요"라고 리처드 잉글랜드는 말한다. 다른 주민들은 그를 동네의 비공식 대변인이라고 표현했다. "음식과 우편물을 나누어

---

40) 이 이야기는 대부분 휴 자신이 직접 이야기한 내용을 그대로 옮긴 것으로 2012년 세상을 떠나기 전에 쓴 더 긴 이야기에서 인용한 것이다. 그는 〈리소스〉지 31호, "The Paraclete"에서 다시 이 이야기를 들려주고 있다. 더 자세한 내용은 langport-somerset.btck.co.uk/About%20us나 langport-team-ministry.org.uk/elements/celtic-connections를 방문하라.

주고 연로한 어른들을 도우려고 말이죠."⁴¹⁾ 여름이면 그들은 차와 커피를 제공한다. 나는 파렛의 은행가를 따라 산책한 후 잠시 교회에 들렀다가 한 여성이 다른 이들에게 이렇게 설명하는 소리를 들었다. "저는 한 번도 꾸준히 교회에 다녔던 적이 없어요. 그런데 홍수가 났을 때는 모두 교회로 갔어요." 1년이 지났지만, 주일 아침이면 교회 주변의 길가에는 여전히 차들이 줄지어 서 있다.

로버트 루이스는 이렇게 썼다. "교회를 가리킬 적절한 표현은 이러하다고 믿는다. 사랑의 하나님에 대한 살아 있는 증거를 세상에 보여주는 사람들의 공동체라고 말이다."⁴²⁾ 로버트가 살고 있는 미국의 도시화한 상황에서 이것은 여러 공동체 프로젝트에 참여하는 교회 중심의 소규모 친교 모임들로 이루어진 네트워크를 의미한다. 여기 시골인 서머셋에서는 그것이 잃어버린 예수님의 가르침을 영적 구도자들의 함께 나누거나 위기가 닥칠 때 공동체의 중심 역할을 하는 것을 의미한다.

---

41) churchtimes.co.uk/articles/2014/31-january/news/uk/church-gives-vital-support-in-somerset-floods-crisis; 혹은 independent.co.uk/news/uk/home-news/villagers-tire-of-island-life-on-flooded-somerset-levels-9084105.html를 참고하라.
42) Robert Lewis & Rob Wilkins, *The Church of Irresistible Influence*(Zondervan, 2001), 41쪽.

하나님의 노래를 부르기

"선교란 이 땅의 모든 사람이 하나님이 연주하시는 미래의 음악을 듣고 오늘 그 음악에 맞추어 춤추도록 초청하는 것이다."-크리스토퍼 라이트(Christopher J. H. Wright)[43]

명확한 목적을 지닌 살아 있는 공동체의 일원이 된다는 것이 어떤 것인지는 여러 가지로 상상해볼 수 있다. 예수님은 그분의 제자들을 그분에게 붙어 있어서 열매 맺기를 기다리는 포도나무 가지에 비유하셨다. 베드로는 교회를 산 돌로 지어지고 세상을 섬기도록 부름받은 성전에 비유했다. 예수님의 제자가 되고 공동체의 필요를 넘어서는 목적을 지닌 공동체를 이룬다는 것이 무슨 의미인지 이해하는 또 다른 방법은 음악에 빗대어 생각해보는 것이다.

음악의 조화로운 화음은 후렴처럼 성경에 내내 반복되어 나타난다. 특히 시편은 노래라는 메타포와 실례로 하나님과 그분 백성들의 관계를 표현한다. 찬양의 노래, 감사와 축복의 노래, 추억과 탄식과 간청의 노래가 대표적이다. 음악은 초대 교회의 표식이기도 하다. 바울은 에베소와 골로새의 제자들에게 "모일 때 시

---

[43] Christopher J. H. Wright, *The Mission of God-Unlocking the Bible's Grand Narrative*(IVP, 2006). 또한 그가 나중에 쓴 책 *The Mission of God's People-A Biblical Theology of the Church's Mission*(Zondervan, 2010)을 참고하라. "하나님은 교회를 위한 사명을 수행해야 하는 것이 아니라 그분의 사명을 위해 교회가 존재하도록 하신다"라는 내용이 거듭 등장한다.

와 찬송과 신령한 노래를 부르라"고 권면했다.[44) 오늘날 교회는 사람들이 함께 모여 여전히 노래를 부르고 있는 얼마 남지 않은 곳 중 하나다. 이런 전통은 특히 집단적이고 성경적인 찬양 예배의 중요성을 견지한 웨슬리 형제들 덕분에 보존되고 있다.

왜 우리는 함께 찬양해야 하는가? 나는 이 점을 아프리카에서 너무나 생생하게 이해할 수 있었다. 아프리카에서는 여전히 음악이 감상의 대상이 아니라 직접 부르는 대상이다. 공동체의 기쁨과 슬픔을 표현하는 수단이자 노래를 부르는 사람들이 하나님의 은혜를 기억할 수 있도록 사용되며, 그분의 임재 앞에 더 가까이 나아가도록 돕는 데 사용되고 있다. 한번은 불꽃이 튀는 모닥불을 바라보며 어둠 속에 서 있었던 적이 있다. 잠비아의 외진 변두리에 있는 교회에서 새로 세례받은 교인들은 모닥불을 둘러싸고 노래를 부르고 있었다. 그들은 읽고 쓸 수가 없었기 때문에 성경 내용에 곡조를 붙여 노래로 불렀다. 우리처럼 멜로디로 부르지 않고 노소 구분 없이 여러 파트로 나누어 화음을 넣어 찬양했다. 아프리카에서는 아무리 어린아이라도 화음을 넣어 노래를 부를 수 있다. 한번은 먼지가 풀풀 나는 탄자니아의 한 마을에서 '예수 안에 뿌리내린 삶' 대회를 위해 임시로 세운 텐트 밖에서 나는 잠시 한숨을 돌리고 있었다. 서로 화해한 목회자들과 주교들이 함께 부르는 찬양 소리가 어디선가 들려왔다. 낮게 울음을 토해내듯이 부르는 그들의 노래에는 탄식과 고통이 절절히 묻어나고 있었다. 그들은 그 노래를 부르며 분열로 상처 입은 과거를 뒤로하고 새로운 미래의 여명으로 들어가고 있는 것 같았

---

44) 에베소서 5:19; 골로새서 3:16.

다. 다음 날 그들은 아침 늦게 모임에 참석했다. 새벽 3시까지 함께 노래하고 기도하는 시간을 가진 것 같았다. 모잠비크 국경 근처의 마사이에서는 한 동료가 새로 작곡한 찬송을 함께 배우며 첫 모임을 축하하는 교리 문답사들 덕분에 나는 잠들지 못하고 계속 깨어 있어야 했다. 그곳에서도 나는 흰색 복장의 바로 그 교리 문답사들이 전율이 흐를 정도로 아름다운 화음을 만들며 부르는 노래를 들으면서 마무리 성만찬의 풍성함을 만끽했다. 서구의 어떤 전문 합창대와 견주어도 전혀 뒤지지 않는 노래 실력이었다. 아마 내가 들은 가장 아름다운 노래일 것이다. 우리 내면에 깊은 공명을 일으키며 날아오르듯 가슴을 두들기는 마사이족의 노래를 들으며 스르르 잠이 든 적도 있었다. 혼연일체를 이루지만 공격적이고, 각 사람의 가능성을 최대한 끌어올리는 가운데 하나의 공동체로 이어주며, 부족의 전통들을 공적인 믿음을 선언하는 데 모두 쏟아부을 듯 부르는 노래였다. 노래는 많은 일을 한다. 그러나 항상 관계와 관련이 있다.

정확히는 잘 모르지만, 무엇인가가 우리의 우주를 하나로 묶어준다. 종종 그 무엇인가는 음악에 비유된다. 피타고라스가 오래전 천체의 음악에 대해 이야기했을 때 주장했던 대로다. 우주의 모든 것은 음의 높낮이와 소리를 지배하는 수학으로 조화를 이루고 있다. 아마 세상은 하나님이 부르시는 다성부 화음으로, 각 피조물은 자기 몫의 멜로디로 전체 화음을 만들어내는 데 기여할 것이다. 우리의 경우도 음악은 우리의 개별성을 하나의 하모니로 아름답게 조화를 이루도록 엮어내는 한 방법이다. 이렇게 개별성이 하나의 하모니를 이룰 때 우리가 담당한 몫보다 훨씬 더 응장하고 아름다운 조화를 만들어낸다. 이런 조화는 우리 자신도 누리지만, 외부인들도 충분히 누릴 콘서트가 된다. 이 역시 하나님나라를 예고한다. 밤낮으로 그치지 않고 노래하는 영원한 왕국을 예고한다.[45] 음악은 우리의 한계를 인정하는 방법이며, 동시에 세계를 하나로 묶어주는 그 화음과 하나 되는 방법이기도 하다. 뜨개질의 실처럼 개인과 공동체를 하나로 엮어주며 우리가 한 가지 목적을 위해 함께 모였음을 알려주는 역할을 한다. 분명하게 표현되되 공개적이며 모든 것을 포괄하는 목적이다. 우리가 노래를 부르는 이유는 노래해야 할 무엇인가가 있기 때문이고, 우리는 그것에 대해 함께 노래하도록 부름받았다. 랍 벨(Rob Bell) 목사는 우리가 인생의 오케스트라에 각자의 목소리를 더하면서 하나님과 나아가 그분이 만드신 세상과 하나의 리듬을 이루며 살아가야 한다고 이야기한다. 작곡가 제임스 맥밀란(James McMillan)은 음악과 신성한 세계를 이어주는 '탯줄'에 대해 이야기한다. 스코틀랜드 예수회 소속 존 맥데이드(John McDade)는 음악이 은총의 신비에 가장 가까이 다가갈 수 있는 수단이라고 주장한다. 음악은 우리가 상상하지 못했을 더 거대하고 아름다운 무엇인가의 일부임을 보도록 도와준다.[46]

윌리엄 틴데일은 "우리가 복음이라고 부르는 단어는 위대한 말이며, 기쁘고 즐겁고 좋은 소식을 가리킨다. 사람을 행복하게

---

45) 요한계시록 4:8.
46) Rob Bell, *Rhythm*,-Nooma DVD 시리즈 중(nooma.com); James McMillan, 'The Divine Spark of Music', 2008년 10월 1일 스탠퍼드 세인트 마틴 30주년 기념 강연; John McDade & Leonard Sweet, *Nudge-Awakening Each Other to the God Who's Already There*(David C. Cook, 2010), 152쪽에서 인용.

하고 노래하며 춤추면서 기쁨에 겨워 껑충껑충 뛰게 한다"라고 썼다. 그는 예수님의 복음으로 기뻐하고 즐거이 노래하며 춤추고 뛰는 것이 어떤 것인지 알았다. 그는 힘이 닿는 대로 모든 곳에 복음이 전해지도록 수고하고 애쓰며 살았다. 그는 히브리어와 헬라어 성경을 영어로 완역한 최초의 성경 번역가다. 그러나 그의 노래가 항상 즐겁기만 한 것은 아니었다. 대가를 치르지 않고 얻는 것은 없기에 때로 우리가 고통 속에서도 노래할 수 있음을 알았다. 그는 성경을 번역하고자 자기 생명을 대가로 치렀다. 예수님은 "누구든지 나를 따라오려거든 자기를 부인하고 자기 십자가를 지고 나를 따를 것이니라"고 말씀하셨다.[47] 이렇게 해서 제자도의 네 번째 표지를 확인하게 된다. 제자도는 공동체와 목적에 관한 것이기 때문이다. 그리고 다소 인기는 덜하지만, 고통에 대한 것이기도 하다.

목적이 있는 공동체

'예수 안에 뿌리내린 삶'의 구성원들은 예수님을 따르기로 결단하라는 권면을 받고 나면 먼저 주님의 가르침을 삶에 적용하고, 다음으로 성령을 의지하여 사람들을 섬기는 적극적인 사역에 참여하는 법을 배운다. 다음으로 그들이 속한 여러 공동체의 필요를 생각하고 그 필요들을 위해 구체적으로 기도하도록 요청받

---

47) 마태복음 16:24; 마가복음 8:34.

는다. 우리가 받는 피드백의 가장 흥미로운 특징을 하나 꼽는다면 그들이 보이는 다양한 반응이다. 각 그룹은 자신들의 목적을 확인하고, 나아가 특정한 상황에서 예언자적 공동체가 되기 위한 그들만의 방법을 확인하는 것 같다. 여기에 몇 가지 사례가 있다.

잠비아 루아풀라에서 고아들을 돌보다

"어떤 지역의 목사님은 꽤 오랫동안 마을의 어려운 지체들을 돕기 위해 백방으로 방법을 찾아다녔다. 그동안 계속 모임을 가져온 제자도 그룹을 통해 사람들은 힘을 합치기 시작했다. 이전에는 서로 인사도 하지 않았던 여러 교회의 지체들이 이제 함께 모여 마을에 희망을 전하고 구제하는 방법을 찾고 있다. 많은 사람이 실제적인 변화를 이루어내고자 애쓴 덕분에 한 목사님이 제안한 아이디어가 하루아침에 갑자기 현실로 이루어졌다. 이외에 그들은 160명 정도의 고아를 돌보고 있으며, 그들을 먹이고 가르칠 기금을 마련할 방도를 찾고 있다. 그 지역에 새로운 제자도 그룹들이 생기고 있으며, 멀리 떨어진 마을과 심지어 고아 중에서도 모임이 시작되었다. 점점 더 많은 사람이 예수님에 대해 알아볼 기회를 얻고 있다."

―존 폴 위트(John Paul Witt), 디그너티 월드와이드(Dignity Worldwide), 잠비아, 2011년 6월

케이프 타운에서 거리의 폭력 문제를 해결하다

"최근에 마넨베르그의 화해 교회(Church of Reconciliation) 교구 목사님인 도니 신부님과 '예수 안에 뿌리내린 삶'이 그의 교구에서 어떤 일을 하고 있는지 대화를 나눌 기회가 있었어요. 도니

신부님은 이렇게 이야기해주셨어요. '알다시피 갱들이 전쟁을 벌이고 무고한 사람들에게 마구 총질을 해대고 있었지요. 그래서 그 지역의 우리 학교들이 문을 닫을 수밖에 없었어요. 우리 교회 교인들, 특별히 린제이 트레이닝(RinJ training)과 린제이 그룹(RinJ group)에 참여하고 있는 리더들은 저를 찾아와서 총격을 가하는 갱들에 대해 무슨 조치를 해야 하지 않겠느냐고 했어요. 그들은 함께 모여 기도하기로 했죠. 그런 다음 밖으로 나가 수프와 빵을 나누어주고 갱들과 대화를 시도하고, 심지어 그들 중에 몇 사람과는 함께 기도도 드렸어요. 플래카드를 들고 거리로 나가서 폭력을 중지하자고 호소하고 찬양을 부르고 기도드렸어요. 그리고 다른 성직자들에게도 동참해달라고 호소했어요. 결국 대주교도 합세해서 갱단 두목들과 대화하고 휴전하기로 합의를 이끌어냈어요. 이제 학교는 다시 문을 열었어요. 사람들은 안전하게 다닐 수 있게 되었지요. 린제이 그룹은 다시 모임을 재개했답니다.' 내게 도니 목사님의 간증은 하나님이 '예수 안에 뿌리내린' 평범한 사람들을 사용하셔서 비범한 일을 하실 때 얼마나 큰일을 행하실 수 있는지 알려준 간증이자 찬양이었다."

—아만다 올슨(Amanda Ohlsson), '예수 안에 뿌리내린 삶' 모임 리더, 교회 성장(Growing the Church), 남아프리카, 2013년 9월

모잠비크 니아사에서 공동체를 지원하다

"예수 안에 뿌리내린 삶'은 우리의 모든 사역과 선교 훈련의 근거로서 '예수 안에서 공동체들이 거룩하게 교제하는 장이 되자'는 우리 교구의 비전대로 작은 소모임 공부를 지원하고 서로

를 제자화했다. 그리고 교회를 개척하고 믿음 안에 뿌리를 내리며 성장하고자 했고, 함께 삶의 변화를 이끌어냈다. 277쪽 사진 뒤쪽의 사람들이 보이는가? 모자를 쓴 사람들은 에퀴파 다 비다(Equipa da Vida) 팀의 '지원자'들이다. 청소년들의 참여를 이끌어내는 데 집중하면서 매우 왕성한 활동을 펼치고 있는 이 팀들은 무서운 속도로 성장하고 있다. 이제 우리 교구 주변의 발전을 위해 통합적인 선교라는 방식을 적극 활용하고 있다. 그들이 하는 일 중 하나는 린제이 그룹(RinJ Group)을 그들의 수준에 맞게 가르치는 것으로, 다른 목회 영역과 소모임에서 하는 성경 공부 방법도 활용하고 있다.

504명의 교인이 325개의 팀을 이루고 있고, 한 그룹의 각 지체는 고아 지원, 식수 공급, 건강, 장기 투병자를 대상으로 한 HIV 교육과 지원 등의 사업을 위해 공동체별로 열 가정씩을 맡아 돌보고 있다. 무슬림 교도들도 현재 진행 중인 공동체 활동에 참여했고, 이 팀들의 주도로 두 곳에 교회가 세워졌다. 5년 안에 우리 교회는 500여 명으로 대략 두 배가 증가했고, 사역자는 45명에 이른다. 모잠비크 북부에 자리한 우리 교회의 교인 수는 이제 65,000여 명에 도달했다. 교회를 이루어가는 기쁨과 설렘이 대단하다."

―헬렌 반 코버링(Helen Van Koevering), 니아사 교구 사역 책임자, 모잠비크, 2010년 9월

니아사 교구의 사제들과 지원자

깊게 사고하고 헌신적으로 참여하는 작은 무리의 시민이 세상을 바꿀 수 있다는 사실을 절대 의심하지 말라. 실제로 세상을 바꾸어온 유일한 이들이다.—마가렛 미드(Margaret Mead)

6장.
나눔을 위한 질문

1. 예수님의 제자는 무엇을 해야 하는가?

마태와 누가와 요한은 예수님의 제자가 된다는 의미를 논의하면서 각기 강조하는 우선순위가 달랐다. 다음 구절을 잘 살펴보라. 각 복음서가 특별히 강조하는 부분의 예를 소개하고 있다.

- "내가 주릴 때에 너희가 먹을 것을 주었고 목마를 때에 마시게 하였고 나그네 되었을 때에 영접하였고 헐벗었을 때에 옷을 입혔고 병들었을 때에 돌보았고 옥에 갇혔을 때에 와서 보았느니라"(마 25:35-36).
- "예수께서 열두 제자를 불러 모으사 모든 귀신을 제어하며 병을 고치는 능력과 권위를 주시고 하나님의 나라를 전파하며 앓는 자를 고치게 하려고 내보내시며"(눅 9:1-2).
- "너희가 서로 사랑하면 이로써 모든 사람이 너희가 내 제자인 줄 알리라"(요 13:35).

로저 월턴은 이 세 복음서 기자들이 각자 다른 상황에서 글을 쓰고 있기 때문에 이런 차이가 나는 것이라고 주장한다. 사시고 죽으시고 다시 부활하신 예수님을 따르고자 하는 결단은 동일하지만, 제자도의 양식은 상황에 따라 결정된다고 말한다.

- 강조한 내용 중 자신의 상황에 가장 적합한 것은 무엇인가? 그 이유는 무엇인가? 아직 복음을 듣지 못한 사람들에게 하나님나라를 선포하는 효과적인 방법이라 생각하는가?

2. 선교의 다섯 가지 접근 방식

성공회 연합은 다섯 가지 '선교의 지표', 다시 말해 세계 선교에 교회가 참여할 수 있는 다섯 가지 경로를 다음과 같이 확인했다.

(1) 하나님나라의 복음을 선포한다.
(2) (새) 신자를 가르치고 세례를 주며 양육한다.
(3) 사랑의 섬김으로 이웃의 필요에 응답한다.
(4) 사회의 불의한 구조를 변화시키고자 노력한다.
(5) 창조 질서의 보전을 위해 분투한다.

- 가장 마음에 와닿는 방식은 무엇인가? 나머지 방법들을 외면하고 한 가지 방법만 실천해도 되는가? 어떻게 해야 예언자적으로 이 일들을 감당함으로 그것이 그 자체로 목적이 아니라 그 나라의 표지로서 드러나도록 할 수 있는가?

3. 목적이 있는 공동체

"우리의 동족인 사람들에게 순수한 도움을 베푸는 행동 외에는 하나님이 가치 있게 보시는 일은 아무것도 없다."—조지 캐드베리

- 캐드베리가 우리 마을이나 도시에 살고 있다면 어떻게 행동할 것 같은가?

- 지금 다니는 교회의 지체들에게 교회의 존재 목적이 무엇이냐고 묻는다면 그들은 무엇이라고 말할 것 같은가?

7장

네 십자가를 지라

"생명으로 인도하는 문은 좁고 길이 협착하여
찾는 자가 적음이라"(마 7:14).

예수님

"그리스도인은 범퍼 스티커와 캐치프레이즈를 가지고 있다.
신자는 여러 신조와 약속을 가지고 있다.
제자는 상처와 이야기를 가지고 있다."

시몬 기유보(Simon Guillebaud)[1]

3장에서 나는 처음 예수님을 따랐던 이들에게 해당하는 네 가지가 있으며, 이런 것들은 여전히 오늘날에도 제자도의 지표로 받아들일 수 있다고 주장했다. 먼저, 이 사람들은 예수님의 부르심을 듣고 인생 방향을 바꾼 다음, 다른 나침반으로 인생의 방향을 재설정했다. 둘째, 기꺼이 예수님의 도제가 되어 함께 다니고 배우며 누구를 만나든지 일상의 교류를 통해 배운 것을 실천하고자 했다. 셋째, 개인적으로 배웠을 뿐 아니라 공동체의 일원으로 배웠다. 이 공동체는 그 자체를 위해 존재하는 것이 아니라 아직 그 공동체에 속하지 않은 이들을 위해 존재하는 곳이었다. 마지막으로, 그들은 기꺼이 고통을 감내하고자 했고, 예수님을 따르는 것이 형통한 삶의 입장권이 아니라 대의를 위한 어려운 결단이라는 점을 받아들였다. 예수님은 다소 퉁명스럽게 "누구든지 나를 따라오려거든 자기를 부인하고 자기 십자가를 지고 나를 따를 것이니라"고 말씀하셨다.[2] 베드로의 경우 정확히 말씀하신 그대로 십자가에서 순교했음을 우리는 알고 있다. 그러나 나머지

---

1) *Dangerously Alive-African Adventures of Faith Under Fire*(Monarch, 2011), 30쪽.

2) 마가복음 8:34.

제자들은 어떻게 되었는가? 예수님은 정확히 무슨 의도로 이런 말씀을 하셨으며 오늘날 우리는 이 말씀을 어떻게 받아들여야 하는가?[3)]

아마 마가복음부터 살펴보는 것이 가장 좋을 것이다. 마태와 누가와 요한처럼 마가 역시 예수님의 제자가 된다는 의미에 대해 자기 나름의 입장이 있었다. 마태가 사회를 강조한다면 누가는 사역을 강조하고, 요한은 관계를 강조한다. 반면에 마가는 무엇보다 우리가 치러야 할 대가에 관심이 많은 것처럼 보인다. 예수님과 제자들을 소개한 후 마가는 자신이 기술하는 사건들의 미래적 함의로 관심을 돌린다. 8장에서 벳새다 맹인의 눈을 뜨게 한 일로 시작해 10장은 여리고의 바디매오라는 맹인을 고쳐주는 것으로 끝난다. 이 두 사건 사이에 그는 예수님이 그 자신의 삶과 죽음에 대해 제자들에게 예고하시는 내용을 배치하고, 그분을 따르는 자들에게 이것이 갖는 의미를 이야기해준다. 이런 식의 사건 배열로 그들이 맹인처럼 이전에는 보지 못했으나 이제는 보게 되었다고 말하는 것 같다. 벳새다의 그 맹인은 두 번의 기도를 받았다. 바디매오는 즉각 고침을 받고 일어나 예수님을 따랐다. 아마 마가는 "당신은 어떤가? 당신의 비전은 얼마나 명확한가? 어떤 반응을 보이겠는가?"라고 묻고 있는 것 같다.

이 불편한 대화 중 첫 번째는 8장에 기록되어 있으며, 예수님은 자신이 고난받고 거부당하며 죽임당한 뒤 다시 살아나실 것이

---

3) Ernest E. Best, "Following Jesus-Discipleship in the Gospel of Mark", *Journal for the Study of the New Testament*(1981)를 참고하라. 로저 월턴은 대가를 강조한 마가에 대해 논의한다. *The Reflective Disciple*(SCM Press, 2012), 9–12쪽.

라고 설명하셨다. 이 시점에서 예수님은 열두 제자뿐 아니라 전체 무리를 대상으로 이런 설명을 하시며 제자가 되기를 원한다면 그들 역시 자기를 부인하고 자기 십자가를 지고 당신을 따라야 한다고 경고하신다. 보상이 무엇이냐고? "누구든지 자기 목숨을 구원하고자 하면 잃을 것이요 누구든지 나와 복음을 위하여 자기 목숨을 잃으면 구원하리라." 두 번째 대화는 9장에 기록되어 있다. 여기서 예수님은 또다시 자신의 죽음을 예고하시며 배신당하고 죽임당하지만 다시 부활하실 것을 말씀하신다. 마가는 제자들이 예수님의 말씀을 이해하지 못했다고 말한다. 그들은 감히 묻기를 두려워했다. 제자들의 이런 모습은 어쩌면 당연했을지 모른다. 그들 중에 누가 가장 큰 자인가가 그들의 가장 중요한 관심사였기 때문이다. 예수님은 조금도 흔들림 없이 계속해서 말씀을 이어가셨다. 그들을 기다리는 것은 높은 지위가 아니라 섬김이고, 제자의 길은 특권의 길이 아니라 희생의 길이며, 출세가 아니라 스스로 권리를 내려놓는 자리라고 말씀하셨다. 그런 다음 이제 예루살렘으로 향해 가시며 10장에서 다시 한번 그곳에 갔을 때 벌어질 일을 말씀해주신다. 그분은 조롱과 침 뱉음을 당하고 채찍에 맞고 죽임당하실 것이다. 그러자 야고보와 요한은 자신들의 요청에 대해 답변을 들을 최적의 시기라 생각한다. 영광을 받으실 때 그들이 예수님의 옆자리에 앉을 수 있겠느냐는 것이다. 예수님은 다시 분명하게 말씀하신다. "내가 마시는 잔을 너희가 마실 수 있으며 내가 받는 세례를 너희가 받을 수 있느냐?" 예수님은 참을성 있게 이것은 높은 곳으로 올라가기 위한 경주가 아니라 가장 낮은 자리로 내려가기 위한 경주라고 다시 말씀해주신다. "너희는 이렇게 내려갈 경주를 할 준비가 되어 있느냐?" 여러

고를 지나던 중에 바디매오가 고침을 받는다. 제자들은 이제 중요한 문제가 무엇인지 알게 된다.

편안하게 앉아 있니?

어렸을 때 우리 집에는 텔레비전이 없었다. 그래서 라디오를 즐겨 들었다. 아주 어릴 때 자리를 잡고 앉아 〈엄마와 함께 듣기〉(Listen with Mother) 방송을 들었던 기억이 난다. 각각의 에피소드는 〈두 대의 피아노를 위한 포레의 돌리 모음곡〉 중 "자장가"(Berceuse) 편 연주로 시작되었다. 지금도 나는 이 음악을 들으면 마음이 편안해지고 아련한 행복감이 피어오를 정도다. 다음으로 지금도 귀에 생생한 "편안하게 앉아 있니? 이제 시작이야"라는 말이 어김없이 들려왔다. 진행자인 줄리아 랭이 애드립으로 즉석에서 만든 이 구절은 특정한 한 세대 전체의 무의식 속에 즐겁게 스며들었다. 얼마나 많은 사람에게 사랑을 받았는지 결국 이 표현은 옥스퍼드 인용 사전에 등재될 정도였다. 우리는 누구나 편안하게 앉아 있기를 좋아한다.[4]

우리는 고통을 제거하는 데 도가 튼 문화 속에서 살고 있다.

---

4) 1982년 BBC가 이 프로그램을 폐지하기로 결정하자 전국에서 야유가 터져 나왔고, 이 프로그램 청취자 중 실제로 5세 이하는 단 2퍼센트에 지나지 않을 정도로 영국인들은 이 프로그램에 익숙해 있었다. 70년대 중반 청취자 조사를 보면 이른바 자기 자리에서 편안하게 앉아 이 프로를 듣는 아이들만큼 이 프로를 듣는 장거리 화물 운전자도 많다는 사실이 확인되었다. andywalmsley.blogspot.co.uk/2011/08/are-you-sitting-comfortably.html을 참고하라.

신문을 보면 아사이베리와 해초류, 비트 주스, 아보카드, 퀴노아나 석류를 꾸준히 섭취해서 건강하고 행복하게 살아야 한다고 조언하는 기사들로 넘쳐난다. 물론 운동도 단골 메뉴다. 고강도 운동, 저강도 운동 혹은 워블보드 운동으로 몸의 건강을 다져야 하고, 관장, 동종요법, 지압에 이르기까지 우리의 신체 건강을 강화하는 데 도움이 될 온갖 종류의 방법이 앞다투어 소개된다. 건강에 관심을 기울이지 않더라도 안전을 중요하게 여기라는 조언도 수없이 듣는다. '건강과 안전'은 서구 사회에서 귀가 닳도록 강조하는 테마 음악의 하나가 되었다. 얼마나 극성이든지 아프리카의 한 주교님이 내게 말한 대로 우리는 병적일 정도로 위험을 회피하게 되었다. 우리 아이들이 다니는 초등학교는 마로니에 열매, 요요, 영령 기념일을 위한 양귀비꽃은 다치게 할 위험이 있다는 이유로 일절 휴대를 금지했다. 나무 타기 역시 금지 대상이며 햇빛 차단용 모자를 꼭 써야 한다. 성인들의 세계에서도 즐기는 것보다 안전이 더 중요하다. 최근의 보도를 보면 벳포드셔의 한 카페에서 고객의 아이스크림에 뜨거운 딸기 소스를 부어주지 않은 직원의 이야기나 쿰브리아의 애완견 대회에서 원반 잡기를 금지한 주최 측의 조치에 대한 기사가 보인다. 요크셔의 한 마을에서 지방 의회 의원들이 뜨개질로 짠 깃발을 치우도록 명령한 기사도 있다. 모두 건강과 안전을 이유로 내세웠다. 물론 신체적 건강만 중요하지 않다. 우리는 또한 경제적으로나 사회적으로 고통 없이 살기를 원한다. 신문의 헤드라인은 "소비 규모가 늘어난 가정 경제를 돕기 위해 경제 활성화가 필요하다"라고 신이 나서 소리친다. "평등해야 행복할 수 있다"라고 연구원들은 힘주어 강조한다.[5] 물론 평등을 제대로 실현하지 못한다고 하더라도 이제 의사들이 거의 모든 형태의 불행을 치료할 수 있다. 대중 연설에 대한 두려움이나 욱하는 성질이나 건강에 대한 염려증도 다 치료의 대상이다.[6]

이렇게 자기도취적이고 경계심이 심한 우리 문화의 다소 극단적인 이런 양상을 보고 자조 섞인 웃음을 지을지 모르지만, 문제는 이런 가치들이 암암리에 하나님에 대한 우리 이해에까지 침투해 있다는 사실이다. 영국에서 신앙에 대해 고민하는 이들이 제기하는 흔한 질문 중 하나는 "세상에 고통당하는 이들이 이렇게 많은데 어떻게 하나님이 살아계신다고 할 수 있는가?"라는 질문이다. 조지 바나(George Barna)가 지적하듯이 이런 질문에는 하나님은 "인류의 행복을 위해 존재한다. 그분은 오직 우리에게 혜

---

[5] bbc.co.uk/news/science-environment-28592838, 멜리사 호젠붐(Melissa Hogenboom)은 UCL(University College London)의 연구원들이 실행하고 2014년 8월에 'A computational and neural model of momentary subjective well-being'이라는 제목으로 출판된 연구를 미국국립과학원회보(Proceedings of the National Academy of Sciences)에서 보고했다. 관련된 방정식은 아래와 같다.

$$\text{Happiness}(t) = w_0 + w_1 \sum_{j=1}^{t} \gamma^{t-j} CR_j + w_2 \sum_{j=1}^{t} \gamma^{t-j} EV_j + w_3 \sum_{j=1}^{t} \gamma^{t-j} RPE_j$$

[6] 이 모든 조건은 대표적인 정신 의학 참고 문헌, *Diagnostic and Statistical Manual of Mental Disorders*의 최신 개정판에서 다루었다. 대중 연설에 대한 두려움은 일종의 '사회적 불안 장애'이고, 울화는 '파괴적 기분 조절 장애'이며, 건강에 대한 염려는 신체 증상 염려증의 결과다. 한 유익한 웹사이트는 '사회 공포증'에 대한 인식과 치료가 아직 저조하다고 설명한다. 하지만 "벤조디아제핀을 보조적으로 활용하면 초기 증상 완화가 필요한 환자들의 치료 반응을 촉진할 수 있다." "필요할 때 베타 차단제를 사용할 경우 제한적 사회 공포증과 수행 공포증 치료에 효과적이었다는 것을 기억해야 한다." aafp.org/afp/1999/1115/p2311.html을 참고하라.

택과 유익을 제공할 목적으로 천계에 거주하고 있다"라는 함의가 내포되어 있다. 다시 말해서 하나님의 존재 목적이 우리가 건강하고 부유하며 안전한 삶을 살 수 있도록 고통에서 보호하는 데 있다는 말이다.7) 평생 고통을 숙명처럼 안고 살아가는 아프리카 사람들과 지금까지 15년 동안 함께 대화하며 기도해온 나는 그들에게서 이런 질문을 단 한 번도 들어본 적이 없다. 현재 극심한 트라우마로 고통당하고 있는 콩고(콩고민주공화국) 칼레미의 먼 외곽 마을 출신인 제임스 마이운도는 "우리를 위해 기도해주시겠습니까?"라고 편지를 보내왔다. "우리가 현재 당면하고 있는 문제가 많지만, 어디서나 항상 느끼는 공포, 콩고의 여러 지역에서 활개치는 반군들의 존재, 평화로운 일상을 영위하기 불가능하게 하는 가난과 항상 침울하고 황폐한 표정에 드러나는 빈곤의 그림자가 특별히 고통스럽습니다." 그는 그런데도 이렇게 말한다. "'예수 안에 뿌리내린 삶' 프로그램에 참여한 이들에게서 많은 간증이 쏟아지고 있습니다. 사람들이 믿음 안에서 세워져 가고 있으며, 교회에 출석하는 사람의 수가 날로 늘어나고 있습니다. 교인들은 서로에게서 그 어느 때보다 더욱 뜨거운 사랑을 확인하고 있습니다." 구주를 따르지만, 고통에서 해방될 것이라는 약속을 하지 않았던 제임스는 이런 일들이 전혀 모순되지 않는다고 본다. 한번은 탄자니아 키바야의 소모임 리더들에게 암송 구절들을 어떻게 이해하고 배우는지 물어보았다. 배우기가 어렵지 않느냐고 물

---

7) 마이클 호튼(Michael Horton)이 인용함, *The Gospel Commission-Recovering God's Strategy For Making Disciples*(Baker Books, 2011), 254쪽.

었다. "너무 어려워요. 너무 벅차요"라고 한 여성은 대답했다. 나는 서글픔이 몰려오는 것을 느끼며 무엇이 그렇게 어려운지 말해 달라고 했다. 그녀는 이렇게 대답했다. "야고보서 1장 2-4절 말씀을 배우고 있었어요. '너희가 여러 가지 시험을 당하거든 온전히 기쁘게 여기라 이는 너희 믿음의 시련이 인내를 만들어 내는 줄 너희가 앎이라 인내를 온전히 이루라 이는 너희로 온전하고 구비하여 조금도 부족함이 없게 하려 함이라.' 당시는 심한 흉작으로 배고픔에 고통당하고 있을 때였어요. 아이들에게 겨우 하루에 한 끼밖에 먹일 수가 없었지요. 정말 힘들고 괴로웠어요." 나는 내가 한 번도 경험한 적이 없는 문제로 힘들어하는 사람들을 도울 수 있다고 생각했던 순진함 때문에 당황해서 얼굴이 빨개졌다. 그러나 내가 말을 꺼내기 전에 그녀는 계속해서 이렇게 말했다. "그런데 이 말씀을 묵상하면 할수록 주님은 우리에게 깊은 평안을 주셨어요." 예수님은 고통에서 면제해주겠다고 약속하신 것이 아니라 고통을 감당하도록 우리와 함께하겠다고 약속해주셨다.

예수님이 제자들에게 가르치신 내용과 개인적이고 국가적인 안녕을 추구하는 데 매진하는 우리가 오늘날 찾고 있는 것 사이에는 거대한 간극이 존재하는 것 같다. 우리는 어디서부터 잘못된 것인가? 톰 사인(Tom Sine)은 서구 사회를 지배하는 풍요로운 생활과 더 나은 미래에 대한 심상은 계몽주의에서 기인한 것이라고 주장한다. 계몽주의는 우리 세계를 이해하는 강력한 신화를 제공했을 뿐 아니라 회복하도록 초청받는 더 나은 미래에 대한 새로운 심상, 즉 새로운 세속적 구원의 심상을 제공했다. "본질적으로 계몽주의의 스토리텔러들은 하나님나라에 대한 수직적 추구를 수평이 되도록 옆으로 뒤집어버렸다. 이렇게 해서 서구적 진보와 기술의 숙달과 경제 성장이라는 수평적인 추구에 매달리게 되었다…우리는 더 나은 미래에 대한 이 비전을 서구의 꿈 혹은 아메리칸드림이라고 부른다." 사인은 이것이 새로운 글로벌 질서 이면의 지배적 신화가 된 꿈이라고 주장한다. 우리 경제의 마케터들은 의미의 중개인이 되었다.[8]

놀랍게도 여기 서구 사회에서도 이런 일이 점점 현실로 드러날 뿐 아니라 서구의 자기 도취적인 사고방식과 멀리 떨어진 곳에서도 현실이 되고 있다. 1년 전 마다가스카르에서 좋은 그리스도인이 되려고 최선을 다했지만, 여전히 가난에 시달리고 있는 이유가 무엇인지 설명해줄 수 있느냐고 묻는 한 여성을 만났다. 그녀의 말에 따르면 하나님이 믿는 자에게 형통함의 복을 주신다는 설교를 분명히 들었다는 것이다. 그녀는 어떤 오해를 하고 있는가? 우리는 예수님의 제자다. 나는 예수님이 부자였느냐고 물어보았다. 그녀는 이런 생각을 해본 적조차 없었던 모양이었다.

이렇게 세상의 가치들이 교회로 침투해서 우리의 우선순위들을 교묘하게 바꾸어놓고 편안하게 앉아 엄마와 함께 듣기를 하라고 우리를 유혹하고 있다. 지난 장에서 살펴보았듯이 우리는 우리의 존재 목적을 거의 상실할 위험한 지경에 처해 있으며, 오히려 세상 친화적인 삶에 안주하려고 한다. 아마 우리는 다시 예수님의 말씀에 귀를 기울이면서 이 세상에 속하지 않은 나라로 길을 안내하는 예언자적 공동체로 살아야 할 가능성을 고려해야 할 것이다. 그리고 이것은 우리를 아프게 할 수 있다. 서구의 꿈이 시들해지고 있

---

8) Tom Sine, *The New Conspirators*(Paternoster, 2009), 79쪽.

다는 징후들이 나타나고 있으므로 이런 고민을 진지하게 해볼 적기로 보인다. 낙관론이 팽배하던 미국에서조차 새로운 비관론이 서서히 위세를 떨치려 하고 있다. 버락 오바마 대통령은 국내에서는 경기 침체와 자연재해로, 대외적으로는 시리아에서 참수당한 기자들과 우크라이나의 일상이 된 전쟁의 참상, 아프리카의 에볼라, 가자 지구에서 사망한 어린이들의 문제로 새롭게 형성된 정세를 파악하느라 애쓰는 가운데 뾰족한 해결책을 찾지 못하고 어려움을 겪고 있다. "전 세계적으로 구질서가 흔들리고 일련의 다른 원리들에 근거한 새로운 질서라는 측면에서 우리가 어떤 방향으로 가야 하는지 알 수 없는 혼돈으로 사람들의 우려는 깊어지고 있다."9)

예수님은 "내가 온 것은 그들이 생명을 얻게 하려 함이다. 네 십자가를 지고 나를 따르라"고 말씀하셨다.

나쁜 소식을 먼저 듣기

"인생이란 걸어 다니는 그림자에 지나지 않을 뿐, 무대 위에 있을 땐 잠깐 뽐내고 떠들어대지만, 시간이 지나면 아무 말 없이 사라지는 가련한 배우에 불과할 뿐. 인생이란

---

9) 2014년 시애틀에서 버락 오바마가 했던 연설은 washingtonpost.com/blogs/the-fix/wp/2014/07/23/the-most-important-sentence-president-obama-uttered-on-Tuesday/를 참고하라. 불안의 새로운 의미에 대해서는 2014년 실시한 여론 조사 결과를 참고하라: washingtonpost.com/blogs/the-fix/wp/2014/08/06/the-single-most-depressing-number-in-the-new-nbc-wall-street-journal-poll/.

> 아무런 의미도 없는 헛소리와 분노로 가득한, 바보의 이야기에 지나지 않을 뿐."-윌리엄 셰익스피어

최근에 우리는 매주 교회에 나오는 사람 중 절반이 어떤 문제로든 고통당하고 있다고 판단한 한 목사님과 대화를 나누었다. 질병과 불행의 망령들을 우리 인생에서 몰아내고자 필사적인 이유는 우리가 우리 운명의 주인공이 아니라는 두려움에 내몰려서다. 항산화 물질이 풍부한 베리 제품들을 구입하고, 운동 프로그램을 열성적으로 따라 하며, 위험하다고 생각되는 뜨개질 깃발을 미리 치운다고 해도 내일이 되면 암 진단을 받을 수 있고, 실직의 위기에 내몰리거나 관계가 파탄 날 수 있다는 두려움이 늘 우리를 떠나지 않는다. T. S. 엘리엇이 지적한 바 있듯이 인류는 현실을 감당하기가 참으로 버겁다. 그래서 우리는 두려움의 대상을 다른 무엇인가로 전이시키고 중요한 핵심을 놓쳐버린다.[10] 자신의 꿈이 마침내 먼지처럼 허망하게 사라지자 맥베스가 소리 지른 것처럼 인생은 바보가 들려주는 이야기에 지나지 않게 된다.[11]

이와 반대로 예수님은 결코 거짓된 약속을 하시지 않는다. "비가 내리고 창수가 나고 바람이 불어 그 집에 부딪치되." 상황이 고통스럽다면 해결책은 훨씬 더 고통스러울지 모른다. "생명으로 인도하는 문은 좁고 길이 협착하여 찾는 이가 적음이라."[12] 예수님의 이 말씀은 듣기에 편한 말씀은 아니다. 예수님은 제자

---

10) "번트 노턴"(Burnt Norton), 〈사중주〉(Four Quatrers) 시리즈 중 첫 번째 시.
11) William Shakespeare, *Macbeth*, 2장 5막.
12) 마태복음 7:24-27과 13-14.

들에게 "너희가 사람들에게 반드시 인기를 얻게 될 것은 아니다"라고 말씀하셨다. 프레드릭 비크너(Frederic Buechner)는 좋은 소식을 듣기 전에 먼저 나쁜 소식을 들어야 한다고 지적한다. 우리가 할 일은 고통과 인생의 무의미함을 외면하고 은폐하는 것이 아니라 인정하는 것이다. 우리가 먼저 전해야 하는 말은 "힘을 내"란 말이 아니라 "그래 알고 있어"라는 말이어야 한다. 다시 말해서 우리는 자신에게 가차 없어야 하며, 고통으로 가득한 이 세상에 우리가 몸담고 있음을 인정하고 우리의 고통을 기꺼이 받아들여야 한다.

> 만약 [설교자가] 무섭게 부는 폭풍을 향해 소리 높여 외쳐 불러도 아무 대답이 없고, 마음의 병이 깊어도 아무 고침을 받지 못하는 인간의 절망적 경험에 대해 아무 이해가 없다면 그는 지상에서 이런 경험을 하지 못한 유일한 사람일 것이다. 그를 제외한 모든 사람은 이것을 고백하든지 아니든지 모두 이런 경험을 했을 것이기 때문이다. 다른 무엇보다 신의 존재를 찾아 그들이 그곳까지 간 것은 바로 이런 신의 부재에 대한 경험 탓이다. 설교자가 이런 비극을 거론하지도 공감하지도 않는다면 배에 승선한 사람 중 유일하게 파도가 집채처럼 덮치고 갑판이 물로 뒤덮여 있어도 전혀 모르거나 파도와 맞서서 배를 지키려 하지 않는 선장이나 다름없다. 이제 그가 온갖 말로 희망과 안전과 능력의 역사에 대한 메시지를 전하더라도 사람들은 불신

할 것이다.[13]

이런 현장의 절규는 화려한 번영 신학이나 근사한 그리스도인 친구들과 교류하고 싶어 하는 중산층의 소망과는 동떨어져 있고, 그럴듯한 포장과 빠른 실행으로 대변되는 가짜 세계에 아무 고민도 없이 몸담는 이들에게는 먼 나라의 이야기다. 빛을 알리기 전에 먼저 어둠의 존재를 인정하고, 구명줄을 설치하기 전에 텅 빈 공허를 드러낼 준비가 되어 있는가? 자신의 소명이 무엇인지 고민할 때 현실에 안주하지 않도록 사람들을 도전할 준비가 되어 있는가? 많은 사람은 쓸데없이 벌집을 건드리지 않는 것이 더 편하다고 생각한다. 그러나 마가는 분명하게 경고한다. 우리가 구하고 있는 것이 위로라면 우리에게 아무 해당 사항이 없다는 것이다.

> 조는 서로 사이좋게 지내지만 평범한 영국의 한 마을에 있는 작은 가정 교회에서 사역하고 있다. 조는 교인들과 그들의 자녀들을 목양하고 알파 코스를 꾸준히 운영하면서 변함없이 희생적으로 사역을 감당해왔다. 초창기 교인들과 이제 성인이 된 그들의 자녀들도 빠짐없이 교회에 나오고 있다. 그러나 알파 코스에 다닌 많은 동네 사람 중 믿음을 찾은 사람은 거의 없다. 문제는 조에게 있는 것처럼 보인다. 오래전에 그에게 일어났던 어떤 일,

---

[13] Frederick Buechner, *Telling the Truth-The Gospel as Tragedy, Comedy and Fairy Tale*(HarperOne, 1977), 40-41쪽.

너무 고통스러워서 기억 속에 파묻어버리고 더는 떠올리지 않으려고 발버둥 쳤던 일이 문제의 원인으로 보이는 것이다. 알파 코스에 나오는 이들 중에도 드러내지는 않지만, 고통에 시달리는 이들이 적지 않고, 조만간 그 고통은 대화나 토론 중에 표출되고 말 것이다. 그러나 조는 누구라도 힘들어할 일은 조금도 하지 않는다. 대화 중에 사람들이 품고 있던 분노가 드러나기라도 하면 제일 먼저 조가 나서서 위로를 건네고 응원한다고 말한다. 하지만 그는 고통의 원인이 되는 문제를 드러내는 짓은 잔인하다고 철석같이 믿고 있다. 그래서 누가 힘들어해도 서둘러 안아주고 집으로 보낸다. 조는 자기의 고통을 대면할 마음이 없기 때문에 다른 사람들이 내면의 고통과 직면하도록 도울 능력이 없다. 조만간 그들은 버림받았다는 상실감의 고통을 입에 올리지도 못한 채 절룩거리며 교회를 떠나갈 것이다.

사막에서 결실 거두기

"무릇 여호와를 의지하며 여호와를 의뢰하는 그 사람은 복을 받을 것이라 그는 물 가에 심어진 나무가 그 뿌리를 강변에 뻗치고 더위가 올지라도 두려워하지 아니하며 그 잎이 청청하며 가무는 해에도 걱정이 없고 결실이 그치지 아니함 같으리라"(렘 17:7-8).

나는 오늘날 예레미야 선지자가 병원에 가게 된다면 곧바로 항우울제를 처방받을 것이라고 오랫동안 생각해왔다. 내 성경을 보면 '예레미야의 원망'이라는 소제목이 매우 빈번하게 등장한다. 그에게는 '눈물의 선지자'라는 별칭이 따라다닌다. 예레미야가 하나님께 받은 메시지는 평안의 메시지가 아니었고, 예루살렘 사람들은 그가 전하는 경고의 말씀을 받아들이지 않았다. 신하들은 왕에게 "사기를 꺾는 말만 하는 이 사람을 사형에 처해야 한다"라고 거칠게 항변했다.[14] 그러나 예레미야는 이런 위협에 굴하지 않고 주님의 지시대로 충실히 복종했고, 그들이 그가 적은 두루마리를 불태우고 그를 감옥에 가두어도 입장을 굽히지 않았다. 예수님은 600여 년 후 제자들에게 "내가 마시는 잔을 마실 수 있느냐? 내가 받은 세례를 너희가 받을 수 있느냐?"라고 질문하실 것이다. 예레미야는 마음의 원망에도 불구하고 그렇게 하겠다고 대답했다. 그리고 그의 고통스러운 심중을 담은 성경 본문은 가장 유명한 성경의 교훈 중 하나가 되었다.

예레미야는 하나님께 받은 말씀을 그 자신도 믿었기 때문에 이스라엘 백성에게 전할 수 있었다. 그들이 살 수 있는 유일한 길은 하나님을 의지하는 것이라는 사실을 알았다. 그가 하나님께 받은 말씀의 이미지는 너무나 생생했다. 아무리 큰 가뭄이 들어도 물가에 뿌리내린 나무는 푸른 잎사귀가 돋아나고 잘 익은 열매를 맺게 된다는 것이다. 여기서 나무는 우리 각자를 가리킨다. 고통은 우리가 몸담고 있는 타락한 세상에서 오는 것이며, 이 세상이 주는 헛된 위로를 멀리하고 그 안에서 예수님의 제자로 살

---

14) 예레미야 38:4(NRSV).

기 위해 반드시 요구되는 조건으로 발생하기도 한다. 어떤 고통이 찾아오더라도 우리는 그리스도인으로서 성장하는 데 필요한 자원들을 공급받으리라는 약속을 받았다.

한 친구가 내가 쓴 『야생의 복음』(The Wild Gospel)이라는 책을 한 여성 사역자에게 선물했다고 한다. 그녀는 "제가 이 책을 꼭 읽었으면 좋겠어요? 이 저자는 고난을 겪어본 사람인가요?"라고 물었다. 좋은 질문이다. 우리의 참모습이 드러날 때는 어려움을 겪을 때이기 때문이다. 우리는 오직 고난을 통해 성장한다. 하나님은 혼돈 속에서 세상을 창조하셨다. 혼돈에서 나를 창조하셨고, 질흙을 빚는 토기장이처럼 나를 빚으시며, 불로 금을 단련하듯이 나를 단련하시고, 돌을 쪼는 석수처럼 나를 조금씩 조각하셨다. 그분은 나를 만나러 오셔서 나의 인격 속에 그분이 가진 신의 특성들을 박아넣어 주셨다. 내 몸이 쇠약해지고 피곤해서 노쇠해진다고 하더라도 내 영혼을 새롭게 회복해주시며, 포도나무를 돌보는 포도원 지기처럼 불필요한 가지들을 솎아내시고 믿음의 열매를 맺도록 해주신다. 그 열매는 사랑과 희락과 화평과 오래 참음과 자비와 양선과 충성과 온유와 절제다(그 어느 것도 내게는 자연스럽게 생기지 않는 것이다). 예레미야가 주장한 대로 내 안에 성령이 함께하심으로, 엉망이 된 내 삶의 경험이라는 말라 황폐해진 땅에 생명을 살리는 생수를 공급하심으로, 이 일을 이루어가신다.[15]

---

15) 사도행전 64:8(토기장이), 스가랴 13:9(불), 베드로전서 2:5(돌); 고린도후서 3:18(변화), 고린도후서 4:16(새롭게 함); 요한복음 15:1-11(포도나무), 갈라디아서 5:22-23(열매).

야고보는 "내 형제들아 너희가 여러 가지 시험을 당하거든 온전히 기쁘게 여기라 이는 너희 믿음의 시련이 인내를 만들어 내는 줄 너희가 앎이라 인내를 온전히 이루라 이는 너희로 온전하고 구비하여 조금도 부족함이 없게 하려 함이라"고 적었다. 문제는 우리가 고난을 겪을 것인가가 아니라 고난을 겪을 때 어떻게 반응할 것인가라는 사실을 야고보는 알았다. 고난으로 하나님을 더욱 가까이하게 될 것인가? 아니면 하나님을 더 멀리하게 될 것인가? 사이먼 폰슨비(Simon Ponsonby)는 "광야의 맹렬한 풀무에서 하나님의 깊은 뜻을 깨우치게 된다. 우리 삶을 적셔줄 성령의 깊은 우물은 바로 이곳에서 팔 수 있다"라고 지적했다.[16] 우리는 사막을 두려워하지 말고 오히려 우리의 고통과 낙심과 친구가 되어야 한다. 이렇게 하지 않을 때 우리는 다른 이들에게 그것을 떠넘기게 된다.

이런 진리들을 깨닫게 되면 하나님은 그분과 함께 동역하며 우리 자신의 성장에 적극적인 역할을 감당하도록 우리를 부르신다. 단순히 그분의 사랑을 수동적으로 받는 데서 벗어나 인생의 많은 부침에도 그분을 끝까지 붙들고 또한 편안하게 안주하고 싶은 세속적 욕망을 의도적으로 멀리하며 우리에게 명하신 훈련을 적극적으로 수용하도록 부르신다. 야고보는 우리가 고난과 고통을 통해 성장한다고 말했다. 바울은 이런 고통이 외부에서 온 것이든 내부에서 가해진 것이든 우리가 고난을 통해 성장한다는 것

---

16) Simon Ponsonby, *More-How You Can Have More of the Holy Spirit When You Already Have Everything in Christ*(David C. Cook, 2004), 185쪽.

을 인정했다. 고난은 진주를 만들어내는 조개 속의 이물질에 해당할 뿐 아니라 운동선수의 다리 근육을 강화해주는 로잉 머신의 압력에 해당한다. 군인이 전투에 대비해 실시하는 실전 훈련이나 추수하는 농부가 매일 감당하는 수고와 같다.[17] 달라스 윌라드는 예수님의 제자들은 영적 변화의 황금 삼각형에서 사는 법을 배워야 한다고 주장한다. 인생의 어려움을 받아들이고, 성령과 교통하며, 영적 훈련을 자발적으로 받아들이는 훈련을 하라는 것이다. 그렇게 할 때에야 우리는 칠흑처럼 어두운 하늘에서 별처럼 빛날 것이며, 그럴 때만 예수님을 온전히 증언할 것이고 다른 세계에 대한 그분의 제안을 제대로 알릴 것이다.[18] 안락한 삶은 육체적, 정서적, 도덕적, 영적인 무력함을 낳는다. 예수님의 제자는 기꺼이 불편한 삶을 살아야 한다.

하나님의 임재 연습

로렌스 형제(1614-1691)는 파리에 있는 맨발의 까르멜 수도회 소속의 평수사였다. 이곳에서 그는 연령이나 교육 수준 혹은 사회적 배경에 상관없이 누구라도 일상생활 속에서 실천할 수 있는 영성 훈련 시리즈를 개발했다. 그는 이것을 '하나님의 임재 연습'이라고 불렀고, 간단한 다섯 가지 훈련 방법을 추천했다.

(1) 하나님의 임재를 구하라: 순수함을 지키고자 하는 지극한

---

17) 디모데후서 2:3-6.
18) Dallas Willard, *The Great Omission*(Monarch, 2006), 124쪽.

관심으로 마음을 지키라.

(2) 하나님의 임재를 응시하라: 믿음으로 하나님께만 영혼의 눈을 고정하라.

(3) 하나님의 임재를 삶으로 살라: 하나님을 사랑하는 마음으로 모든 일을 하라.

(4) 하나님의 임재 가운데 말하라: 하나님께 틈나는 대로 기도 드리라.

(5) 하나님의 임재를 소중히 하라: 어떤 것보다 하나님의 임재를 중요하게 생각하라.

로렌스 형제의 가르침은 조셉 드 보프르 수도원장이 그의 사후에 기록한 것으로 온라인에서 무료로 읽을 수 있다. 이 다섯 가지 원리는 마이클 프로스트(Michael Frost)가 자신의 책 『위험한 교회』(Exiles, SFC 역간)에서 소개하고 있다.

대가를 계산하기

"누구든지 나를 따라오려거든 자기를 부인하고 자기 십자가를 지고 나를 따를 것이니라"(막 8:34).

6년 동안 로저와 나는 코비의 목사관에서 생활했다. 1957년 교회 건물 바로 옆에 같은 색의 노란 벽돌과 같은 색의 녹색 주석 지붕으로 지은 목사관은 양쪽 거리를 따라 늘어선 붉은색 벽돌의 반 단독 주택들 틈에서 단연 도드라져 보였다. 우리 집은 일반 주택과 완전히 동떨어진 주택으로 왼쪽에는 영국 국교회가 자리 잡고 있었고, 오른쪽으로는 오순절 교회가 있었다. 길 위쪽으로는 요양원과 가게들이 늘어서 있어서 더욱 도드라져 보이는 집이었다. 하루는 커다란 배달차가 우리 집 앞에 멈추더니 두 사람이 차에서 내렸다. 한 사람이 밴의 뒷부분을 열더니 우리가 주문한 새 더블 침대를 보여주었다. 비닐 포장이 햇빛에 번뜩거렸다. 또 한 사람은 손에 서류철을 들고 사방으로 뭔가를 찾고 있었다. 당황한 기색이 뚜렷한 두 사람은 잠시 멈추더니 서로 수군거리다가 결국 한 사람이 위쪽 길로 가서 신문 판매소로 들어갔다. 나는 밖으로 나가서 무슨 문제가 있는지 물어보았다. "그 더블 침대, 157번지에서 주문한 물건 아닌가요?" 나는 157번지라고 선명하게 새겨진 대문 옆에 서서 이렇게 물었다. 이 말을 듣자 배달차 옆에 남아 있던 사람은 무척 놀란 표정을 지었다. "네, 맞습니다. 하지만 이 물건이 목사관에 배달된 것으로 생각하지 못했습니다!" 그들은 우리가 못으로 만든 침대에서 잠을 잔다고 생각한 것은 아닌지 의아스러웠다.

누구든지 당신을 따르려거든 기꺼이 자기를 부인해야 한다는 예수님의 말씀은 무슨 의미인가? 지난 수백 년 동안 이 명령에 대해 사람들은 여러 다양한 반응을 보였다. 못으로 만든 침대에서 잠을 잔 사람도 있었고, 거친 천으로 만든 셔츠를 입고 몸을 씻지 않은 채 정기적으로 자기를 채찍으로 때리는 사람들도 있었다. 세상이 주는 안락함에 마음이 흔들리지 않도록 사막으로 피하는 사람들도 있었고, 큰 기둥 꼭대기에 기거하는 사람들도 있었다. 좁은 방에 자신을 가둔 채 은둔자로 살아가는 이들도 있었다. 하지만 이런 금욕을 선택하지 않는 이들도 있었다. C. S. 루이스가 말한 대로 우리는 안락한 집과 침대를 포기할 필요가 없다. 바리새인들이 역겨워하며 지적한 대로 예수님 본인이 잔치를 즐기는 사람으로 알려져 있었다.

자기 십자가를 질 준비를 해야 한다는 예수님의 말씀이 육신적인 고통을 짊어지라는 뜻으로 하신 말씀이라면 C. S. 루이스는 분명히 틀렸다. 예수님이 말씀하신 자기 부정이 심각한 물리적 고통을 안겨줄 수는 있다. 하지만 예수님은 물리적 고난만을 말씀하고 계신 것이 아니었다. 예수님은 "그들로 자기 육신을 부정하라"고 말씀하시지 않고 "자기를 부인하라"고 말씀하셨다. 사람들과 대화하실 때 각자에 따라 다른 자기 부인을 말씀하셨다. 어떤 이들에게는 돈을, 어떤 이들에게는 가족을, 어떤 이들에게는 사회적 지위를 포기하라고 요구하셨다. 베드로에게 자기 십자가는 실제로 십자가 형벌을 의미했고, 오늘날 예수님을 따르는 많은 그리스도인에게는 여전히 신체적 고난의 가능성뿐만 아니라 심지어 죽음의 가능성까지 받아들이는 것을 의미한다. 하지만 이것은 부차적인 문제였다. 예수님은 제자들에게 "대가를 계산하라"고 조언하셨다. "그 어떤 것보다 나에게 먼저 충성해야 한다. 가족이나 재물 혹은 목숨보다 나에게 먼저 충성해야 한다." 이런 일은 무작정 덤벼들어서는 안 된다. 아주 꼼꼼하게 대가를 먼저 따져보아야 한다. 큰 탑을 짓고 싶다고 생각해보라. 건축을 시작하기 전에 총비용을 계산해보고 건축을 완수할 비용이 충분한지 확인해야 한다. 아니면 적군의 침략에 직면한 통치자를 생각해보라. 현명한 왕이라면 군대의 현황을 먼저 조사하고 적군의 수가 두 배가 된다면 전쟁을 선언하기보다 화친을 요청해야 할 것이다.[19] 예수님은 우리에게 더블 침대 없이 살아야 한다고 말씀하신 것이 아니다. 우리가 가진 모든 것과 우리 존재의 모든 것을 주님께 내어 맡기라고 요구하신 것이다. 그리고 우리가 갈망하는 안전한 삶을 포기할 때 더 풍성한 삶을 얻을 뿐 아니라 또 다른 세계로 옮겨주겠다고 약속하셨다.

내가 이런 선택을 한 것은 스물네 살 때다. 갑작스럽게 모든 것을 내어드리는 순간에 이런 선택을 했다. 뜻밖에 나의 모든 것을 포기하는 순간 얼마나 두려움에 떨었는지 마치 내 이름을 포기한 듯한 두려운 감정에 휩싸였다.[20] 그러나 그 후로 30여 년이 흐르고 지난 세월을 돌이켜보면서 이런 초청과 내어드림의 형태가 반복적으로 계속 되풀이되었다는 사실을 발견하게 된다. 나는 새를 관찰하기를 좋아한다. 하나님은 종종 새를 보여주시며 대화를 시작하실 때가 있다. "저 독수리가 보이느냐?" 마침내 내 인생을 주님께 의탁하기 몇 주 전에 주님은 이렇게 질문하셨다. "땅위로 높이 솟구쳐 올라가는 저 위풍당당한 위세를, 네 눈에는 보이지 않는 울타리와 들판의 지세를 높은 고공에서 내려다보는 저 모습이 보이느냐? 너의 시야와 나의 시야가 이렇게 차이가 난다. 너는 너의 제한된 시야로 이런 일을 결정할 수밖에 없는 존재다." 그런 다음 8년 후에도 이렇게 질문하셨다. "저기 밖에 붉은 솔개가 보이느냐? 언덕 위로 높이 솟구쳐 올라가는 모습이, 네 눈에

---

19) 누가복음 14:25-33.
20) 이런 경험에 대해서는 *The Wild Gospel*, 242쪽에서 더 상세히 적었다. 또한 독수리에 대해서는 318쪽을 참고하라.

보이지 않는 들판과 산의 지형을 한눈에 보는 저 모습이 보이느냐? 이제 나와 함께 여기 하늘 높은 곳으로 올라와 내가 보는 것처럼 세상을 보는 법을 배울 준비가 되었느냐?"

몇 개월 뒤 모임에서 아무 생각 없이 앉아 있던 도중에 갑자기 저항할 수 없는 성령의 임재에 압도되는 경험을 하게 되었다. 하나님은 또다시 내게 이렇게 말씀하시는 것 같았다. "네가 정말로 원한다면, 그리고 이 선택은 오롯이 네 몫이지만, 이제 이 점선에 사인을 했으면 좋겠구나." "하지만 이 종이에는 아무것도 없습니다." 나는 두려움으로 떨며 대꾸했다. 그리고 이 말을 한 순간 하나님이 내게 무엇인가를 요구하고 계시지만, 그것이 무엇인지 말씀해주시지 않으시리라는 것을 깨달았다. 나는 다시 두려움으로 떨었다. 아마 이런 방법처럼 자기를 부인하고 자기 십자가를 지고 예수님을 따른다는 것이 무슨 의미인지 생각하게 하는 좋은 방법은 없을 것이다. 그것은 종이의 가장 아래 점선에 서명하라는 초청이지만, 오직 그렇게 자신을 다 내어드린 후에야 채워질 수 있는 것이었다. 나는 서명했고 불안감에 흔들리는 마음을 겨우 진정시키며 집으로 갔다. 아마 무슨 착각을 했을 것이라고 생각했다. 무엇보다 나는 일개 평범한 교인이며 사명으로 부름받은 저 특별한 무리에 속하지 않았던 것이다. 그러나 평범한 그리스도인과 같은 것은 애초에 존재하지 않는다. 단순히 '네' 하고 말하는 이들과 '아니요'라고 말하는 이들만 있을 뿐이다. 하나님은 자신이 하신 약속을 충실히 지키셨다. 그 솔개를 본 순간의 경험으로 나는 『야생의 복음』(The Wild Gospel)을 쓰게 되었고, 내가 서명한 계약으로 전국을 돌아다니며 강연을 하고, 나아가 이런 일들은 사하라 이남 아프리카 전역에서 '예수 안에 뿌리내린 삶' 운동이 확장되는 결실로 이어졌다. 나는 서명하기 전에 단 한 가지를 요청했다. "한 번에 단 한 걸음만 내디뎌도 되겠지요?" 나는 그렇게 해야 그 일을 감당할 수 있으리라 생각했다.

로완 윌리엄스는 기독교 제자도란 예수님이 우리를 위해 열어주신 공간으로 들어가는 것이라고 말했다.[21] 아주 천천히 말이다.

로버트는 장래가 촉망되는 직장을 포기했다

로버트 마데트는 탄자니아 성공회 모로고로 교구의 교회 지도자이자 복음 전도자다. 그는 2013년 3월 '예수 안에 뿌리내린 삶' 대회에서 이렇게 간증했다.

"저는 1972년에 전통 종교를 믿고 따르는 가정에서 태어났습니다. 우리 가족은 또한 주술사로서 전통 의술을 시행하고 있습니다. 초등학교 3학년 때 아버지는 우리 가족의 전통을 잇기 위해 제가 주술사의 길을 걷도록 가르치기 시작했습니다. 동물의 뿔을 사용한 특수 약품 제조법과 '건조기'라는 의미의 '마우야샤' 혹은 '카우샤'라는 주문을 가르쳐주셨습니다. 이런 종류의 약은 누군가를 죽이거나 질병을 만들어내고 이 사람에게서 저 사람에게로 병을 옮기게 하는 힘이 있다고 합니다. 누군가 이런 병에 걸리면 우리에게 거금을 들고 와야 치료해주었습니다. 주술사는 절대

---

21) 2010년 3월 5일 링컨에서 열린 '새로운 표현' 대회에서 한 말.

공짜로 약을 주거나 치료해주지 않습니다. 돈을 주어야 치료를 해주었습니다. 우리는 주술사 전용 전통춤으로 의식을 행했고, 제가 그 팀의 리더를 맡았습니다. 1991년 11월 10일 우리는 평상시처럼 춤을 추는 의식을 행하고 있었습니다. 근처에 예수의 복음을 전하는 기독교 모임이 있었어요. 한 리더가 우리에게 와서 "모임이 진행 중인데 왜 당신들은 계속 춤만 추고 있습니까?"라고 말했습니다. 우리는 아무 대답도 하지 못했습니다. 그 리더는 춤을 멈추라고 설득했고, 모임이 끝나고 우리는 교회의 야간 기도회에 초청받았습니다. 설교 내용은 마가복음 16장 15-16절 말씀을 본문으로 '누구든지 믿고 세례를 받는 자는 구원을 얻을 것이니라'는 제목이었습니다. 저는 울기 시작했습니다. 그들이 저를 위해 기도해주자 하나님의 능력이 저를 만져주셨고 저는 세례를 받았습니다. 저의 아버지는 이 소식을 듣고 불같이 화를 내셨습니다. 저는 예수님이 저를 구원해주셨고 죄에서 해방되었다고 말했습니다. 아버지는 더 크게 화를 내셨고 전통 신들과 의술로 저를 저주했습니다. 그러나 저는 기쁨과 평안을 누렸습니다. 아버지는 그런 저를 보려고도 하지 않았고 대화도 하지 않으셨습니다. 저는 4일 동안 산으로 올라가 기도드렸습니다. 하나님은 성령의 능력으로 제게 기름을 부어주셨고 저는 용기백배했습니다. 하나님에 대한 사랑과 제 믿음과 마음의 평안은 더욱 단단해졌습니다. 목사님은 제게 교회를 이끌도록 맡겨주셨고 우리는 두 개의 집회를 준비했습니다. 하나님의 축복으로 120명이 구원받았습니다. 저는 동족과 부모님과 지도자들에게 배척당하는 아픔을 겪었습니다. 하지만 이제 저는 부모님과 다시 화해하게 되었습니다."

로버트는 무보수로 교회 사역을 감당하고 있다.

제자도의 실천

예수님을 따르겠다는 결단이 모든 일에 기꺼이 복종하겠다는 결심을 포함한다면 이런 결단은 또한 일상에서 그리스도의 희생적 삶을 모범으로 보여주고자 하는 노력도 포함한다. 로완 윌리엄스가 아빌라의 테레사에 관해 쓰면서 "그녀가 서술한 대로 모골이 송연해지는 신비한 경험의 세계를 마침내 무사히 통과했다면 결국 핵심은 매우 일상적인 일들을 옛날보다 더 훌륭하게 감당할 수 있어야 하는 것으로 요약된다. 하나님과 영적 합일의 일곱 번째 방을 모두 통과했을 때 우리는 더욱 성심성의껏 더러운 옷을 세탁하게 되는 것이다."[22] 하나님은 우리에게 오지의 선교사로 가라고 요청하지 않으시고 각자의 일상적인 삶의 환경이라는 반죽의 누룩이 되라고 요청하실지 모른다.

에벌린은 미드랜즈의 가난한 집에서 태어나 지금은 연금으로 생활하고 있다. 쓰고 남은 돈은 모두 가족을 위해

---

22) 2007년 4월 27일 세인트 메리스 이슬링턴의 펄크럼 대회(Fulcrum Conference)에서 한 말.

사용한다. 교회에서 자선 바자회를 열었을 때 에벌린은 쓰지 않는 보석들을 가게로 가져가서 팔고 보석을 판 금액을 전부 모금함에 넣었다.

로버트는 회사원으로 일한다. 어느 날 새 프로젝트의 팀장으로 팀을 이끌어달라는 요청을 받았다. 팀은 화합이 잘 이루어지지 않았고 서로 매우 서먹서먹했다. 어느 날 아침 로버트가 기도드리고 있을 때 하나님이 그가 먼저 변하고자 적극적으로 노력하지 않으면 그 누구도 변화되지 않을 것이라고 지적해주셨다. 로버트는 매일 아침 팀과 팀 안에서 자신의 역할을 두고 간절히 기도했고, 이전에는 없었던 동료들을 향한 인내심과 사랑의 마음이 생겼음을 알았다. 서로 간의 긴장은 해소되었다. 팀원 중의 일부는 알파 코스에 등록하자는 로버트의 요청을 받아들였다.[23]

로빈은 마다가스카르 남부에서 교육 전도사로 섬기고 있다. 이 섬에 사이클론이 강타하여 엄청난 바람과 홍수로 피해를 입혔고, 로빈은 집에서 몸을 피할 수밖에 없었다. 완전히 폐허가 된 마을로 돌아온 로빈은 사람들이 잔해를 헤집고 다른 주민들의 집에 남은 성한 물건들을 모조리 들고 가는 것을 보았다. 자기 집에 겨우 도착한 로빈은 한 남자가 그의 지붕 패널 하나를 질질 끌고 가

---

[23] 에벌린과 로버트는 실제 이름이 아니다. 로버트의 이야기는 로저 모건이 *Beautiful Lives-Sharing our Faith with Friends and Neighbours: Course Member's Booklet*(The Mathetes Trust, 2017)에서 한 것이다, 11쪽.

는 것을 보았다. 로빈이 "가져가지 마세요. 우리 겁니다"라고 말하자 그는 "아니요. 당신 집 밖에 있던 거요"라고 대답했다. 로빈은 가족이 집 없이 떠돌까 봐 필사적인 마음으로 그 남자와 언쟁을 벌였고, 그 수위가 점점 높아졌다. 갑자기 로빈은 자신이 그리스도인이며 그리스도인은 화평케 하도록 부름받았다는 것을 기억했다. 그 대가가 무엇이든 말이다. 그는 남자와 다투기를 중단하고 기도드렸다. 그 남자는 "당신 패널 여기 있소!"라고 투덜거리며 한 마디 내뱉더니 바로 그 지붕 패널을 포기했. 로빈은 다른 많은 사람처럼 사이클론이 덮친 지 2주 후에 계획대로 진행된 '예수 안에 뿌리내린 삶' 집회에 참석했다. 일부 대의원은 성경을 가져오지 못한 것을 사과했다. 다른 여러 집기와 함께 홍수에 휩쓸려 가버렸던 것이다. 어떤 이들은 늦게 도착해서 미안하다고 사과했다. 홍수로 도로가 사라져서 카누를 타고 해안을 따라 오느라 이틀이 걸렸기 때문이었다. 이 교구(성공회 연합회에서 현재 가장 신생 교구)에서 전해져 오는 최근의 보고서들은 어쩌면 당연할지 모르지만 놀라울 정도로 교회가 성장하고 있음을 전해주고 있다.[24]

24) 로빈은 사이클론이 지나가고 2주 후에 톨리아라의 '예수 안에 뿌리내린 삶' 2차 대회에 참석했다. 2014년 시작된 이 교구는 이미 60개 교회를 개척했고 6,000명 이상의 교인이 출석하고 있다; 토드 맥그리거(Todd McGregor) 주교는 수백 명의 새로운 그리스도인에게 세례를 주었다. 그는 "어찌 된 영문인지 다 이해할 수는 없지만, 한 가지 분명한 사실은 하나님이 무엇인가를 하고 계시며 나는 그 역사의 일부가 되고 싶다는 것입니다"라고 썼다. peoplereaching.org를 참고하라.

아프리카 전역의 70여 곳이 넘는 교구에서 '예수 안에 뿌리내린 삶' 프로그램으로 사역하면서 사람들이 어떤 희생이든 기꺼이 감당하려고 하는 곳은 고통과 가난과 생활의 위험이 가장 심각한 장소라는 것을 발견하게 되었다. 그리고 우리는 그곳에서 가장 놀라운 성장이 일어나고 있음을 목격한다. 조지와 같은 영국인 그리스도인은 매우 드물다. 그는 마다가스카르 피아나란초아 교구 라노히라의 무급 사제로서 매일 '예수 안에 뿌리내린 삶' 그룹을 위해 기도한다고 말해주었다. 그는 손으로 가리키며 "저기 위의 산에서 기도해요"라고 말했다. 우리는 산이라니 이해가 되지 않아서 그를 바라보았다. 그는 "보세요"라고 말하더니 한쪽 바지를 걷어 올렸다. 그의 무릎 바로 아래쪽에 커다랗게 둥근 모양의 굳은살이 박여 있었다. 오래된 바위에서 무릎을 꿇고 기도하면서 생긴 것이었다. 사이클론을 경험하면서 생긴 것이든 자발적으로 훈련하면서 겪는 경우이든 고통은 성장을 촉진하는 역할을 한다.

물론 때로 결말이 해피 엔딩이 아닌 경우도 있다. 1990년대 중반, 근본주의 이슬람 조직은 외국 국적을 가진 모든 사람에게 알제리에서 당장 떠나지 않으면 죽이겠다고 최후의 통첩을 했다. 티브히린 수도원의 시스파 수도사 8명을 비롯해 19명의 사제와 수녀들은 알제리에 끝까지 남는 편을 선택했다. 이들은 그곳에 남아 함께 살던 사람들을 계속 섬기고 사랑하는 것이 자신들의 소명이라고 생각했다. 그들도 새로운 이슬람의 폭력에 억압당하고 있었던 것이다. 죽을 수도 있음을 알았지만, 하나님이 섬기라고 보내신 사람들과 함께하기로 맹세하고 그분의 손에 자신들의 삶을 의탁했다. 이들은 미사를 드리러 가던 도중이나 빈곤에 시달리는 마을 사람들을 돕는 도중에 총에 맞아 쓰러졌고, 제자도의 표현으로 자신들의 생명을 바쳤다. 알제리에 남기로 서약한 수도사들이 체류했던 수도원의 부원장인 크레티앙은 피할 수 없는 납치와 암살의 위험을 예상하며 이렇게 썼다. "내 삶을 하나님과 이 나라를 위해 바쳤다는 사실을 나의 공동체와 나의 교회와 나의 가족이 기억해주기를 바랍니다." 시스파 수도사들은 티브히린으로 돌아가야 하는가? 아니면 그것만으로도 주민들의 목숨이 위험해질 수 있는가? 나중에 대수도원장이 그 지역의 무슬림 주민들에게 질문하자 그들은 이렇게 대답했다. "어떤 경우이든 우리의 목숨이 위험했을 겁니다. 그러나 당신들이 없으면 우리는 아무 희망도 없이 살아야 할 겁니다. 당신들이 돌아온다면 희망을 품고 살 수 있습니다."25)

---

25) 이 이야기는 2008년 Paulist Press에서 출간한 *Christian Martyrs for a*

작은 희생이든 큰 희생이든 새로운 세상은 희생 위에 세워진다. 내게는 그들과 같은 용기가 있는가?

기준을 높이라

예수님께 삶을 의탁하고자 고민하는 사람은 기독교 제자도가 단순히 더 행복하고 더 보람 있는 인생으로 향하는 길이 아니라는 점을 기억해야 한다. 예수님의 도제로서 배우고자 한다면 기꺼이 예수님과 같이 되어야 한다. 우리 자신의 희망과 계획을 포기하고 바지 무릎에 구멍이 날 정도로 기도의 무릎을 꿇고 그분이 어디로 보내시든지 기꺼이 갈 수(혹은 머물 수) 있어야 한다. 그리고 필요하다면 그곳에서 죽어야 한다. 그 길은 단순히 잔치에 참여하는 길일 뿐 아니라(예수님이 종종 분명히 밝히신 대로 그럴 경우도 있지만) 또한 십자가를 지는 길이기도 하다.

이 모든 것이 우리 교회 공동체에 의미하는 바는 무엇인가? 교회 수가 감소하면서 기대 수준을 낮추고 섬세한 돌봄과 청중을 격려하는 짧은 예배와 모두가 즐길 행사 위주로 목회하는 것이 현명하고 타당하게 보일 때가 적지 않다. 교회의 정식 교인으로 받아들이는 기준을 낮추어야 할 필요가 있다는 압박감을 점점 느낀다. 사람들은 세상에서 이미 바쁘고 힘들게 살고 있기 때

---

*Muslim People*에서 마틴 맥기(Martin McGee)가 한 것이다. 2010년 이것은 자비에 보브와(Xavier Beauvois)가 감독한 영화 "Of Gods and Men"의 주제였다.

문에 너무 지나친 요구를 하지 않아야 할 것 같다.

우리 문화에서 사람들은 무시당하는 것도, 지루한 것도 절대 원하지 않는다는 지적은 분명한 사실로 보인다. 그러나 제자에 대한 기준을 타협한다고 해서 교회가 성장하는 것은 아니다. 믹엘러(Mick Ellor)는 교인들에게 30분이 넘는 긴 설교를 한다. 존 웨슬리는 속회 멤버들에게 엄격한 규율에 따라 살도록 요구했다. 중국 정부는 중국 시민들이 그리스도께 삶을 의탁하는 것이 수월해지도록 허용한 적이 거의 없다. 그러나 이 모든 상황에서 사람들은 교회를 떠나는 것이 아니라 오히려 더욱 열성적으로 참여하는 식으로 반응한다. 주석가들은 교회 성장의 열쇠가, 다시 말해 하나님나라 성장의 열쇠가 교회 멤버십의 자격 요건을 낮추는 것이 아니라 오히려 높이는 데 있다는 심증을 점점 더 굳혀가고 있다. 교회로 사람들을 유인하고 싶은 마음에서 실제로 교인들에 대한 기대 수준을 비합리적일 정도로 낮추었지만, 정작 그들이 그 수준에 맞는 삶의 모습을 보여주면 한숨짓고 한탄하는 식으로 반응한 적은 없었는가 하고 패커와 패럿은 반문한다. 그리고 제자도의 요소를 가르칠 때 강조의 초점을 새롭게 조정할 것을 요구한다.[26] 교회의 청소년 사역 프로그램은 청년들에게 충분히 확실한 도전을 제시하고 있는가? 청년 중에는 성인이 되자마자 바로 교회를 떠나는 이들이 여전히 적지 않다. 혹은 이들을 개별적으로 멘토링하고 훈련하기보다는 그들의 환심을 사고 교회

---

26) J. I. Packer & Gary A. Parrett, *Grounded in the Gospel-Making Believers the Old-Fashioned Way*(Baker Books, 2010), 175쪽. (『복음에 뿌리를 내려라』 생명의 말씀사)

에서 이탈하지 않도록 하기 위한 방편으로 오락을 제공하는 경향이 있지는 않은가? 아마 이런 질문의 대답은 로완 윌리엄스의 지적에서 찾을 수 있을 것이다. "우리가 청년들의 구미에 맞추어주고 하나님 앞에서 벌거벗은 몸으로 서게 된다는 사실에 집중하도록 인도하지 않는다고 하더라도 그들은 우리에게 감사하지 않을 것이다. 그런데 우리는 정확히 바로 이렇게 청소년 사역을 할 때가 많다."[27]

믹 엘러는 가벼운 상품은 이제 그만 팔아야 한다고 주장한다. 800개의 'simple' 교회 네트워크를 설립한 닐 콜(Neil Cole)은 교회의 문턱은 낮추어야 하지만, 예수님의 제자에 대한 자격 요건은 강화해야 한다고 말한다. 교회가 누구나 들어올 수 있을 정도로 단순하지만, 무슨 대가를 치르더라도 자기 십자가를 지고 예수님을 따르고자 하는 사람으로 가득하다면 그 교회는 건강하고 풍성하며 높은 생산성을 자랑하는 교회가 될 것이다.[28] 하나님을 그들의 정체성에 억지로 꿰맞추도록 돕는 대신 생명으로 인도하는 문은 좁고 길이 험하다는 것을 인정하도록 해야 한다. 그리고 그 길을 찾는 이들이 거의 없다는 사실을 감수할 수 있는지 질문해야 한다. 나아가 교회의 미래는 거대하고 웅장한 건물을 짓는 데 있지 않고 오히려 복잡하게 얽힌 사회라는 직조물에 뒤섞여 영향을 미칠 제자들의 작은 매듭을 만드는 데 있음을 생각해보아야 한다. 다시 말해서 기꺼이 훈련을 감당하고 위험과 맞

---

27) 2010년 3월 링턴에서 열린 '새로운 표현' 대회에서 한 연설.
28) Neil Cole, *Organic Church-Growing Faith Where Life Happens* (Jossey-Bass, 2005), 26-27쪽. (『오가닉 처치』 가나북스)

설 수 있으며, 수고하고 땀 흘리며 잠자는 시간을 아낄 수 있는 사람들로 작은 매듭을 만들어 사회라는 직조물을 변화시켜야 교회의 미래가 있음을 생각해보아야 하는 것이다. 동시에 그들이 인생의 비밀을 소유하고 있으므로 기쁨으로 웃고 노래 부르며 춤추도록 초청받았다는 사실도 잊지 말아야 한다.[29)]

마틴 카벤더(Mark Cavender)는 옥스퍼드에서 일단의 교회 대표들에게 이렇게 말했다. "예수님은 자원봉사자를 찾으시는 것이 아니라 제자를 찾고 계십니다."

---

29) 바울이 사용한 심상들: 고린도전서 9:24-27, 달리기; 고린도후서 11:23-29, 노동, 위험을 만남, 수고함, 잠자지 못함; 갈라디아서 4:19, 해산하는 것과 같은 극심한 고통; 빌 3:12-13, 포기하지 않고 애씀; 골로새서 1:29, 수고하고 애씀. 또한 디모데후서 2:1-7, 육상 선수, 군인, 농부의 심상도 참고하라. 축하와 잔치에 대해서는 예수님이 자신과 함께 있는 것을 혼인 잔치에 초대받은 것으로 반복해 비유하신 내용을 참고하라(가령, 마 22, 25장); 잔치와 식사 자리에 본인이 참여하심(가령, 눅 5장, 요 2, 12장); 열매 맺는 풍성한 삶의 약속(요 10, 15장); 하나님나라의 심상은 추수, 보물, 진주, 부풀린 반죽, 많은 고기를 잡는 것과 비교할 수 있다(마 13장).

7장.

나눔을 위한 질문

1. 고통을 받아들이라

예수님의 제자로서 우리가 받은 요청은 아래와 같다.

(1) 인생은 고통으로 가득하다는 점을 인정하라. 이 사실을 부정하려 하지 말고 우리가 겪는 고통을 기회로 삼아 하나님께 더욱 가까이 나아가라.

(2) 고난을 기꺼이 자처하며 영적인 훈련을 자발적으로 받아들임으로 우리 안에 하나님이 역사하시도록 하라.

(3) 하나님께 인생을 맡겨드리며 우리가 아닌 그분의 우선순위와 인도하심을 구하라.

- 이런 요청 중에서 가장 어렵다고 생각하는 것은 무엇인가? 다른 그룹원들과 자신의 경험을 이야기해보라.

2. 대가를 요구하는 제자도

그레그 다운스(Greg Downs)는 선교 리더십 센터(Centre for Missional Leadership)의 책임자다. 그는 〈크리스채너티 매거진〉(Christianity Magazine) 2011년 10월호 기사에서 현대 세계에서 그리스도의 제자가 된다는 것이 무슨 의미인지와 관련해 네 가지 실제적인 실천 방안을 제시했다.

(1) 순종

(2) 거룩

(3) 선교

(4) 희생

- 이 중에서 오늘날 우리에게 가장 큰 도전을 주는 분야는 어디라고 생각하는가?

- 그레그 다운스는 서구 제자도에서 희생이라는 요소가 빠져 있다고 주장한다. 이 지적에 동의하는가?

3. 대가를 계산하라

"세상이 그리스도께 돌아오기를 원한다면 흡연 구역에 앉아 있어야 한다."—닐 콜

- 이 말이 어떤 의미로 다가오는가?

8장

하나님의
이야기 안에서 살기

"이 시대에 통용되는 화폐는 이야기다.
최고의 이야기를 들려주는 사람이 승자다".

보베트 버스터(Bobette Buster)

"난 아이가 아니야. 에브우드라는 사내아이야." 우리 아들 에드워드가 두 살 때 큰소리로 했던 말이다. 에드워드가 말을 하기 오래전부터 우리는 아이에게 동화와 이야기책을 읽어주었고, 에드워드는 학교에 들어가기 오래전에 책을 들고 앉아 기억을 되살려 그 이야기들을 자신에게 읽어주곤 했다. 이야기의 세계에 너무 푹 빠진 나머지 자기가 경험한 이야기를 들려주며 스스로를 에브우드라는 이름을 가진 소년으로, 이야기 속의 주인공으로 보기 시작했다. 세 살 쯤이 되자 아이는 자신에게 책을 읽어주기 시작했지만, 두 살에서 세 살로 넘어가던 그해에는 자신이 주인공이 되어 이야기의 전개에 주석을 달기 시작했다. 문이 갑자기 쾅 하고 닫히면 아이는 혼자서 "와, 깜짝이야. 에브우드"라고 외치며 혼잣말을 하고, 우리에게 이야기를 들려줄 때는 스스로 관찰한 내용에 "에브우드가 말했어요", "에브우드는 생각했어요" 혹은 "에브우드는 투덜거렸어요"와 같은 표현을 덧붙였다. 아는 단어 수가 늘어날수록 이야기의 내용은 점점 더 세련되어졌다. "'오 저런 안 돼', 에브우드는 숨이 차서 말했어요"라거나 "'외투를 입고 싶지 않아'라고 에드우드는 혼잣말로 웅얼거렸어요"라거나 "'찻집에서 점심을 먹을 수 있을 텐데'라고 에브우드는 깔깔거리며 말했어요"라고 덧붙이기도 했다. 때로 단순히 이야기를 전달하는 수준을 넘어 해석을 덧붙일 때도 있었다. "'난 으스대는 게 싫어'라고 에브우드는 냅다 이야기했어요"라거나 방해하는 고양이에게 "'벽에서 떨어지란 말이야'라고 에브우드는 나름 화를 참으며 투덜거렸어요"라고 말하기도 했다. 고작 두 살에 에드워드는 이야기 속에 자신을 이입하고 있었다.

우리 인생을 이야기로, 우리가 모두 사로잡힌 더 거대한 이야기의 일부로, 그 이야기를 이루는 작은 이야기들로 받아들이는 것이 우리에게는 자연스럽다. 이야기는 인생을 이해하는 데 도움이 되고, 인생에 일종의 질서를 부여하며, 우리만의 독특한 채색 실로 인생의 직조물을 짜내려 가는 데 도움이 된다. 작가 조앤 디디온(Joan Didion)은 "우리는 살기 위해 이야기를 한다"라고 말했다. 소설가 더글러스 코플랜드(Douglas Copeland)는 "우리 인생이 이야기가 되지 않으면 인생을 견뎌낼 방법이 어디에도 없다"라고 주장했다.[1] 에드워드처럼 우리 자신을 이야기의 일부로 적어 내려갈 수 있다면 우리의 본질에 더 가까이 다가갈 수 있다.

그러나 이것은 간단한 일이 아니다. 심리학 교수 댄 맥아담스(Dan McAdams)는 "인간은 이야기꾼이 되도록 진화되어왔다. 하지만 그들은 문화 속에서 발전하며⋯우리 이야기는 거의 문화가 결정한다"라고 말한다.[2] 이야기 속에서 우리의 몫을 찾아내기 위해서 우리는 먼저 이야기에 스스로 익숙해져야 한다. 그리고 우리 대부분은 그 이야기를 어떻게 들려주어야 하는지 잘 모른다. 우리가 태어난 세상의 집단적 목소리로 쓴 이야기가 이미 존재하고 있다. 우리 사회의 지배적 특징인 초연결성으로 너무나 많은 목소리가 이야기에 기여하며, 끝없는 뉴스 속보와 인터넷의 단편적 정보들과 트위터 계정들의 게시물을 통해 수많은 파편이 모여 우리

---

1) Joan Didion, *The White Album*(Farrar Straus Giroux, 2009). 2014년 11월 8일 〈처치 타임스〉(The Church Times)에서 코플랜드를 인터뷰했다.
2) 댄 맥아담스는 노스웨스턴 대학교의 심리학 교수이자 *The Redemptive Self-Stories Americans Live By*(OUP, 2007)의 저자다. 2013년 11월 캐롤린 그레고어(Carolyn Gregoire)가 〈허핑턴 포스트〉(Huffington Post)지에 그와 인터뷰한 내용을 기고했다. huffingtonpost.com/2013/11/18/how-your-life-story-is-a-_n_4284006.html.

에게 전달되고 해석돼 온다. 어디서나 업데이트된 최신 소식을 들을 수 있다. 은행에 가도 공과금을 지불할 차례를 기다리며 텔레비전 화면을 보아야 한다. 병원을 방문해도 대기실에서 뉴스들이 끊임없이 공급되며 그칠 줄 모르는 정보의 흐름이 벽에 걸린 스크린으로 실시간 전달된다. 새로운 핸드폰을 받으면 가장 먼저 하는 일이 뉴스 게시물을 처리하고 '가장 중요한 정보와 인물'과 밤낮 연결되도록 해주겠다는 제안을 거절하는 것이다. 우리가 참여하든지 참여하지 않든지 이야기는 항상 대기 중이다. 때로는 긴급한 목소리로 때로는 속삭이듯이 어디에나 존재하고 있다. 우리의 주일 기도도 그 이야기로 골격을 이룰 때가 적지 않다.

    몇 달 전 로저와 나는 런던 대공습에 관한 흥미진진한 프로그램을 보고 있었다. 방송은 원본 영상을 아낌없이 보여주며 런던이 폭격당한 이야기와 세인트 폴 성당을 구하기 위해 사투를 벌인 내용, 폭격으로 집을 잃어버린 내용, 거리의 무너진 잔해들, 용기를 북돋워준 여왕 부부의 이스트 엔드 방문에 대한 이야기를 들려주었다. 나는 런던에서 자랐고 지금 87세가 된 어머니는 십대 시절에 전쟁을 겪었다. 어머니는 오빠와 함께 피난을 가지 않는 편을 선택했다고 한다. 나는 어머니에게 그 방송에 대한 이야기를 해드렸다. 그런 일을 겪고 살아남은 소감이 어떠신지 여쭤보았다. "도시의 상징을 구하고자 사투를 벌이고 폭탄이 떨어져서 불이 붙을 때마다 필사적으로 불을 끄며 성당 지붕에서 물동이를 가지고 밤새 싸웠던 이야기를 아세요? 그 일이 사기 진작에 어떤 도움이 되었나요? 이야기해주세요." 어머니는 "당시 우리는 텔레비전이 없었다는 사실을 기억해야 해. 그래서 정확히 어떤 일이 벌어지고 있는지 잘 몰랐어"라고 대답하셨다. 세인프 폴 성당에서 불과 18킬로미터 떨어진 엔필드의 이 집에서 말이다. 지금 우리가 사는 세계와는 너무나 다른 이야기다. 한때 스스로 확인해야 알 수 있었던 교외의 한 동네에만 국한된 이야기가 지금은 전 세계로 전파된다. 어머니가 단 18킬로미터 떨어진 곳에서 겪으셔야 했던 어느 날 밤의 런던 대공습에 대해 아는 만큼 나는 시에라리온에서 발생한 에볼라에 관한 소식을 실시간으로 전해 듣고 있다.

우리는 미디어의 이런 쉴 새 없는 이야기 중계를 긍정적인 현상으로 받아들이기 쉽다. 분명히 여러 면에서 바람직한 측면이 있다. 시에라리온의 위기에 대해 알고 있다면 소소하게나마 그 문제를 해결하는 데 기여할 수 있고, 최소한 아무것도 모르고 그곳에 가는 참사를 막을 수 있다. 하지만 절대 바람직하지 않은 면도 존재한다. 분 단위로 쉬지 않고 쏟아지는 이야기는 있는 그대로의 현실에 대한 사실적 이야기라고 내세우지만, 실제로 전혀 그렇지 않을 수도 있기 때문이다. 그 이야기는 그 자체에 숨어 있는 가치와 시각을 일방적으로 전달한다. 단순히 이야기가 아니라 해석된 이야기를 전달해주는 것이다. 알랭 드 보통이 지적했듯이 뉴스 기계는 "세상에 대해 단순히 보도하는 수준을 넘어서 종종 그것의 매우 분명한 우선순위에 일치하는 방향으로 우리 의식에 새로운 행성을 만들어내느라 쉬지 않고 일한다는 점을 제대로 드러내지 못한다."[3]

단순한 사실이 아니라 화자의 가치와 판단과 전망을 세뇌하

---

3) Alain de Botton, *The News—A User's Manual*(Hamish Hamilton, 2014), 11쪽. (『뉴스의 시대』문학동네)

듯이 주입하며 이야기를 들려주는 방식은 단순히 그 이야기 안에서 의미 있는 역할을 발견하는 우리 자신의 능력에 깊은 영향을 미칠 뿐 아니라 우리가 찾고 있다고 생각하는 역할에도 영향을 미친다. 은밀하게 사실의 중재자로 자처하는 뉴스는 실제로 우리의 성경이 되어버렸다. 알랭 드 보통은 『뉴스의 시대』(The News-A User's Manual, 문학동네 역간)에서 이 점을 아주 그럴듯하게 지적한다. 이 책은 마치 성경처럼 흰색 표지에 제목은 금박 처리를 하고 중요한 핵심은 붉은색 글자로 표기하고 있다.

알랭 드 보통이 옳다면 미디어의 이야기는 우리도 모르게 그 자신만의 우선순위로 세계를 창조해낸다. 이 우선순위는 예수님이 제자들에게 이식하시고자 했던 것과는 전혀 무관할 수 있다. 그렇다면 이들은 무엇인가? 3장에서 나는 우리가 몸담고 있는 이야기의 프레임을 결정하는 소비주의가 그리스도 안에 있는 우리 정체성을 확인할 때가 아니라 재화와 서비스를 구매할 때 우리 필요가 충족되고 우리 정체성이 형성된다고 믿도록 부추긴다고 지적한 바 있다. 미래학자인 톰 사인은 우리 스스로 자각하지 못하지만, 우리를 위한 인생 대본이 이미 다 쓰여 있으며, 실제로 허구의 인물인 트루먼 버뱅크보다 우리가 선택에서 더 이상 자유롭거나 독립적이지 않을 수 있다고 주장한다.[4] 7장에서 우리는 이야기가 어떤 식으로 고통을 회피하고 고난을 부정함으로 자기에게 탐닉하며 자기를 부정하는 세계를 창조하고자 하는지 살

---

4) 1998년 영화 "트루먼 쇼"(The Truman Show). 트루먼은 이 영화에서 자신이 살고 있다고 생각한 세계가 텔레비전 회사에 의해 인공적으로 만들어진 세계라는 것을 점차 깨달아간다. Tom Sine, *The New Conspirators-Creating the Future One Mustard Seed at a Time*(IVP, 2008), 87쪽.

펴보았다. 이런 세상에서는 하나님이 우리 인생에 부여하신 소명을 인정하고 받아들이기가 훨씬 어려워진다. 이런 가공된 가치들이 작가들과 방송인들과 평론가들의 의식과 감성을 파고들어 이 시대의 사건들을 해석하는 거대한 렌즈로 작용한다. 이렇게 해서 한 문화의 내러티브를 만들어내고 지탱하며 끊임없이 보강해가는 것이다. 나는 종종 미디어에서 보도하지 않는 내용들이 무엇인지 아느냐고 물어본다(예를 들어 '고통당하는 대륙'이라는 뻔한 뉴스 범주에 포함되지 않는 아프리카에 대한 수많은 좋은 소식들). 아니면 지방지들은 종종 가슴이 따뜻해지는 용감한 개인들과 새로운 개혁 방안들과 놀라운 성취에 관한 이야기들이 지면에 가득한데 전국 단위의 신문들은 유명 인사들의 몰락, 경기 침체, 테러리즘의 위협과 같은 부정적인 소식 일색일 때가 많은 이유는 무엇인가 물어본다.

철학자 헤겔은 삶을 인도하는 원천이자 권위의 시금석으로서의 종교를 뉴스가 대체할 때 사회가 근대화된다고 말했다. 선진 경제에서 이제 뉴스는 최소한 예전에 신앙이 누리던 것과 동등한 권력의 위치를 차지하고 있다. 뉴스 타전은 소름이 돋을 정도로 정확하게 교회의 시간 규범을 따른다. 아침 기도는 간략한 아침 뉴스로, 저녁 기도는 저녁 종합 뉴스로 바뀌어왔다. 그러나 뉴스가 그저 유사 종교적인 시간표를 따르기만 하는 건 아니다. 뉴스는 우리가 한때 신앙심을 품었을 때와 똑같은 공손한 마음을 품고 접근할 것을 요구하기도 한다. 우리 역시 뉴스에서 계시를 얻기를 바란다. 누가 착하고 누가 악인지 알기를 바라고, 고통을

> 헤아려볼 수 있기를 바라며, 존재의 이치가 펼쳐지는 광경을 이해하길 희망한다. 그리고 이 의식에 참여하길 거부하는 경우 이단이라는 비난을 받기도 한다.―알랭 드 보통, 『뉴스의 시대』

이렇게 해서 소비주의 내러티브는 우리의 개인적 가치관과 선택을 결정하는 세력이 되었을 뿐 아니라 투표하고 국가를 다스리는 근간을 이룬 철학이 되었다. 미디어라는 렌즈로 걸러지고 굴절된 이 내러티브는 도덕적이고 정치적인 목소리로서 위상을 지니게 되어 한 사회로서 우리의 가치관과 우선순위를 결정한다. 그것은 하나님의 존재와 본성을 거의 반영하지 않는 가치와 우선순위다. 카를 마르크스가 오래전에 지적했듯이 인생의 안내자 역할을 했던 신학자들의 자리를 경제학자들이 대체하고, 그들은 이제 서구 세계의 국가적이고 국제적인 정책의 방향을 결정짓는 역할을 한다. 로마 가톨릭 신학자 톰 보두인(Tom Beaudouin)은 그들이 새로운 종교를 만들었다고 주장하며 이 신종교를 신적 자본주의(theocapitalism)라고 명명한다. 그는 이것이 네 가지 계율을 기반으로 하는 영성 훈련이라고 말한다. 즉, 신속한 성장을 통한 진보, 소유와 소비를 통한 안전, 경쟁을 통한 구원, 책임질 필요가 없는 기업들을 통해 번영할 자유다.[5]

예수님의 가르침에서 이런 가치들은 전혀 발견할 수 없다. 우

---

5) Brian McLaren, *Everything Must Change-Jesus, Global Crises, and a Revolution of Hope*(Thomas Nelson, 2007), 190-198쪽을 참고하라. 마르크스는 자본주의 이야기를 버리고 공산주의 이야기를 만들었다. 하지만 이것도 이제 옛날 일이다.

리는 계속해서 기독교 가치를 존중한다고 그럴듯하게 말하지만, 경제 분석가인 로버트 넬슨(Robert Nelson)은 마르크스의 의견에 동의한다. "[지금] 경제 발전이라는 현대적 세속 종교의 사제로 복무하는 이들은 경제학자들이다."[6] 당연하겠지만, 슬프게도 이런 얼굴 없는 현대의 사제들은 원대한 하나님의 계획 속에서 성장하며 성취하는 역할을 하도록 우리를 이끄는 것이 아니라 혼란과 불안과 불안정 속으로, 모든 것이 불확실하고 우리가 무엇을 성취하든지 이미 잃어버린 것을 위장하는 데 이용될 뿐인 곳으로 우리를 이끈다는 것이다.

실제 삶에서 이런 일은 구체적으로 어떻게 드러나는가? 우리가 몸담고 있는 세계의 이야기를 예수님의 이야기에 비추어 제대로 검증하고 평가하지 못할 경우 납득하기 어려운 국가 정책이 야기된다. 예를 들어 우리는 가장 거대한 경제 주체이자 자칭 기독교 국가라는 미국이 안전의 위협을 받는 분쟁 지역을 지원하는 데 사용하는 예산에 비해 무려 21배 더 많은 돈을 자신들의 국방 예산에 사용한다고 해도 아무 문제의식을 느끼지 못하는 세상에 살고 있다. 이른바 '구속적 폭력'(redemptive violence)이라고 부르는 정책이다. 유럽에서는 무차별 공사로 자연환경을 훼손하고 환경을 착취하며 부유한 사람들과 가난한 사람들 간의 불평등은 날로 심화하도록 방치하고 있다. 이 모든 것이 경제 성장이라는 허울 좋은 미명 아래 진행되지만, 사실 본질적으로 우리

---

6) Robert H. Nelson, *Economics as Religion*(Pennsylvania State University Press, 2001), p.xv. 그는 계속해서 이렇게 말한다. '이 새로운 종교'는 과거에 기독교와 다른 종교들이 했던 기능을 현대 사회에서 상당 부분 감당하고 있다." 톰 사인의 논평, *The New Conspirators*, 68-69쪽.

가 몸담고 있는 유한한 체제에서 이런 경제 성장은 지속 불가능하다. 환경에서 개인 과세에 이르는 모든 것을 망라하는 정책들이 이제 경제 성장을 촉진하고 개인적인 구매력을 높여야 하는 필요에 종속적인 역할을 하고 있다.

브라이언 맥클라렌(Brian McLaren)은 "자살 기계와 그것을 정당화해주며 프레임을 결정해주는 이야기를 해체하기 위해 취할 수 있는 한 가지 놀라운 조치가 있다. 그것을 더 이상 믿지 않는 것이다. 그리고 그 대신에 하나님나라의 이야기라는 다른 이야기를 믿는 것이다"라고 주장한다. 우리는 소위 "수백만 명이 단역을 맡아 참여하고 하루 24시간 내내 방영하는 연속극 속에서 살 필요가 없다."[7] 새로운 시민권 프로젝트(New Citizenship Project)의 설립자인 존 알렉산더(Jon Alexander)는 이렇게 주장한다. "우리는 오늘 실제적인 선택을 해야 한다. 소비주의는 강력한 도덕적 개념이자 사회를 지배하는 메타적 기능을 하고 있으므로 단순히 아무 영향력이 없는 단어에 불과하다고 치부할 수 없다. 그러므로 이제 무엇인가 조치를 해야 한다. 인간의 본질적인 의미에 대한 더 큰 의미, 즉 다른 도덕성을 회복해야 하는 것이다. 우리는 우리 문화의 맥락을 결정하는 데 적극 관여하고 함께 힘을 모으며, 그렇게 함으로써 서로에 대해 더 많은 것을 기대할 수 있다."[8]

---

7) Brian McClren, *Everything Must Change*, 275쪽. 미국과 관련해 언급된 수치들은 맥클라렌이 인용한 것으로 2006년과 관련이 있다. 헬렌 루이스(Helen Lewis)는 2014년 11월 23일 〈옵저버〉지에서 우리 문화를 연속극으로 묘사한다.

8) 〈BBC 뉴스 매거진〉(BBC News Magazine), 28.10.14; newcitizenship.

이것은 새로운 도전이 아니다. 우리는 하나님과 접촉점을 상실하고 우리 자신의 이야기를 써온 최초의 사회가 아니다. 실제로 역사를 아무리 피상적으로 관찰하더라도, 그리고 모든 것을 고려해보아도 우리는 기독교적 가치를 더 많이 보존하고 있다. 그러나 우리 시대의 과제는 이것이다. 이런 상황에서 어떻게 해야 예수님의 제자로서 최선을 다해 살 수 있는가 하는 것이다.

하나님의 이야기 안에서 살기

> "대화는 사건이 아니라 과정이다. 문화의 손아귀에서 서서히 벗어나는 과정이다."-쉐인 클레어본[9]

성경은 우리에게 이야기를 제공한다. 더 정확히 말해 이야기 모음을 제공한다. 이 이야기는 시간이 시작되고 세상이 창조되면서 시작한다. 또한 시간이 끝날 때, 그 세계가 무너지고 새롭게 창조될 때 끝난다. 이 두 사건 사이에 자리한 성경의 이야기는 각종 사람, 생과 사, 성공과 실패, 고통과 희열의 내용으로 가득하다. 이 이야기에는 모든 인간의 감정이 담겨 있고, 인생의 일방적인 횡포에 대한 가능한 모든 반응이 지면마다 기록되어 있다. 하나님은 인간을 안내하시고 책망하시며 설명하시고 끊임없이 말씀

---

org.uk를 참고하라.
9) *The Irresistible Revolution-Living as an Ordinary Radical*(Zondervan, 2006), 150쪽. (『믿음은 행동이 증명한다』 아바서원)

하심으로 그 이야기를 써 내려가신다. 그리고 결국 자기 아들 예수님이 이야기 속에 태어나도록 하신다. 예수님은 계속해서 이야기를 들려주시며 자기를 따르는 자들이 새롭게 그 이야기 안으로 들어오도록 초청하고 계신다. 이것은 한 백성, 즉 하나님 백성의 이야기다.

나는 늘 처음부터 시작하는 것이 중요하다고 생각했다. 하나님도 비슷한 생각을 하신 것으로 보인다. 구약은 역사 이전의 이야기, 즉 활자로 기록되기 이전의 이야기로 시작한다. 나는 좋은 이야기란 그에 걸맞은 결말이 필요하다는 생각을 해왔다. 신약은 역사 후의 이야기, 요한이 종말과 새로운 세계의 창조를 놀라운 환상으로 그리고 있는 이야기로 끝난다. 이야기의 이 부분들은 역사적 분석이 미칠 수 없는 영역에 속해 있다. 이야기를 담고 있는 책의 커버 안쪽 면지에 해당한다. 이 두 이야기 사이에는 역사가 등장하며 수천 년간의 역사가 전개되고 개인적으로나 공동체적으로 하나님의 부르심을 받는다는 것이 무슨 의미인지 더 깊이 이해하는 과정이 전개된다. 하나님의 백성들은 종교 비평가들이 종종 지적하듯이 항상 이것을 제대로 이해한 것은 아니었다. 때로 사실 심각할 정도로 잘못 이해한 적도 많았다. 그러나 이런 점은 우리가 예상한 대로다. 이것은 신들과 영웅들의 이야기가 아니라 평범한 실수투성이의 인간들의 솔직한 이야기로서 어려운 세상 속에서 믿음으로 살고자 노력하는(혹은 때로는 노력하지 않는) 이들의 이야기이기 때문이다. 그들의 임무가 우리의 임무이고 그들의 이야기가 우리의 이야기다.

신학자 스탠리 하우어워스(Stanley Houerwas)는 "그리스도인이 된다는 것은 자신이 선택하지 않은 이야기 속에서 살아가는 법을 배우는 것이다"라고 말한 적이 있다.[10] 성경에 무엇인가 다른 것을 고대하고 있는 사람들의 이야기가 가득한 것으로 보아 이런 일은 늘 있었던 것으로 보인다. 양을 키우는 목축업을 하는 집에서 아버지의 사랑을 독차지한 어린 아들 요셉은 형들에게 버림받고 외국으로 팔려 갔지만, 애굽 전역을 관할하는 2인자가 된다. 훗날 요셉의 이야기를 기록하게 될 모세는 하나님의 백성을 노예살이에서 건져내라는 요청을 받았고, 돌판에 새겨진 새로운 율법 조문을 하나님께 받는다. 모세는 버림받은 아이였고, 타인을 죽인 살인자였으며, 처벌을 피해 달아난 도망자였다. 하나님께 직접 소명을 받았지만, 누구도 그의 말을 듣지 않을 것이며 혹여 듣는다 하더라도 어눌해서 제대로 하나님의 뜻을 대변할 수 없을 것이라고 항변한 사람이었다. 하나님은 이후에도 여전히 아주 의외의 사람들에게 중요한 역할을 맡기신다. 자신이 속한 지파 중에서 가장 세력이 약한 가문 출신이자 가족 중에 가장 보잘것없는 사람이라고 항변한 기드온은 미디안 족에 맞서 군대를 통솔할 자로 임명받았다. 다윗은 목동으로 아버지의 양을 돌보다가 이스라엘 왕이 되도록 부르심을 받았다. 에스더는 수사라는 이란의 한 성에서 삼촌 모르드개와 함께 조용히 살고 있던 젊은 유대인 여성이었지만, 인도에서 에티오피아에 이르는 대제국의 왕비가 되었을 뿐 아니라 유대인을 말살하겠다는 내용이 담긴 칙령이 발표된 후 자기 동족을 적극적으로 대변하는 투사가 되었다. 그녀의 삼촌은 "네가 왕후의 자리를 얻은 것이 이 때를 위함

---

10) Stanley Hauerwas, 2010년 10월 21일 미국 국회 의사당 대위원회실에서 크리스토퍼 란다우(Christopher Landau)와의 인터뷰에서.

이 아닌지 누가 알겠느냐"라고 말한다.[11] 수백 년이 흘러 베네치아의 틴토레토는 모세와 에스더 두 사람을 화폭에 담았다. 그들이 자라면서 몸에 밴 익숙한 세계가 거부하기 어려운 새로운 형태로 일시에 바뀌고 꿈에도 생각하지 못한 인생의 전환점을 맞이하면서 그들의 얼굴에 나타난 놀라움의 표정까지 생생하게 표현되어 있다. 마치 다음 장면을 준비하는 극 중의 배우라도 되듯이 커튼이 올라가고 무대의 장면이 완전히 새로 바뀌어 있음을 알고 깜짝 놀란 듯한 표정을 짓고 있다.

하나님 백성의 이야기는 신약에서도 계속 이어진다. 1장에서 우리는 평범한 사람들이 어릴 때부터 익숙한 이야기에서 걸어 나와 하나님의 이야기에 적극적인 역할을 맡도록 초청받는 내용을 살펴보았다. 열두 명의 제자뿐 아니라 다른 많은 사람이 이런 역할을 기꺼이 감당했다. 예수님을 재정적으로 후원한 헤롯 왕의 청지기의 아내 요안나, 물고기 두 마리와 몇 개의 떡을 가지고 집회에 참석했다가 수천 명의 사람을 먹이는 데 사용되도록 그것을 바친 소년, 리비아의 구레네 출신 순례자로서 예수님의 십자가를 대신 졌던 시므온이 바로 이들이다. 사마리아 우물가의 한 여성은 그녀를 싫어하는 사람들을 피해 뜨거운 대낮에 물을 길으러 나왔다가 급히 동네로 돌아가 예수님을 만난 소식을 전하고 예수님께 그곳에 머물도록 용기를 내어 청했다. 로마 총독 빌라도의 아내는 꿈을 꾸고 예수님에 대해 아무 짓도 하지 말라고 남편에

---

[11] 창세기 41장(요셉), 출애굽기 3-20장(모세), 사사기 6장(기드온), 사무엘하 5장(다윗), 에스더 4장(에스더).

게 경고했다.[12]

복음서를 읽으면서 문화적 이야기와 왕국의 이야기 사이에 끊임없이 긴장이 조성되는 것을 보게 된다. 구약은 히브리 사람들이 주변 민족들이 공유하는 이야기에 매료되어서는 안 되며 그들과 구별된 믿음과 생활 방식을 고수해야 한다는 경고로 가득하다. 신약의 사건들은 틀을 이루는 역사상 가장 강력한 이야기 중 하나이며, 팽창과 성공의 이야기인 로마 제국이라는 맥락에서 벌어지는 일이다. 이 이야기는 라디오와 텔레비전으로 공개된 것이 아니라 새롭게 조성한 도시에서 하늘로 뻗어가는 찬란한 공공 건축물과 하루가 다르게 생기는 도로들과 새로운 무역의 기회, 고도의 훈련을 받은 제국의 군대와 시민권에 대한 만국의 열망을 통해 공개되었다.[13] 지금과 마찬가지로 그때도 그 거주민 중 많은 사람에게 그 이야기는 남의 이야기였다. 대부분의 평범한 사람은 외부에서 이 모든 장면을 구경할 수밖에 없었다. 그들의 현실은 명성과 부와는 전혀 거리가 멀었고, 하루하루 벌어먹느라 허리가 휠 지경이었다. 무거운 세금을 내느라 다리가 후들거렸다. 오늘날 대부분의 사람이 그러하듯이 말이다.

예수님은 가시는 곳마다 평범한 사람들에게 말씀을 전하시며 한 가지 초청을 하셨다. 그들에게 새로운 이야기를 들려주셨는데, 더 정확히 말하면 오래된 이야기의 새로운 부분을 들려주셨다. 그리고 한 사람씩 그들을 그 이야기로 초청하셨다. 한 사람

---

12) 누가복음 8:3(요안나), 마태복음 14:19(소년), 마가복음 15:21(시몬), 요한복음 4:1-42(사마리아 여인), 마태복음 27:19(꿈).

13) 더 상세한 분석은 앨리슨 모건의 *The Wild Gospel*(Monarch, 2009년 재출간), 1장 "Jesus and the culture of his day"를 참고하라.

한 사람에게 마치 이렇게 말씀하신 셈이었다. "너희는 엉뚱한 나무를 보고 짖고 있다." 특히 삭개오의 경우는 정확히 여기에 해당했다. "너는 잘못된 방향으로 가고 있고 잘못된 규율에 따라 살고 있다. 하지만 너는 선택권이 있다." 많은 사람에게 이것은 그들에게 실제로 허용된 최초의 선택이었다. 그렇게 해서 우리는 주님이 한 사람씩 사람들의 삶을 근본적으로 변화시켜주시는 모습을 본다. 앞을 보지 못하는 사람들과 나병 환자들이 고침을 받으며, 중풍 병자들이 죄 용서함을 받고 일어나 집으로 가라는 말씀을 들었다. 사람들은 귀신에게서 구원받았고, 죽은 자 가운데서 살리심을 받은 아이들도 있었다. 세리들은 재산을 내놓고, 간음을 저지른 여자들은 집으로 돌아가 완전히 변화된 삶을 살았다. 평범한 노동자들이 집과 생계 수단을 버리고 그분을 따랐다. 복음서를 읽으면 예수님이 한 사람씩 차례로 그 삶에 개입해서 도전하시고 변화시키시며 새롭게 창조하시고 구태를 허물어버리시는 모습을 볼 수 있다. 그들이 알았던 어떤 생활보다 더 풍성하고 새로운 삶을 약속하셨다. 모두가 다 그 생명을 원하지 않았지만 많은 사람이 그 생명을 원했고, 그들 중 일부는 한 걸음 더 나아가 세상을 변화시켰다. 이전에 한 번도 제안된 적이 없는 것을 제안했다. "그 이야기가 효과가 없다고? 전혀 문제 될 것이 없다. 여기 새로운 이야기가 있다. 실제로 진짜 이야기가 여기 있다. 원하면 그 이야기에 참여할 수 있다. 마음먹기 나름이다."[14]

많은 사람이 그분의 초청을 받아들였다. 그분이 하늘로 돌

---

14) 더 세부적인 논의는 앨리슨 모건의 *The Wild Gospel*(Monarch, 2009년 재출간), 2장을 참고하라.

아가신 후 그들은 성령으로 충만하여 자기 소유를 팔고 새로운 공동체를 이루며 주변 사람들과는 완전히 다른 삶을 의도적으로 살기 시작했다. 이들의 모습은 사도행전을 통해 소개되어 있다. 이들은 공동체를 섬기도록 사람들을 뽑았다. 그들 중에는 브로고로와 니가노르와 바메나와 같이 낯선 이름을 가진 사람들도 볼 수 있다. 먼 이국으로 파송받고 그들이 보고 들은 것을 사람들에게 전한 이들도 있다. 바울과 바나바와 실라와 같은 이들이 여기에 해당한다. 삶을 변화시키는 제자들의 사역으로 하루아침에 인생이 변화된 이들도 있다. 구걸하며 살던 불구의 걸인과 8년간 침상에 누워 지내다가 일어나라는 명령을 듣고 병 고침을 받은 애니아라는 사람, 죽었다가 살아난 다비다라는 소녀가 이들이다. 어떤 이들은 더 직접적인 지시를 받았다. 시리아 사람 아나니아는 그리스도인들을 박해하는 자로 악명을 떨쳤던 사울의 눈이 낫도록 기도하라는 명령을 받았다. 고넬료라고 하는 백부장은 환상 중에 베드로를 데려오도록 사람을 보내라는 명령을 받았고, 베드로의 증언을 통해 하나님의 백성과 아직 하나님의 백성이 되지 않은 자들이 왕국의 이야기로 초청받았다.[15] 이런 내용은 사람들에게 익숙한 헤드라인이 아니다. 무엇인가 전혀 다른 일이 일어나고 있었다.

    초대 교회 공동체가 긴밀하게 하나를 이루고 그 이야기를 삶으로 살아내는 법을 배우기 시작하자 바울은 문화의 이야기와

---

15) 사도행전 6:5(브로고르, 니가노르, 바메나), 사도행전 15:22(바울, 바나바, 실라), 사도행전 3:3(걸인), 사도행전 9:33(애니아), 사도행전 9:40(다비다), 사도행전 9:12(아나니아), 사도행전 10:4-5(고넬료).

왕국의 이야기 사이의 긴장에 대해 구체적으로 편지를 써서 보내기 시작했다. 복음을 받아들인 곳마다 가해지는 압력도 달랐다. 고린도에서는 쾌락을 즐기는 방탕한 사회가, 갈라디아에서는 이교도의 축제가, 에베소에서는 음행과 우상 숭배가, 골로새에서는 신비주의적 극단적 영성이 문제였다. 그는 각 교회에 글을 쓰며 이런 일들을 점검하고 스스로 삼가라고 권면했다. 이런 이야기들은 우리가 더 이상 몸담고 살아서는 안 되는 것이다.[16]

빌립보에 보내는 편지에서 바울은 우리 문화의 이야기 속에서 왕국의 공동체로 살고자 노력할 때 경험하는 긴장을 설명하는 새로운 방식을 소개한다. 그는 예수님을 따르는 제자로서 우리가 여기 이 땅에 몸담고 살지만, 우리의 진정한 시민권은 하늘에 있다는 점을 상기시킨다. 예수님이 지적하셨듯이 우리는 이 세상에 살고 있지만 이 세상에 속하지 않은 것이다.[17] 베드로도 그와 유사한 지적을 하고 있다. 아마 이 두 이야기 혹은 두 왕국의 차이를 가장 생생하게 묘사한 사람은 베드로일 것이다. 우리는 이제 하나님과 화해하였으므로 여기 이 땅에서 '나그네와 행인'으로 살고 있다고 베드로는 말한다. 우리는 이런 사실을 늘 마음에 되새길 필요가 있다.[18] 그가 사용한 단어 파로이코스(paroikos)는 영어 단어 parish(교구)의 어원이 된다. 미디어는 우리 교구민들을

---

16) 이것은 지속적인 과정이 되어야 한다. 나중에 요한은 버가모와 두아디라에 있는 교회들에게 유사한 내용을 써 보낸다. 그들은 우상 숭배와 음행을 멀리하지 않았다. 재물에 대한 자만심으로 그들 자신의 영적인 빈곤을 알지 못했던 도시인 라오디게아의 교회도 이런 편지를 받았다(계 2-3장). 본서 5장에 나오는 '제자도와 교회'도 참고하라.
17) 빌립보서 3:20; 요한복음 17:14-16.
18) 베드로전서 2:11.

선한 의도로 오이 샌드위치를 만드는 숙녀들처럼 풍자한다. 그러나 우리 교구민들은 다른 세계에 속하지만, 이 세상에 사는 동안 주변 사람들과 다르게 구별된 삶을 살도록 부름받은 사람들이다. 우리의 교구와 교회들은 다른 세계 질서의 전초 기지가 되어야 하며, 다른 이야기의 지면에서 빠져나와 우리 문화의 목소리가 들려주는 거짓 이야기에 매료된 이들에게 그것을 알리는 제자들의 공동체가 되어야 한다. "사회에서 교회가 감당해야 할 주요한 임무는 다른 사람들이 알도록 그리스도인의 이야기를 삶으로 보여주는 공동체가 되는 것이다"라고 '새로운 표현 운동'의 웹사이트는 지적하고 있다.

나그네와 행인으로 살아가기

"그리스도인들은 각기 속한 나라나 언어나 습관들로 보면 다른 사람들과 아무런 차이가 없다. 그리스도인들만을 위해 세운 도시에서 따로 살지 않는다. 다른 사람들이 알아듣지 못하는 그들만의 언어를 쓰지도 않는다. 다른 사람들이 이해할 수 없는 이상한 삶의 방식을 따르지도 않는다…그들은 자기 나라에서 살지만, 오직 이방인으로 살아간다. 다른 시민들처럼 모든 것에 대한 권리가 있음에도 외국인처럼 아무런 혜택을 누리지 못한다. 그들에게는 모든 외국이 자기들의 조국이고 자기들의 조국은 모두 외국과 같다…간단히 말하면, 그리스도인들과 세상의 관계는 우리의 영혼과 육신의 관계와 같다. 영혼이 우리 몸 곳곳에 흩어져 있듯이, 그리스도인들은 세상 도시 곳곳에 흩어져 있다. 영혼이 육신에 거하지만 육신에 속하지 않듯이, 그리스도인들도 세상에 거하지만 세상에 속해 있지 않다."

—디오그네투스에게 마테테스('제자')가 보내는 편지, 기원 후 2세기, 『니케아 회의 이전 시대 교부들』(Ante Nicene Fathers), 26-27쪽에서 발췌.

하나님의 이야기에서 우리 몫을 찾기

2장에서 우리는 제자도를 공동체에서 실시하는 일종의 도제 훈련이라고 정의를 내린 적이 있다. 예수님의 제자는 예수님의 부르심에 부응해 자신의 인생을 그분께 위임하고, 새로운 그리스도인 공동체의 일원이 되라는 요청을 받아들이며, 세상에 살되 세상과 구별된 삶을 사는 사람을 말한다. 이 과정은 우리를 하나 되게 하고, 권능을 입게 하시는 성령이 함께해주셔야 가능하며, 여기에는 방향의 전환, 현장에서 배우기, 함께 배우기, 기꺼이 고통을 감수하기가 포함된다. 이것은 하나님의 나라를 선포하고 그 나라로 사람들을 초청하는 것을 목표로 하는 하나의 과정이다. 문제는 일상의 환경과 교회에서 어떻게 그것을 실행하느냐다.

전체 그림을 보라

"지도자가 책임지고 가장 먼저 할 일은 현실을 있는 그대

로 파악하는 것이다."–맥스 드 프리(Max De Pree)[19]

　우리가 가장 먼저 해야 할 일은 우리가 처해 있는 이야기를 읽는 전문가가 되는 것이다. 대부분의 제자도 프로그램은 개인의 신앙생활과 도덕적 생활에 대한 성경의 기준에 관심을 집중한다. 바울이 그의 편지에서 보여주었던 것처럼 우리 문화에 숨어 있는 목소리를 점검하거나 우리 생활 방식의 근거를 이루는 전제들의 유효성을 평가하도록 도와주는 이는 거의 없다. 톰 사인은 지배적 문화의 가치가 우리에게 어떤 영향을 미치는지 왜 토론하지 않느냐고 반문한다. 우리가 매수당한 이야기에 대해서 그것이 우리와 우리 자녀들에게 미치는 영향에 대해서 왜 이야기하지 않는가? 우리가 열망하는 행복한 가정생활에 대한 개념을 규정하는 데 이런 이야기들이 어떤 역할을 하는지 왜 들여다보지 않는가? 그리스도가 우리의 신앙생활과 도덕적 생활에 변화가 일어나기를 원하신다는 사실은 알고 있지만, 우리의 문화적 가치들을 하나님이 어떻게 바꾸기를 원하시는지는 거의 이야기하지 않는다.[20] 예수님의 제자는 한 세상에서 나와 다른 세상으로 들어가도록 부름받은 사람이고, 다른 이들과 함께 교제하며 다른 이야기 속에서 살아가는 법을 배우는 사람이다. 전체 그림을 보고 이야기하지 않는다면 우리는 결국 정신 분열적인 제자도를 자초하고 동시에 두 세계에서 살아가고자 버둥거리는 우리 자신을 보게 될 것이다.

---

19)　Max De Pree, *Leadership is an Art*(Currency, 2004).
20)　Tom Sine, *The New Conspirators*(IVP, 2008), 77쪽.

예수님은 당연히 이 사실을 알고 계셨다. 성경은 많은 개인의 인생 이야기를 추적하도록 도와준다. 복음서들은 예수님이 개인별로 사람들을 만나시고 각기 그들의 방식으로 그들이 특정한 이야기에서 나와 다른 이야기로 들어가도록 초청하셨음을 보여준다. 예수님의 표현을 빌리면 이렇게 하나님나라의 복음을 전하신 것이다. 그러나 예수님은 또한 이야기들이 단순히 등장인물만 중요한 것이 아님을 아셨다. 이야기들은 또한 가치관의 틀이 중요하다. 그 이유는 등장인물들이 그 가치에 매료되어 그 이야기 속으로 기꺼이 들어가려고 하기 때문이다. 장차 예수님을 따른 제자들은 그분이 들려주신 가치 전복적인 비유들과 생활 방식의 비전이 다른 완전히 새로운 산상수훈에서 이 가치를 볼 수 있었다. 현대인이 보기에 산상수훈은 마치 세상과 정반대 뉴스를 전해주듯이 겸손과 애통함과 의와 자비와 성결과 화평케 함의 세계를 만들고 축하하는 기이한 내용을 담고 있다. 부(富)를 찬양하기는커녕 경원시하며 고난을 부인하기는커녕 약속한다.[21] 제자도는 단순히 어떤 요청을 듣고 부응하는 것이 아니라 다른 방식으로 세계를 바라보는 법을 배우는 것이다. 데살로니가 시민들은 분노하여 "천하를 어지럽게 하던 이 사람들이 여기도 이르매 야손이 그들을 맞아 들였도다"라고 고함을 질렀다. 문제의 사람들인 바울과 실라는 어떻게 세상을 어지럽게 하였는가? 그들은 다른 이야기를 들려주고 다른 가치관을 가진 새로운 세상에 관해 이야기했다. 그 세상은 황제의 칙령으로 다스리는 세계가 아니라 예수

---

[21] 나는 2009년 Monarch에서 재출간한 *The Wild Gospel*에서 특별히 3장 "예수님의 가르침-새로운 비전"에서 비유와 산상수훈을 본격적으로 다루었다.

라 불리는 왕이 다스리는 세상이었다.[22]

황제의 법령에 지배당하지 않을 방법을 찾기란 쉽지 않다. 그리스도인 친구 중에 최근 미국으로 이사를 간 이들이 있다. 미국에서는 학교를 통해 모든 청소년에게 인생 코칭을 제공한다. 인생 코치는 그들의 딸 베키에게 "네 꿈을 포기하지 마라"고 격려했다고 한다. 하지만 베키는 14살에 불과하며 아이의 꿈은 자신의 재능이나 소명을 평가한 결과가 아니라 지배적인 주변 문화의 목소리가 결정적인 영향을 미친다. 베키는 배우가 되기로 결심했다. 하지만 부모는 베키가 이 분야에 필요한 재능이 전혀 보이지 않는다고 생각한다. 하지만 이런 부분은 코치의 중요한 관심사가 아니었던 것으로 보인다. 중요한 것은 그 꿈이 어디서 온 것이든 꿈을 좇는 자체인 것이다. 패커와 패럿은 바로 그런 북미의 상황에서 글을 쓰면서 다음과 같이 지적한다.

> 지금 한창 성장하고 있는 청소년들은 사방에서 맹위를 떨치는 세력들로부터 강한 영향을 받은 세계관과 가치관을 따르고 있다. 온갖 종류의 미디어가 끊임없이 영향을 미치고 있으며 학교와 교육계의 리더들은 특정한 가치관을 고취하고자 집중적인 노력을 기울이고 있다. 시시각각 변하는 도덕관을 합법화하고 강화하는 정치 세력들이 있으며, 광고와 마케팅과 같은 상술로 세계관 형성을 주도하는 세력들도 있다. 이렇게 인성과 도덕성에 결정적 영향을 미치는 세력들은 이런 동일한 것들에 지속적으로 영향을 받으

---

22) 사도행전 17:6-7.

며 위력을 떨치고, 종종 이런 동일한 것들에 깊이 심취한 또래들 속에서 우리의 예비 세례자들이 살고 있기 때문에 그 위력은 배가된다.[23]

이것은 온 세계에 만연한 상황이며, 단순히 개인의 영적 안녕만 위태로운 것이 아니다. 그리스도인들이 양산되지만 제자화되지 않을 때 발생하는 현상을 짐작할 수 있는 가장 강력한 한 단어는 '르완다'이다. 르완다는 권력을 노리는 자들이 새롭고 불길한 이야기를 끊임없이 세뇌함으로 한 민족을 비인간화시켰다. 이후 수개월 동안 치밀한 계획에 따라 진행한 라디오 캠페인으로 살인을 정당화했고, 결국 그 나라 전역에서 끔찍한 살육이 벌어졌다. 물론 우리는 이런 소식에 공포와 두려움을 느낀다. 하지만 우리는 우리가 몸담고 있는 문화의 영향에 우리 꿈과 열망이 좌우되도록 하지 않고, 우리를 만드셨고 우리를 알고 계시는 분이 심어주신 꿈과 열망을 갖기 위해 얼마나 결연하게 우리 자신을 다그치고 있는가? 하나님은 우리를 위한 선한 계획을 준비해두셨으며, 그분의 이야기에서 우리를 위해 준비해두신 우리 몫의 역할을 찾아내고 감당하도록 부르고 계신다.

초기 소요리문답의 주요한 목적 중 하나는 바로 이 문제에 대해 사람들을 돕는 데 있었다. 당시는 지금과 마찬가지로 새로운 제자들이 전체 그림을 보고 스스로 그 나라 이야기에 동화되는

---

[23] J. I. Packer & Gary A. Parrett, *Grounded in the Gospel*(Baker Books, 2010), 162쪽, (『복음에 뿌리를 내려라』 생명의 말씀사). 그들의 지적은 북미 상황에 적용되지만, 전체 서구 사회에도 적용할 수 있다.

법을 배워야 했다. 유대인 신자들도 마찬가지였다. 예수님은 글로바와 그의 친구가 엠마오로 가는 길에 동행하시면서 예루살렘에서 최근에 벌어진 일들은 재난이 아니라 계속 이어지는 이야기의 다음 단계일 뿐이라고 꼼꼼하게 설명해주셨다. 히브리서 저자는 예수님에 대한 새로운 신앙을 하나님 백성의 장구한 역사와 연결하느라 집중적인 노력을 기울였고, 요한은 헬라 문화권에서 자란 사람들이 그 이야기 속으로 들어가도록 돕기 위해 복음서를 썼다. 그는 그 작업의 일환으로 완전히 새로운 용어를 고안했고, 시간상 후대인 예수님으로 시작하지 않고 '태초에' 창조로 시작하고자 많은 노력과 시간을 투자했다. 요한계시록은 당시의 이방 종교와 세력을 더해가는 황제 숭배를 풍자한 치밀한 구성의 글을 선보였다. 요한은 그리스도인들이 그 모든 이야기보다 더 큰 이야기를 들려주고 있다고 말한다.[24]

복음이 제국 전역으로 전파되고 다양한 문화적 배경의 사람들이 이 복음을 받아들임에 따라 복음의 이야기로 편입되는 이 과정은 점점 더 세련되고 공식적인 교육 과정을 동원하게 되었다. 새로운 신자들은 함께 모여 하나님, 즉 성부와 성자와 성령에 대해 배웠고, 성경을 통해 그분이 우리에게 말씀하고 계심을 배울 수 있었다. 우리는 모두 거대한 구속 이야기의 한 부분이고, 복음은 그 이야기에 이르는 열쇠이며, 우리의 사명은 이 세상에 살면서 그것이 실제로 무엇을 의미하는지 서로 가르치는 것이라

---

[24] Nick Page, *Revelation Road*(Hodder and Stoughton, 2014), 가령, "Revelation 7 and the cult of Cybele in Rome"(68쪽)에 대한 논의, "Revelation 2 and the cult of Domitian"(142쪽)에 대한 논의를 참고하라.

고 배웠다.[25)]

우리 역시 사람들이 큰 그림을 보도록 돕는 법을 배워야 한다. 그렇게 하지 않을 때 예수님의 이야기로 들어가라는 초청을 받아들이는 대신 오히려 예수님을 그들의 이야기로 끌어들이게 될 것이다.

세상의 제안을 거부하라

> "내 정체성의 비밀은 하나님의 사랑과 자비 안에 감추어져 있다. 그러므로 나의 모든 실존과 나의 평안과 행복은 오직 한 가지 문제에 달려 있다. 바로 하나님을 발견함으로 나 자신을 발견하는 것이다. 하나님을 발견하면 나 자신을 발견할 수 있고, 나의 참된 자아를 발견하면 그분을 발견할 수 있을 것이다."-토머스 머튼(Thomas Merton)[26)]

그리스도 안에서 우리가 누릴 수 있는 진품과 문화적 내러티브가 제공하는 위조품이 어떤 차이가 있는지는 광고를 보면 가장 쉽게 구별할 수 있다. 나는 텔레비전 광고를 잘 보지 않는 편이다. 텔레비전 광고의 유일한 목적은 우리가 제대로 사고하지 못하도록 현혹하는 데 있다. 하지만 각종 포스터와 잡지들을 보면 쉽게 매료된다. 백 년 전에 '광고'(advertisement)라는 단어는 단순히 '알림'이라는 의미로 사용되었다. 하지만 오늘날 세상에서 이

---

25) 본서 5장을 참고하라.
26) *Advent*, 1964.

단어는 훨씬 더 복잡한 의미로 사용되고 있다. 비누의 성능이 좋고, 오토바이는 믿고 타도 되며, 커스터드 파우더는 맛있다는 식으로 광고하는 시대는 더 이상 옛날 말이다. 오늘날 광고는 다른 무엇인가를 무의식중에 제시함으로 어떤 한 가지를 홍보하는 방식을 활용한다. 우리는 최신식 자동차로 일상의 지루함에서 탈출하거나 초콜릿을 음미하며 자아를 발견하거나 민간 항공사로 평온하고 특별한 한때를 누리라는 유혹을 받는다. 한 비평가는 존 루이스 백화점의 연말 성탄 광고가 나오자 깊이 생각에 젖은 얼굴로 "이 회사는 테디 베어와 오븐 장갑을 판매하는 것이 아니라 사랑을 팔고 있다"라고 말했다. 실제로 상품을 홍보하는 광고는 거의 없다. 그들은 모험과 관계와 성취와 손으로 만질 수 없는 수많은 다른 혜택을 약속한다.

나는 레스터의 홀리 트리니티 교회에서 치유 기도 사역 팀을 맡아 섬긴 적이 있다. 매주 기도를 받으러 오는 사람들을 보면서 우리는 그들이 겪는 고통이 그들이 처한 환경으로 인한 것이라는 점은 의심할 여지가 없지만, 하나님 중심의 해결책을 찾지 못함으로 그 고통이 더욱 가중되고 있음을 알게 되었다. 또한 세속 사회의 가치들과 시각들을 비판 없이 수용한 것이 직접적인 원인일 때도 많다는 사실을 발견했다. 기도 팀의 지체들은 그들을 도와주고 싶은 마음이 간절했지만, 그들 역시 문화의 가치라는 렌즈로 상황을 진단할 경우가 적지 않았다. 우리는 사람들이 세속적인 해결책을 추구하지 않고 복음의 정신에 충실한 선택을 하도록 도와야 했다.

우리가 먼저 가보지 않은 길을 다른 사람을 데리고 갈 수 없다는 원리에 따라 우리는 '그의 이름으로'(In His Name)라는 치유

기도 훈련을 개설했다. 안전과 중요성과 자존감에 대한 우리의 기본적인 영적 욕구를 공부하는 시간을 과정에 포함했다. 예수님은 이런 모든 욕구를 하나님 앞으로 가져오도록 촉구하신다. 오직 하나님만이 이런 욕구들을 충족해주실 수 있다. 사람들이 기도할 수밖에 없는 고통스러운 일들의 많은 부분은 이런 충족되지 못한 욕구들이 원인일 경우가 많다. 우리는 우리 사회가 하나님과의 관계보다는 쇼핑을 통해 이런 영적 욕구들을 다루도록 어떻게 부추기는지 그 방식들을 사람들이 확인하도록 돕기로 했고, 그 방법으로 상업 광고를 활용하기로 했다. 청년으로 이루어진 실험 집단과 함께 협력하면서 우리는 바닥에 잡지의 광고들을 펼쳐놓고 그것이 전달하는 무언의 메시지를 살펴보았다. 그 결과 그 광고들은 특정 상품을 구매할 경우 이런 영적 욕구들이 어느 정도 충족될 수 있다는 암시를 주고 있음을 확인했다. 모든 것을 종합하면 이런 광고들은 실제적인 문제들에 대해 거짓 해결책을 부추기며 본질에 집중하지 못하게 방해하는 역할을 하고 있었다.[27]

많은 사람이 고통 중에 기도하러 나온다. 그들의 고통은 대부분 세상의 이야기보다 하나님의 이야기 안에서 살고 싶지 않아서가 아니라 그 차이를 분별하는 법을 배운 적이 없었기 때문이다. 사람들을 제자로 만들지 않는다면 우리 문화가 우리를 제자로 만들 것이다.

---

[27] Alison Morgan & John Woolmer, *In His Name, A Training Course for Healing Prayer Teams*(ReSource, 2008), 4과. 이 과정에 참가한 청년 중 두 명은 약 10년 후인 지금 전임 기독교 사역자로 섬기며 사람들이 세상의 이야기가 아니라 하나님의 이야기 속에서 사는 법을 배우도록 돕고 있다.

소명을 평가하라

> "우리는 그가 만드신 바라 그리스도 예수 안에서 선한 일을 위하여 지으심을 받은 자니 이 일은 하나님이 전에 예비하사 우리로 그 가운데서 행하게 하려 하심이니라"(엡 2:10).

일단 그 이야기를 이해하고 그 가치에 따라 살기 시작하면 그 이야기 안에서 우리의 특정한 역할이 무엇인지 확인해야 한다. 이야기는 거대 내러티브, 즉 우리가 의미를 발견할 수 있는 틀을 제공해준다. 특정한 가치들을 드러내고 구체화해준다. 그러나 당연하겠지만, 또한 이야기는 그것을 구성하는 줄거리가 있다. 내 인생을 그리스도께 의탁하는 순간 "이 이야기에서 나는 어떤 역할을 해야 하는가?"라는 문제가 제기된다. 어떤 이들은 인생을 변화시키고 심지어 세상을 변화시키는 역할을 맡을 것이다. 예수님의 첫 열두 제자가 이 경우였다. 어떤 이들은 비교적 온건하고 평범한 역할을 맡을 것이다. 누가가 예수님의 제자들이라고 언급한 사람 중 대부분은 세상을 다니면서 교회를 개척하거나 죽음을 각오하고 믿음을 지키라는 요청을 받은 것이 아니라 단순히 집으로 돌아가서 변화된 삶을 살라는 요청을 받았다.

우리 문화는 우리를 부추겨 거창한 꿈을 꾸고 성공을 추구하며 유명 인사들의 삶을 동경하게 한다. 신실하며 종으로 섬기려고 애쓰는 평범한 보통 사람들의 삶은 우리 사회가 중시하는 가치가 아니다. 그러나 우리는 대부분 이런 삶을 살도록 부름받았다. 헬렌 켈러는 다음의 글에서 이 점을 잘 지적하고 있다. "나는 위대하고 고귀한 사명을 맡아 멋지게 이루어내고 싶은 마음이 간절하다. 하지만 볼품없는 미천한 일들을 고귀하고 위대한 일인 것처럼 감당하는 것이 나의 중요한 의무이자 기쁨이다." 그녀는 "세상은 영웅들의 탁월한 노력으로 발전할 뿐 아니라 모든 정직한 노동자들의 작은 애씀이 축적되어 진보하고 있다"라는 글을 읽었다고 말했다.[28] 필라델피아에서 노숙자들과 삶을 함께한 쉐인 클레어본은 하나님이 "정말로 작고 볼품없는 일"을 하도록 우리를 준비시키고 계실 수도 있다고 경고한다. 그는 기독교 혁명은 〈폭스 뉴스〉(Fox News)에서 상업 광고를 하듯이 방송 중간에 홍보해주지 않을 것이고, 광고 중간에 인생의 기치를 올리고 잠재력을 최대한 발휘하도록 방송을 내보내주지도 않을 것이라고 말한다. "그 혁명은 버려진 쓰레기를 치우고, 거리 생활을 하는 카렌에게 또다시 담요를 건네주는 것이기 때문이다."[29]

어떻게 이런 혁명을 실행할 수 있는가? 다음 장에서 이 내용을 더 자세히 살펴보겠지만, 여기서는 하나님의 이야기 속에서 자신의 배역을 찾아내고자 애썼던 사람들의 몇 가지 사례를 소개하고자 한다.

---

28) *Optimism-an essay*(Wilder Publications, 2012), 7쪽.
29) 'The Marketable Revolution', *The Simple Way Online Newsletter* (March, 2006); thesimpleway.org, 톰 사인 인용, *The New Conspirators*, 23쪽. 또한 쉐인의 책, *The Irresistible Revolution-Living as an Ordinary Radical*(Zondervan, 2006)을 참고하라. (『믿음은 행동이 증명한다』 아바서원)

> 한 친구는 최근에 계약 재배를 하는 한 지인에 대한 이야기를 들려주었다. 그는 밤낮을 가리지 않고 일했고, 농작물을 수확하고 산울타리를 정리하는 일에 시간을 쪼개어 일했다. 친구는 왜 그렇게 필사적으로 일을 하느냐고 물어보았다. 그 사람은 "글쎄요, 가족에게 크루즈 여행을 시켜주고 싶어서 이렇게 일하고 있습니다"라고 대답했다. 하지만 정작 가족의 반응은 그렇게 긍정적이지 않은 것 같았다. 친구는 얼굴을 보고 대화할 시간도 내지 못한다면 가족이 행복하겠느냐고 반문했다.
>
> 지인 중에 또 다른 사람은 법인 소속 변호사로 일하며 도심으로 장시간 출퇴근을 하고 야간 근무를 할 때도 잦다. 휴일은 거의 없다시피 살고 있다. 그는 헌신적인 그리스도인이며 사랑스러운 사람이다. 하지만 그의 가족은 그가 없이 저녁 시간과 주말을 보낸다. 혹시 일주일간의 휴가를 가더라도 업무용 노트북을 들고 간다. 그리스도를 믿는 믿음이 있는데도 그는 성공 지향적이고 시간에 쪼들리는 광적인 사회의 가치관을 비판 없이 받아들이고 있다.

우리는 이보다 더 잘 할 수 있다. 사도 바울은 이 세상을 본받지 말고 마음을 새롭게 함으로 변화를 받아 하나님의 뜻이 무엇인지 분별하라고 촉구한다. 브라이언 맥클라렌은 이렇게 하기 위해서는 "틀을 이루는 특정 이야기를 철저히 배격하고 틀을 이루는 다른 이야기를 철저히 신뢰해야 한다"라고 말한다.30) 우리 중 많은 사람이 가장 신뢰하는 대상을 예수님으로 삼지만 이 일에 실패한다. 그 이유는 이미 있는 그대로의 우리 인생에 그분을 단순히 추가하는 선에서 그치기 때문이다. 주변 사람들의 목소리를 주의 깊게 경청하고 한 형제인 그리스도인과 우리 공동체의 필요에 깊이 귀 기울이는 행위는 하나님의 이야기에서 우리 역할이 무엇인지를 발견하게 해줄 촉매제가 될 수 있다.

> 젊은 어머니인 수는 남편과 두 어린 자녀와 함께 시골 마을로 이사했다. 많은 시골 교회처럼 그 마을의 교회도 소수의 인원에 노년층이 대부분이었고, 어린이를 위한 프로그램은 아예 없었다. 교회가 어린이에게 관심이 있기는 한가? 수는 이런 상황을 어떻게 받아들여야 할지 알 수 없었지만, 비가 내리던 어느 날 그녀는 무엇이든지 실행하기로 결심했다. 어린아이를 유모차에 태우고 다른 아이는 손을 잡고 그녀는 집을 나섰다. 먼저 집 건너편의 이전에 노동자들의 주택이었던 연립식 주택들부터 방문하기로 했다. 먼저 1번지 집을 방문한 그녀는 뜻밖의 방문에도 비를 맞지 말고 들어오라는 환대의 말을 들었다. 그녀는 마을에 새로 이사를 왔고 주일 학교를 시작하고 싶다고 이야기했다. 서로 대화를 주고받은 다음

---

30) 로마서 12:2. Brian McLaren, *Everything Must Change-Jesus, Global Crises, and a Revolution of Hope*(Thomas Nelson, 2007), 139쪽.

수는 그 이웃에게 맛있게 차를 마셨다고 감사 인사를 하고 2번지 집으로 갔다. 그사이에 1번지 집의 여성은 3번지 집으로 가서 대화를 나누었다. 젊은 어머니는 또다시 차 한 잔을 마시고 3번지 집으로 갔고, 3번지 집의 여주인은 기다리고 있었다는 듯이 그녀를 반갑게 맞아주었다. 이렇게 해서 그 주택가의 집을 모두 방문할 수 있었다. 수가 10번지 집을 찾아갔을 무렵 그 집에 이웃 사람들이 가득 모여 있었고 주일 학교에 대해 열광적인 반응을 보였다. 그리고 언제 주일 학교를 시작할지, 어떻게 도와주면 될지 물었다. 주일 학교를 책임지고 있는 목사님의 승낙으로 2주일 후에 주일 학교가 시작되었고, 이웃 사람들의 높은 관심이 온 마을 사람들에게까지 전달되어 주일 학교는 사람들로 북적거리기 시작했다. 편부모와 다른 가족들도 출석하기 시작했다.[31]

나는 어느 주일에 제인을 만났다. 제인은 음악가로 자신의 인생이 막다른 곳으로 내몰렸고 재능을 사용할 기회조차 없다는 생각으로 큰 절망에 빠졌던 과거의 이야기를 해주었다. 하루는 참석자 전원이 나와서 바구니에서 카드 한 장을 뽑는 기도회에 참석한 적이 있었다. 카드에는 각기 단어 하나와 성경 구절이 쓰여 있었다. 그녀가 뽑은 카드에는 '문'이라는 단어가 쓰여 있었고, 성경 구절은 요한

---

31) 이 마을 이름은 윈터본 몽크턴(Winterbourne Monkton)이고 젊은 엄마는 수 리처드슨(Sue Richardson)이다. 주일 학교는 크게 성장해 지금 도체스터 팀의 5개 마을 주일 학교와 함께 사역하고 있고, 매주 120명의 어린이가 출석하고 있다.

계시록의 "볼지어다 내가 네 앞에 열린 문을 두었으되"라는 말씀이 쓰여 있었다. 제인은 그 말씀이 자신의 인생에서 일어나지 않은 일을 너무나 정확히 설명한 것이라 느꼈고, 격분한 그녀는 성경에서 그 구절을 펜으로 그어버렸다. 그런데 며칠 후 낯선 사람에게서 전화 한 통을 받았다. 뮤지컬 〈요셉〉을 공연하는데 피아노 반주를 해줄 수 있느냐는 것이었다. 주최 측은 지방 교도소였다. 이렇게 해서 22년에 걸친 제인의 교도소 사역이 시작되었다. 스튜어트 스미스는 서머셋에 살면서 자동차 세일즈맨으로 일하고 있었다. 2014년이 시작되는 겨울에 서머셋 레벨에 위치한 마을들에 홍수가 덮쳤을 때 스튜어트는 생업을 포기하고 구조 작업을 도왔다. 스튜어트는 저축해 놓은 돈으로 생활하며 다른 자원봉사자들과 함께 일했다. 그 봉사 활동으로 그의 인생이 변화되었다. 그는 이렇게 고백했다. "전에는 어떻게 살아야 하는지 혼란스러웠지만, 이제 아닙니다. 사람들은 절박했고 우리는 그들을 도울 수 있었습니다. 이런 경험이 제가 원하는 길을 가는 데 도움이 되었습니다."[32]

우리는 모두 할 이야기가 있고 더 큰 이야기에서 맡은 배역이 있다. 우리는 미디어가 우리에게 끊임없이 이야기를 들려주는 세

---

[32] 시몬 드 브뤼셀즈(Simon de Bruxelles)가 스튜어트와 인터뷰했다. 〈더 타임스〉, 2014.3.6.

상에 살고 있다. 우리는 그 이야기에서 우리 자신의 몫을 찾아내도록 압박을 받는다. 최근에 앞뒤가 맞지 않는 듯한 에피소드 하나가 화면에 난데없이 방송되었고 그 에피소드는 "너무 깊이 고민하지 말라"는 메시지를 담고 있었다. 그냥 이야기를 따라가라. 할 수 있다면 이해하려고 시도하되 그 이야기에서 배역을 맡을 길은 없는지 확인해보라. 코미디언인 러셀 브랜드(Russell Brand)는 "우리는 우리를 바보로 만드는 이야기를 강매당하고 있다"라고 말한다.[33]

이런 상황에서 빠져나갈 길을 찾기 위해 우리가 개인적으로 할 수 있는 일은 많다. 함께할 수 있는 일은 훨씬 더 많다.

하나님의 이야기에서 자기 배역 찾아내기

2007년 11월 당시 13세였던 케이티 모건과 에스더 서덜랜드는 탄자니아 키바야로 파견된 '예수 안에 뿌리내린 삶' 팀에 합류했

---

33) 〈BBC 뉴스나이트〉(BBC Newsnight)에서 2010년 10월 제레미 팩스먼(Jeremy Paxman)과 인터뷰한 내용. youtube.com/watch?v=hYM7SzJM-Kns.

다. 팀의 어른들이 교회에서 그룹 리더들과 일하는 동안 케이티와 에스더는 영어를 사용하는 교회에 부속된 초등학교에서 일주일을 보냈다. 그 학교는 기숙 학교로 많은 학생이 목회자의 자녀들이었다. 케이티와 에스더는 주중에는 수업을 도왔고, 토요일에는 야외 기도 학교를 운영했다. 고향에서 배웠던 내용을 떠올려 아이들을 나무 아래에 빙 둘러 모은 후 기도에 관해 간단하게 가르쳐주었고, 아이들을 한 명씩 가운데로 나오게 한 다음 함께 기도하는 시간을 가졌다. 아이들은 이때 자신들의 필요를 기도로 주님께 아뢸 수 있다는 것을 처음으로 배웠다. 또한 처음으로 치유의 기도를 경험했다. 케이티와 에스더 역시 다른 사람들을 돕고 사역하는 가슴 떨리는 경험을 처음으로 할 수 있었다. 어떻게 이런 일이 일어나게 된 것인지 그들 자신도 얼떨떨했다. 선생님은 그다음 날 아이들이 모두 흥분해서 그 일을 이야기했고, 그날 참석하지 않은 아이들은 아까운 기회를 놓쳐서 아쉬워한다고 전해주었다.

2년 후 헤이든 목사는 그날 그 경험을 한 아이들이 그 이후로 어떤 일을 했는지 알려주었다. 그들은 매일 저녁 한 시간씩 기도회를 갖기 시작했다. 또한 주일 기도회를 개최하고 예배 시작 한 시간 전에 모여 함께 하나님을 찬양했다. 이 일로 어린이들뿐 아니라 그들을 지켜본 영국인 자원봉사자들도 깊은 믿음을 갖기에 이르렀다. 많은 어린이가 각자의 마을로 돌아가 자신들이 배우고 깨달은 것을 전했다. 그 결과 키테토 지역 전역에서 아이들이 정기적으로 그리고 자발적으로 서로를 위해 함께 기도하는 모습을 볼 수 있게 되었다.

케이티는 나중에 이렇게 적었다. "나는 하나님이 나를 통해 일하셨다는 사실이 너무나 영광스럽다고 생각하며 하나님이 또다시 이런 기회를 주시기를 기도합니다." 물론 하나님은 그렇게 해 주셨다. 케이티에게 이 경험은 예수님의 도제로서 걸어가는 여정의 한 걸음을 내디딘 것에 불과했다. 얼마 후 케이티는 한 친구를 신앙으로 이끌었고, 그 친구가 기도로 암이 낫는 기적을 경험하게 되었다. 그녀는 학교에서 기독교 토론 모임을 시작했고, 우리가 웰스로 이사했을 때 그 학교에서 최초의 기독교 조합을 설립하고 후원하는 데 함께하게 되었다. 케이티는 그 뒤로 캠브리지 대학교에서 수학했고, 캠브리지 대학 기독교 조합의 집행 위원회 기도부 총무로 활동했다. 이제 그녀는 국제 기독교 출판사 굿 북 컴퍼니(Good Book Company)의 편집자로 일하고 있다. 케이티는 하나님의 이야기에서 자신의 몫을 훌륭하게 감당하고 있다.

8장.

나눔을 위한 질문

"하나님의 이야기 안에서 사는 것은 평생이 걸리는 제자도다. 앞으로 계속 완성해나갈 하나님의 세계를 위한 그분의 계획에서 우리가 감당해야 할 몫이 있다."—그레이엄 크레이

1. 세상의 이야기를 확인하기

- "인간은 스토리텔러가 되도록 발전해왔다. 하지만 우리의 내러티브는 문화가 결정한다"(댄 맥아담스). 우리는 문화의 대변자들이 들려주는 이야기를 어느 정도까지 자각하고 있는가?

2. 세상의 이야기 평가하기

- "우리는 우리의 어리석음에서 벗어나지 못하게 하는 내러티브를 강매당하고 있다"(러셀 브랜드). 당신이 지금까지 해온 선택과 습관은 우리가 살고 있는 이야기의 가치에 어느 정도 영향을 받고 있는가?

3. 하나님의 이야기 속에 살기

- "그리스도인이 된다는 것은 우리가 선택하지 않은 이야기 속에서 사는 법을 배우는 것이다"(스탠리 하우어워스). 그리스도인은 어떻

게 해야 사람들이 다른 이야기, 즉 그 자체의 가치와 구성으로 평행을 이루는 이야기로 들어가도록 초청받았음을 깨닫도록 도울 수 있는가?

4. 하나님의 이야기에서 우리 몫을 찾아내기

- 에베소서 2장 10절을 읽으라. "우리는 그가 만드신 바라 그리스도 예수 안에서 선한 일을 위하여 지으심을 받은 자니 이 일은 하나님이 전에 예비하사 우리로 그 가운데서 행하게 하려 하심이니라." 이것이 어떤 의미로 다가오는가? 하나님의 이야기에서 자신의 역할이 무엇인지 설명할 수 있는가?

5. 서로 의지하기

- 우리는 유명 인사들의 세상, 즉 개인이 자기 자신이 연출한 쇼의 주인공이 되는 세상에 살고 있다. 그리고 그리스도인으로서 우리는 공동체로 부름받았다. 그렇다면 우리가 살도록 초청받은 이야기를 이해하는데 이 둘의 차이는 무엇인가?

9장

함께 여행하기

"나는 제자도가 홀로 감당해야 하는 여정이 아니라
다른 이들과 함께 참여하는 여정이라고 믿는다.
우리는 함께 제자가 되어야 한다.
이렇게 함께하는 여정이 어떤 형식을 취하는지는 핵심 사안이 아니다.
핵심은 우리가 이 여정에서 혼자가 아니라는 것이다.
우리는 이런 제자도의 길을 가면서
다른 사람들의 통찰과 격려와 은사가 필요하고
진실을 말해줄 이들이 필요하다."

로저 월턴[1]

1999년 나는 처음으로 아프리카 선교 여행을 갔다. 이전에 만나서 안면이 있는 사람은 한 명밖에 없었고, 서로 같은 신앙을 가지고 있다는 사실 외에 어떤 공통점도 없는 네 사람과 불편한 여행을 해야 했다. 그러나 그 경험은 내 인생이 변화되는 계기가 되었다. 우리는 백인이 한 번도 방문한 적이 없는 곳들을 찾아갔다. 국제적 분쟁에 시달리는 나라를 덜컹거리는 차를 타고 달리다 보면 총으로 무장한 사람들에게 심문당하느라 차를 멈추어야 하는 때도 적지 않았다. 우리의 창백한 피부를 보고 놀라서 울음을 터뜨리는 아이들을 데리고 온 사람들과 예배를 드렸고, 그들의 집으로 초청을 받았으며, 밤에는 얼굴 위로 쥐가 지나가는 매트리스에서 잠을 잤다. 우리는 사람들이 유창한 영어로 말하는 귀신들에게서 건짐받는 것을 보았고, 웅덩이 물을 끓여서 마셨다. 지방의 족장들과 선물을 교환하기도 했다. 우리는 그들을 위해 기도했고 그들은 우리를 위해 기도해주었다. 우리는 서로에게 완벽히 의존하고 있었고 하나님은 우리 중에 함께하셨다.

'예수 안에 뿌리내린 삶' 훈련 모임에서 종종 설명하듯이 제자

---

1) Roger Walton, *Disciples Together-Discipleship, Formation and Small Groups*(SCM Press, 2014), p. xi.

도는 하나의 여정이다. 2천 년 전에 예수님의 첫 제자들이 부르심에 반응한 것처럼 초청을 받아들이고 부름에 반응할 때 시작되는 여정이다. 혼자서는 갈 수 없는 여정이다. 이 여정은 서로가 필요하다. 집에서 멀리 떠나와 있기 때문이기도 하지만, 또한 우리 중 누구도 그 길에서 벌어질 상황에 꼭 필요한 모든 자원을 다 가진 사람은 아무도 없기 때문이다. 내가 아프리카를 처음 경험한 그 여행에서 우리는 실제적으로, 정서적으로, 영적으로 서로를 의지하는 동시에 우리가 섬겨야 하는 사람들을 위해 공동의 과제를 수행하며 함께 협력하는 법을 배웠다. 한 사람은 우리가 만나는 사람들에게 확신을 심어주는 남다른 재주가 있었고, 한 사람은 놀라운 격려의 은사가 있었다. 한 사람은 기도로 예언했고, 또 한 사람은 불어로 국경 수비대를 설득할 수 있었으며, 또 한 사람은 웃음이 빵 터지는 촌철살인으로 모두를 즐겁게 하는 재능이 있었다. 캄캄한 어둠 속에서 도무지 적응이 안 되는 불편한 잠자리에서 각기 밤을 보내고 기운이 빠진 어느 아침에 다시 모였을 때 로리는 "마치 세탁기 속을 여행하고 파라과이 감옥에서 잠을 잔 것 같았어요"라고 말했다. 아프리카를 여행하든지 인생의 여행을 하든지 여행할 때 우리는 기쁨과 어려움을 함께 나누고 각자의 은사와 통찰을 공유할 서로가 필요하다. 함께 공동체를 이루며 여행하고 사역할 때 우리의 개인적인 약점은 각 사람의 장점의 총합으로 위험성이 최소화된다. 우리가 만나고 교류하는 사람들로 인해 장점이 지속적으로 추가된다. 하나님은 그들을 통해서도 우리에게 축복을 베푸시는 것이다. 기분 좋은 일이다.

    단기 선교 여행에 참여하는 것은 서로를 의지한다는 것이 무엇인지, 서로를 의지함으로 하나님을 의지한다는 것이 무엇인지 경험할 수 있는 한 가지 방법일 뿐이다. 예수님을 따르도록 부름 받은 열두 제자가 경험했던 여행과 가장 흡사한 여행일 수도 있다. 브룬디와 르완다에 파송된 '예수 안에 뿌리내린 삶' 팀에 합류했다가 돌아오는 길에 빅 세카시는 이렇게 적었다. "한 팀의 일원으로서 그리스도의 몸이 얼마나 놀라운 기능을 할 수 있는지 이렇게 확실히 체험했던 적은 없었어요. 각 팀의 지체들은 여행하기 전과 여행하는 도중에 각기 자기 역할이 있었어요. 한 사람이라도 물리적으로나 영적으로 빠진다면 팀 전체가 힘들었을 거예요. 그 사역이 끝나고 예지력이 있는 교리문답 교사와 놀라운 기도 시간을 가졌어요. 그분은 제 인생에 대해 진리를 말씀해주셨고, 저는 하나님의 긍휼하심으로 새롭게 회복되는 경험을 했어요." 단기 선교 프로젝트에 참여하는 것은 기독교 공동체에서 도제가 된다는 것이 어떤 의미인지 확인할 수 있는 아주 좋은 방법이다.[2]

오늘날 기독교 공동체의 위력

단기 선교 여행은 선교 공동체에서 도제로 배우고 섬기면서 예수님의 제자가 된다는 것이 어떤 의미인지 강렬하게 맛볼 수 있는 기회다. 그러나 일상의 삶에서, 특별히 21세기 현대 사회라

---

2) 단기 선교 여행으로 신앙에 깊은 변화가 일어난 팀원들의 소감을 더 보고 싶다면 rootedinjesus.net에서 team page를 확인해보라. 나는 *The Wild Gospel*(Monarch, 2004)에서 그 여행을 통해 나의 제자도에 일어난 변화에 대해 소개했다.

는 상황에서 자신의 삶을 이어 나가는 가운데 함께 제자로서 살아간다는 것은 어떤 경험일 것 같은가? 어떻게 해야 예수님의 제자로서 성장하는 동시에 예수님의 제자로서 다른 사람을 훈련할 수 있는가? 예수님이 첫 제자들을 훈련하신 이후로 기본 원리는 변하지 않았을지 모르지만, 상황은 늘 변하기 마련이고 실제로 항상 변하고 있다.

점점 더 분명해지는 한 가지는 교인석에 앉아 예배드리는 전통적인 주일 예배 방식은 세속화된 사회에서 제자를 삼고 훈련하기에 더 이상 적절한 방법이 아니라는 것이다. 실제로 가장 최근에 영국에서 시행한 조사에 따르면 독실한 성공회 신자들이라도 더 이상 이런 방식이 유익하지 않음을 발견하고 있다. 성공회를 믿고 삶으로 실천하며 성공회 신자라는 의식이 확고한 사람 중 무려 50퍼센트가 더는 교회에 다니지 않는다고 말한다.[3] 달라스 윌라드는 이렇게 주장한다. "그리스도를 닮아가기 위한 의미 있는 영성 형성에 가장 방해가 되는 현대의 장애물 중 하나는 정규 예배의 영적 효능에 대한 과신이라고 분명히 지적해야 한다. 이 예배들은 필수이지만 그것만으로는 충분하지 않다. 매우 명확한 사실이다."[4] 같은 마을에서 함께 살고 일하는 사람들의 작은 공동체가, 친구와 이웃으로 서로를 잘 알고 인생의 희로애락을 함께 나누던 사람들의 공동체가 주일에 함께 모여 예배를 드리던

---

[3] 2013년 린다 우드헤드(Linda Woodhead)가 의뢰한 YouGov survey의 통계 자료. brin.ac.uk/news/2013/profile-of-anglicans-and-other-news 를 참고하라.

[4] Dallas Willard, *Renovation of the Heart*(NavPress, 2002), 250쪽. (『마음의 혁신』 복있는사람)

것이 당연하던 세계에서는 주일날 교회처럼 일주일에 한 번 정례화된 모임을 하며 하나님에 대한 사랑과 예배로 그 모든 것을 공고히 하는 것이 타당하고 합리적이었다. 하지만 다양한 공동체와 네트워크에 속해 있으며 서로에 대해 잘 모를 뿐 아니라 하나님을 믿지 않고 바쁘게 돌아가는 세상의 이야기에 매여 있는 사람들에게 주일 예배는 이들을 선도할 행사로 충분하지 않다. 삶의 리듬을 구성하는 한 요소로서 주일 예배가 필수적일 수 있지만, 전체 공동체 모임에 한 번 참여하는 것만으로는 제자를 훈련할 수도 없고, 선한 일을 하도록 구비할 수도 없다. 우리가 모든 민족을 제자로 삼으라는 명령에 충실히 하고자 한다면 혹은 바울이 말한 대로 "성도를 온전하게 하여 봉사의 일을 하게" 하려면 더 과감하게 모험해야 할 필요가 있다.[5]

톰 사인은 이렇게 말한다. "나는 모험가들이 기준을 높이고 새로운 형태의 교회들을 만들어내는 방안을 고민해보라고 권면하고 싶다. 분명하게 외부에 초점을 맞춘 수많은 다양한 방식으로 고대의 신앙과 미래의 희망을 창조적으로 표현하는 반문화적인 가족들이라는 새로운 형태의 교회들을 말이다. 문제는 시간에 쫓기는 세상에서 진심으로 서로를 알고, 서로를 깊이 사랑하며, 우리의 인생을 바쳐 그리스도를 따르도록 근본적으로 도전할 수 있는 시간과 공간을 실제로 조각할 방법들을 어떻게 찾아내느냐는 것이다."[6]

이제 교회란 무엇이고, 교회의 존재 목적은 무엇이며, 만나면

---

5) 에베소서 4:12.
6) Tom Sine, *The New Conspirators*(Paternoster, 2008), 261쪽.

무엇을 하고, 어떻게 배울지 생각해야 할 때다. 여러 면에서 뒤처진 부분이 있어 보이지만(아마 실제로 우리가 뒤처져 있기 때문일 것이다), 영국의 교회는 이 특별한 분야에서 선도적 역할을 하는 것 같다.

새로운 교회 공동체의 결성

지난 10년 동안 영국에서 '새로운 표현 운동'으로 교회들과 교회 리더들은 우리가 처한 다양한 상황에서 교회의 의미가 무엇인지에 대해 더 창의적으로 생각해보는 분위기를 조성하고자 노력했다. 이 운동은 상당한 결실을 보았고, '새로운 표현 운동' 팀의 벤 클리모에 따르면 이제 영국 전역에 약 3,400개의 새로운 표현이 있다고 한다.[7] 절반 이상을 평신도가 주도하고 있고, 그들은 교회와 교회 지하실, 교회와 교회 홀과 개인 집과 농장을 비롯해 매우 다양한 곳에서 모임을 하고 있으며, 학교와 식당과 카페, 회의실과 원예실, 심지어 가볍게 즐길 수 있는 게임장과 같은 세속적인 곳에서도 모임을 하고 있다. 하지만 새로운 방식과 격식에 얽매이지 않고 비교적 자유로운 곳에서 모임을 하는 것만으로 예수님의 도제로서 사는 방법에 대한 문제가 해결되는 것은 당연히 아니다. 어디서 무엇을 하건, 모임의 성격을 무엇이라 부르건 차

---

[7] '새로운 표현 운동'은 2004년 CHP가 출판한 영국 성공회 리포트인 『선교형 교회』(Mission-Shaped Church)에서 발전한 것이다. 본서 6장에 나오는 더 초기 논의 내용을 참고하라.

를 마시고 예술 활동으로 함께 모이는 많은 사람이 그 자체로 교회를 이루는 것은 절대 아니기 때문이다. 2009년부터 2014년까지 '새로운 표현 운동'의 리더로 섬긴 그레이엄 크레이는 어떤 교회이든 중요한 문제는 장소와 모임의 방식이 아니라 그 모임으로 배출되는 제자들의 수준이라는 점을 끈기 있게 상기시키며 이 점을 집중적으로 지적해왔다. 그는 새로운 운동의 78퍼센트가 제자로서의 삶을 촉진하기 위한 조치들을 취해왔다고 지적한다. 어떤 이들은 출판된 자료를 사용하고, 어떤 경우는 일대일 멘토링에 집중하며, 어떤 이들은 정기적이지만 격식에 얽매이지 않는 토론 모임을 주최한다. 모두 사명을 수행하고 있는 셈이다. 그들은 대부분 자신들을 행사보다는 관계 중심의 모임이라고 생각한다. 점점 더 많은 사람이 소속할 단체를 찾는 것이 아니라 살아갈 삶의 리듬을 찾고 있다고 말한다. '새로운 표현 운동'과 처치 아미 웹사이트에서 많은 사람이 자신들의 사연을 소개하고 있다.[8]

새로 생긴 교회이든 기성 교회이든 교회들이 나가서 모든 민족을 제자로 삼으라는 명령을 진지하게 받아들일 때 매우 놀라운 일이 일어난다. 아래 몇 가지 사례를 소개한다.

---

8) Graham Cray, *Making Disciples in Fresh Expressions of Church* (Fresh Expressions, 2013); *Who's Shaping You?-21st Century Disciples*(Cell UK, 2011). 또한 freshexpressions.org.uk/guide/discipleship을 참고하라. From Anecdote to Evidence 보고서에서 발표한 처치 아미 교회 성장 연구 프로그램(2011-2013)의 조사 결과는 churchgrowthresearch.org.uk 에서 확인할 수 있다. 성장하는 교회들의 핵심 특징 중 하나는 '의도적인 제자 양육'임을 확인했다. '새로운 표현 운동'은 이제 많은 다른 나라에서도 폭발적으로 성장하고 있다.

영국 엑서터의 '거룩한 땅'(Holy Ground)이라는 월례 예배 모임은 참석자들이 주중에는 노숙인들이 운영하는 카페에서 봉사하고 펍에서 토론 모임으로 모이면서 예배와 봉사가 동시에 가능한 삶의 리듬을 제공한다. 리더인 안나 노먼 워커는 "제자도는 새로운 사실을 학습하는 것보다 삶의 방식에 변화가 일어나는 것이 더욱 중요하다"라고 지적한다.[9)]

뉴턴 아이클리프 지역의 라이프 라인(Life Line)이라는 신생 교회는 악성 채무로 고통당하는 사람들을 지원하는 단체인 '빈곤 퇴치를 위한 그리스도인 모임'(Christians Against Poverty)의 지역 활동을 통해 예기치 않게 생긴 교회다. 이 교회의 지체들은 대부분 교회를 다닌 경험이 전무했지만, 비공식적인 성경 공부 모임에서 가족의 정을 느끼고 있으며, 수용할 수 있는 인원을 계속 초과함으로 리더들이 당혹스러워할 정도다.[10)]

세필드에 세워진 터미너스(Terminus)라는 이름의 초교파 공동체 카페는 이 지역에 거주하는 대부분 사람이 교회가 그들과 무관하며 그들의 삶에 아무런 기여를 하지 않는다는 조사가 발표된 후에 특별히 어려운 지역을 섬길 목적으로 시작되었다. 사회 활동으로 토론과 성경

---

9) churcharmy.org.uk/Publisher/File.aspx?ID=138306
10) Life Church, Newton Aycliff: freshexpressions.org.uk/stories/lifechurch.

> 공부 모임을 운영하고 있다. 이 카페에 오는 사람 중 많은 사람이 카페의 파트너 교회들에서 진행하는 제자도 그룹에 참여하고 있다.11)

이 모든 운동은 자신의 시간을 바쳐서 다른 사람들을 하나님 나라로 인도하는 그리스도인들의 제자도에 도전을 주었고, 또한 더 깊은 제자도에 이르도록 기여했다.

제자도 훈련 학교로서 '새로운 표현 운동'

그레이엄 크레이는 이렇게 말한다. "우리는 교회의 새로운 표현들이 단순히 예배 모임이 아니라 제자들의 공동체가 되기를 소망한다. 처음부터 이런 성격으로 모임을 규정하지 않으면 나중에 이런 성격을 강화하기는 고사하고 추가하는 것도 매우 어렵다는 사실을 배웠다. 개척하는 교회의 초기 성격이 앞으로 형성할 제자도의 기준을 결정하는 경우가 많다. 제자를 세우는 쉬운 방식이나 신속한 해결책은 존재하지 않지만, 몇 가지 중요한 원리는 존재한다.

제자도는 추상적이지 않다. 순종해야 할 규칙이나 피해야 할 죄의 목록이 아니다. 제자도는 본질적으로 따르라는 부르심에 응

---

11) Terminus café, Sheffield: freshexpressions.org.uk/stories/terminus.

답한 이들이 개인적이고 공동체적으로 예수님께 순종하는 것이다. 그것은 종교가 아니라 인생의 모든 분야와 관련이 있다. 예수님과 함께하며 그분을 닮아가고자 하는 선택이다(마 10:25). 그분이 인간의 몸을 입고 인간으로 사신 것처럼 그분을 본받는 삶을 살고자 선택하는 것이다(달라스 윌라드). 그것은 의지의 문제다. 그분의 멍에는 쉽고 그분의 짐은 가벼울지 모르지만, 우리는 여전히 그 짐을 지고자 선택해야 한다(마 11:28-30). 제자가 된다는 것은 우리 자신의 운명에 대한 주권을 그분께 양도하고 제자 훈련 학교에서 예수님의 제자가 되어 배우는 것이다.

내가 젊었을 때는 오직 개인적인 영성 훈련을 강조했다. 특히 매일의 기도와 성경 공부를 강조하는 경향이 강했다. 개인 영성 훈련은 여전히 중요하다. 하지만 나는 오늘날 그리스도인의 인격을 형성하는 데 이런 영성 훈련만으로 충분하지 않다고 생각한다. 지금과 비교하면 신앙의 초창기 시절에 기독교 이야기는 영국 사회에 더 잘 알려졌고, '기독교적' 가치는 절대적인 것으로 고수되지는 못했어도 최소한 중요한 규범으로 받아들여졌다. 오늘날 문화는 제자도를 지지하기는커녕 오히려 침해할 가능성이 더 높다. 지금 우리는 공동체적 훈련과 지지가 필요하다. 기독교적 삶의 방식, 즉 매일 예수님께 순종하는 삶을 적극적으로 지지해줄 공동체가 필요하다. '서로'라는 표현은 신약에서 빈번하게 등장하며, 제자도의 삶은 이렇게 끈질기고 의도적인 '서로의 삶'으로 가능해질 것이다."

―그레이엄 크레이, 〈새로운 표현 운동〉, 2012년 6월호.

삶의 리듬 발견하기

지난 수 세기 동안 많은 기독교 공동체는 매일 일정한 삶의 리듬을 좇아 살고자 했다. 가장 두드러진 곳은 수도원 운동에 속한 공동체들이다. 실제로 우리의 주일 학교 예배와 절기별 예전들은 교회 내의 이런 전통을 반영한다. 그러나 오늘날 어떤 이들은 새로운 방식으로 이 개념을 발전시키고 있다. 마이클 프로스트는 뉴 사우스 웨일스에서 Small Boat Big Sea(넓은 바다 위에 떠 있는 작은 배)라는 교회의 리더로 섬기고 있다. 이 교회는 앞 글자를 딴 BELLS로 요약되는 원리를 중심으로 제자도를 제시한다. 교회의 모든 성도는 매주 친절을 베푸는 행동으로 다른 사람을 축복하고(Bless), 서로와 나아가 교회 공동체 밖의 사람들과 함께 먹으며(Eat), 기도와 묵상으로 하나님의 음성을 경청하고(Listen), 복음서를 통해 배우며(Learn), 마지막으로 사람들에게 하나님의 은혜를 나누도록 세상으로 보냄받았음(Send)을 인정하며 결단한다.

영국에서는 이런 방식이 점점 더 일반화되고 있다. 벤 에드슨은 맨체스터에서 Abide(어바이드)라는 명칭의 선교 공동체를 세우는 데 힘을 쏟았다. 다섯 가지 '은혜의 리듬'이라는 공동의 실천을 앞세우며 결성된 공동체다. 그리스도의 형상으로 변화되어가고, 성령께 마음을 열며, 기도와 예배와 영적 독서를 위한 시간을 확보하고, 세상에서 은혜의 존재로 자신을 드러내며, 다른 이들과 신앙을 나누는 것이다. 런던이라는 대도시에서 생활하며 일하는 사람들이 결성한 Moot(무트)라는 이름의 공동체는 매일 관상 기도와 묵상, 영성 토론, '질문하는 삶'(Living the Questions)

대화 그룹을 생활의 중심으로 삼고 살아간다.[12] 이 모든 것은 정해진 시간표에 따른 '주일학교식 그리스도인'의 패턴을 벗어나 자신들이 예수님을 따르는 제자라는 사실을 매일 함께 인정하며 살아가는 방식을 지향하는 시도다.

> 그것은 복잡할 필요가 없고 교회 역사에 대한 큰 자각이 필요하지도 않다. 가장 단순한 수준에서 보자면 그것은 구조가 아닌 지향의 문제다. 트레이시 코트렐은 지역의 한 초등학교에 대해 이렇게 적었다. "내가 살고 있는 곳에서 길을 따라 내려가면 만날 수 있는 초등학교의 일부 아이들에 대해 이야기해볼까 한다. 얼마 전에 교장 선생님은 모든 학생과 교사를 대상으로 학교의 일원으로서 그들이 어떤 가치를 지녀야 하는지, 말하자면 학교생활을 어떻게 만들어가야 하는지 생각해보라고 주문했다. 아이들 중에는 그리스도인으로서 학교의 공동생활에 영향을 미칠 수 있도록 행동하기로 결심한 그리스도인 아이들이 있었다. 아이들은 고민하고 대화하며 기도하여 결론을 내린 다음 교장 선생님을 찾아가 이렇게 말했다. "우리는 우리 학교의 가치 중 하나를 '예수님이라면 어떻게 하실까?'(What Would Jesus Do?)로 정해야

---

12) Small Boat Big Sea, 〈리소스〉지 26호, Intentional Communities;Abide-freshexpressions.org.uk/stories/abide. Moot-moot.uk.net/.

한다고 결론지었습니다." 마침 이 학교는 영국 국교회에 속한 초등학교였다. 그러나 이 학교에는 종교가 다르거나 종교가 아예 없는 가정에서 자란 아이들도 적지 않았다. 그래서 교장 선생님은 무슬림인 학부모들에게 '예수님이라면 어떻게 하실까?'(WWJD)를 학교의 중요한 한 가지 가치로 삼자는 이 제안에 대해 알려주었다. 그들은 예수님이 예언자이므로 좋은 제안이라고 생각한다고 대답했다. 힌두교인 학부모들에게도 이 사실을 알렸고 그들 역시 아무 반대를 하지 않았다. 특정 종교가 없는 가정에도 이 내용을 알리자 그들은 이 안건에 찬성표를 던질 수 있다고 말했다. 이렇게 해서 전 학교가 'WWJD'를 학교의 중요한 가치로 받아들일 것인지를 두고 투표했다. 학교의 가치에 대한 다른 제안들도 같이 투표에 부쳤다. 이렇게 해서 결국 'WWJD'는 학교생활과 결정의 중요한 근거로 삼을 수 있다고 모두가 동의한 가치가 되었다. 트레이시는 작은 무리의 열 살 짜리 어린이들이 예수님을 대변할 수 있었던 사건을 곰곰이 생각해본다. 그 어린이들은 예수님의 방식이 학교 공동체에 복음이 될 수 있음을 교사들과 다른 어린이들이 인식하도록 도와주었다.[13]

---

13) 인생의 벨스(BELLS) 리듬을 또 다른 신앙 공동체들도 채택했다. fresh-expressios.org.uk/stories/bells를 참고하라.

빌 헐이 지적하듯이 그리스도 안에서의 성숙은 공동체 프로젝트다.[14] 어린이들도 이 일에 동참할 수 있다. 실제로 어린이들에게는 자연스럽게 이 일이 이루어지는 것 같다. 예수님이 주장하셨던 대로다. 자기 전에 성경을 읽던 중 십계명에 관한 부분이 나오자 다섯 살짜리 우리 아들 에드워드는 급한 목소리로 "엄마, 하나님이 그런 명령을 하셨다면 선생님에게 가져가서 아이들에게 읽어달라고 해야겠어요. 친구들은 그걸 모르거든요"라고 말했다.

소모임으로 제자 삼기

정기적으로 얼굴을 맞대고 서로 지지하고 도전하는 소그룹이 없다면 우리는 제자도를 유지할 수 없다.-그레이엄 크레이[15]

제자를 만들고 성장하도록 하는 방법은 여러 가지가 있지만, 예수님 시대부터 그랬던 것처럼 핵심적인 학습 공동체는 여전히 소그룹이다. 소그룹은 성경을 읽고, 궁금한 것을 질문하며, 서로 어려움을 나누고, 영적 은사를 활용하며, 목회적 돌봄을 제공함으로 기도하고 사역할 수 있는 안전한 환경을 제공한다. 그것은 소속감을 제공해 개인과 집단이 성장하게 한다. 격식에서 비

---

14) Bill Hull, *The Complete book of Discipleship-On Being and Making Followers of Christ*(NavPress, 2006), 165쪽.
15) 〈새로운 표현 운동〉, 2012년 6월호, freshexpressions.org.uk

교적 자유로운 소모임을 통해 사람들은 탐구하고, 질문하며, 도전받고, 축하하며, 실수해도 자유함을 누릴 수 있다. 18세기 영국의 변화는 소모임이 핵심이었고, 중국의 영적이고 양적인 성장의 열쇠 역시 소모임이었다. 아프리카에서 '예수 안에 뿌리내린 삶' 모임이 성공할 수 있었던 비결은 소모임이며, 알파 코스가 끼치는 복음주의적 영향력의 열쇠도 소모임이다. 내 경험의 핵심도 소모임이었다. 레스터에서 18년간 로저와 내가 섬긴 교회가 성장했던 열쇠도 소모임이었다. 이런 소모임에 참여하는 사람이 많아질수록 교회도 영적으로 크게 성숙했다. 800명의 교인 중 650명이 소모임에 참여하면서 매년 그 소모임들이 운영하는 16개의 알파 코스를 통해 많은 사람이 믿음을 고백하게 되었다.[16] 소모임은 교회가 영적으로나 양적으로나 성장할 수 있는 비결이다.

기독교 소모임은 역사가 길다. 최초의 교회들은 본질적으로 집에서 모이는 소규모의 가정 단위 모임이었다. 로마의 교회는 브리스길라와 아굴라의 집에서 모임을 가졌다. 골로새에서는 눔바의 집에서 모였고, 빌립보에서는 루디아의 집에서 모였다.[17] 점점 더 많은 사람이 복음을 받아들일수록 세속 이야기에서 왕국 이야기로 충성의 대상을 옮기도록 돕기 위해 새 신자들은 신중하고 철저한 소그룹 제자 훈련 과정을 거쳐야 했다. 그러나 3세기 이

---

16) 성인과 십대를 위한 65개의 소그룹 혹은 셀 모임이 있었다. 모임에 참석하지 않은 150명 중 대부분이 어린이였다. 아이들은 매주 주일 학교 모임을 가졌다. 본서의 6장도 참고하라. 또한 Mathetes Trust, https://mathetestrust.org/에서 로저 모건의 'Growing a church through small groups'에 대한 짧은 안내를 무료로 이용할 수 있다.

17) 로마서 16:3-5; 골로새서 4:15; 사도행전 16:40.

후로 기독교 인구가 늘어나고 공적인 교회 건물들이 세워지면서 모임은 개인적인 성격을 점점 상실하게 되었고, 새로운 기독교 공동체들은 그들이 속한 사회와 점점 더 구별되지 않게 되었다. 역사적으로 개혁가들은 항상 이렇게 제자들이 교회 출석자로 점점 변질되는 문제에 대한 해결책을 호소했다. 중세의 수도원 운동, 16세기의 루터교 성경 공부 모임, 18세기의 감리교 속회가 여기에 해당한다.[18]

20세기에 들어 소모임 운동은 다시 점진적으로 부활했다. 1차 세계 대전 후 발표된 〈1919 영국 정부 보고서〉는 성인 교육에 대대적 자원을 투입하도록 요구했다. 교회는 새로운 체계의 신학 연구 모임으로 이 필요에 부응했다. 2차 세계 대전 이후에는 많은 '가정 모임'이 시작되어 교육에 대한 기존의 강조에 목회적 돌봄이라는 차원이 추가되었다. 지난 20년 동안 라틴 아메리카에서 생겨난 사회 개혁 중심의 공동체들과 한국의 선교 중심 셀 교회 모델의 영향으로 새로운 형태의 외부 지향적 소모임들이 영국에서 형성되었다. 이 모임들은 종종 '셀' 모임이라고도 불린다. 그들이 구성원들을 감옥(cell)에 가두기 때문이 아니라 분열하고 증식할 수 있는 유기 세포(cell)의 능력 때문이다. 셀 모임은 자체로 선교 중심적인 성격을 지니고 있다.[19] 이런 셀 모임과 더불어 은

---

18) 루터는 『독일 미사 및 예배서』(*German Mass and Orders of Service*) 서문에서 "진심으로 그리스도인이 되고자 하는 자들은 기도하고 성경을 읽고 세례를 베풀며 다른 기독교적 활동을 할 수 있는 집에서 함께 모여야 한다"라고 조언한다. Steven Croft, *Transforming Communities*(DLT, 2002), 97쪽에서 인용함.

19) 소모임의 역사에 대해 도움이 될 온라인 자료는 로저 월턴의 *Disciples Together- Discipleship, Formation and Small Groups*(SCM Press,

사주의 운동의 영향을 받은 교회에서도 소모임들이 활성화되었다. 모든 개인이 성령의 인도하심으로 성도들의 모임에 독특하게 기여할 수 있음을 점점 확실히 자각하면서 예수님이 우리에게 요구하시는 성숙함과 능력을 경험하는 데 공동체 예배만이 우리에게 필요한 유일한 환경은 아니라는 점을 깨닫게 되었다. 은사주의적 갱신 운동에 관여한 사람들이 경험한 영적 각성은 선교 중심의 셀 모임과 결합해 우리가 제자도에 대한 철저히 성경적 모델을 회복하는 데 도움을 주었다(아마 수백 년 만에 처음으로).

소모임은 이제 교회 풍경의 확고한 한 부분으로 빠르게 자리를 잡아가고 있다. 2001년에 이르러 영국의 교회 출석자 중 소모임에 소속되어 있다고 대답한 이들은 37퍼센트에 이르렀다. 2010년 로저 월턴이 인터뷰한 소모임 회원들의 횡단면적 분석 자료는 그들 중 4분의 3이 소모임의 경험으로 그들의 신앙과 다른 사람들에게 그들의 신앙을 알리는 데 더 자신감을 갖게 되었음을 보여주었다. 그들은 또한 이전에 비해 그들의 믿음과 일상생활을 통합하기가 더 수월하고, 타인을 수용하고 용서하는 데 더욱 관대해졌으며, 더 강하게 기도드리고, 하나님께 더 가까이 나아갈 수 있게 되었다고 대답했다.[20] 2007년 헬런 캐머런(Helen Cameron)은 소모임은 그 자체로 새로운 형태의 교회라고 주장했다.[21]

2014), 6장과 7장에서 확인할 수 있다. 로렌스 싱글허스트(Lawrence Singlehurst)가 설립한 CellUK는 영국에서 셀 모임 발전을 이끌었다. celluk.org.uk를 참고하라.
20) *Disciples Together*(SCM Press, 2014), 107쪽.
21) Helen Cameron, *Resourcing Mission: Practical Theology for Changing Churches*(SCM Press, 2010), 24-37쪽.

로저 월턴은 제자를 세우는 중요한 세 가지 요인이 있다고 주장한다. 선교 참여, 예배 참여, 의도적인 기독교 공동체 참여가 그것이다. 소모임이 제자를 삼고 훈련할 수 있는 환경이 되려면 이 세 가지 요소가 적용되어야 한다. 월턴이 주장한 이 세 요소를 역순으로 제시하면 다음과 같은 의미가 있다.

(1) 모임의 지체들은 서로에게 헌신해야 한다.
(2) 그룹 모임은 하나님, 즉 성부, 성자, 성령의 임재를 의도적으로 요청하고 누려야 한다.
(3) 모임은 세상을 향해 관심을 확대해야 한다.

이것은 '안으로, 위로, 밖으로'라는 전통적인 구절과 대략 비슷한 내용이다. 이런 세 원리를 소모임에서 실천할 수 있는 방법은 공식적으로나 비공식적으로 많이 있으며, 이용할 수 있는 자료도 많다. 세 부분으로 구성된 우리의 제자도 프로그램인 '거기 계시는 하나님'(The God Who is)은 '예수 안에 뿌리내린 삶' 프로그램으로 얻은 우리의 경험을 바탕으로 한 것으로 하나님의 속성과 예수님의 부르심에 대해 먼저 배운다. 여기에는 기도, 예배, 성경 공부, 관계 구축이 포함되며, 지체들이 하나님의 이야기에서 자신의 역할을 발견하고 실제로 실천하도록 도울 훈련도 포함된다. 우리는 '아름다운 삶'(Beautiful Lives)이라고 하는 믿음 공유 과정을 개발했고, '주의 이름으로'(In His Name)라는 치유 기도 과정 그리고 사순절 과정으로 성령이 우리에게 주시는 새로운 삶에 초점을 맞춘 '회복의 때'(Season of Renewal)를 개발했다. 이 모든 것은 사람들이 제자도와 제자도의 필수 부분인 적극적 사역으로 성장하는 데 도움이 되는 요소다. 바로 사용할 수 있는 소모임 교재는 이 외에도 많이 있으며, 그중 일부는 참고 문헌에 수록되어 있다.

왜 소모임인가?

- "내 계명은 곧 내가 너희를 사랑한 것 같이 너희도 서로 사랑하라 하는 이것이니라"(요 15:12).
- "그러므로 너희는 가서 모든 민족을 제자로 삼아 아버지와 아들과 성령의 이름으로 세례를 베풀고 내가 너희에게 분부한 모든 것을 가르쳐 지키게 하라 볼지어다 내가 세상 끝날까지 너희와 항상 함께 있으리라 하시니라"(마 28:19-20).
- "그들이 사도의 가르침을 받아 서로 교제하고 떡을 떼며 오로지 기도하기를 힘쓰니라"(행 2:42).

소모임 운영에 관한 실제를 다룬 유익한 작가 중 한 사람은 목사이자 작가로 기독교 제자 양성에 초점을 맞춘 빌 헐이다. 『온전한 제자도』(The Complete Book of Discipleship)란 자신의 책에서 그는 소모임 정착에 필요한 네 가지 전제 조건을 확인해준다. 첫째, 제자를 삼고자 하는 모임은 의도성을 지녀야 한다. 다시 말해서 모든 구성원은 개인적 성장 과정에 헌신해야 한다. 둘째, 서약해야 한다. 다시 말해 특정 시간과 장소에 참석하기로 구체적으로 결단해야 한다. 셋째, 구성원들이 서로 친밀해지도록 노력

해야 한다. 넷째, 재생산을 위해 서로 합의하여 내린 결단을 기초로 비구성원들에게 끈질기게 복음을 전하고 손을 내밀어야 한다. 소모임 방식의 제자도를 향한 그의 열정은 분명하다.

교회 지도자들이 그리스도를 위해 함께 일하는 결단력 있는 성도들로 구성된 효과적인 소대를 원한다면 소모임이 그 길이다. 리더들을 발굴하고 훈련하는 시스템을 원한다면 소모임이 그 방법이다. 서로 책임을 져주기 위해 꼭 필요한 공동체를 창출할 최고의 광장을 제공하고 싶다면 소모임이 그 길이다.[22]

영적 지도와 멘토링

2013년에 수많은 성공회 교구를 대상으로 '교회의 새로운 표현들'에 대해 처치 아미 연구소가 주관한 연구에서 저자 조지 링스는 기독교 모임들이 예수님의 제자로서 소속 지체들이 성장하도록 도울 수 있는 네 가지 주요 방식을 제시한다. 소모임, 강좌, 팀, 일대일 멘토링이 그것이다.[23] 일부 '새로운 표현들'은 여전히 제자도에 대한 전략을 전혀 구비하지 못하고 있지만, 대부분은 이런 네 가지 방식 중 한두 가지를 채택하고 있다. 아래 표는 캔터베리 교구에서 이 네 가지 방식이 다소 비슷한 수준으로 활용되고 있음을 보여준다. 이 중에 아직 살펴보지 않은 방식은 일대일 멘토링이다. 이런 멘토링은 공식적으로 또는 비공식적으로 이

---

22) Bill Hull, *The Complete Book of Discipleship*(2006), 9장, 229쪽 인용.
23) 2008년 8월 처치 아미 조사국, churcharmy.org.uk.

루어질 수 있다. 코칭, 멘토링, 영성 지도와 기도 사역이 이 항목에 모두 포함될 수 있다.[24)]

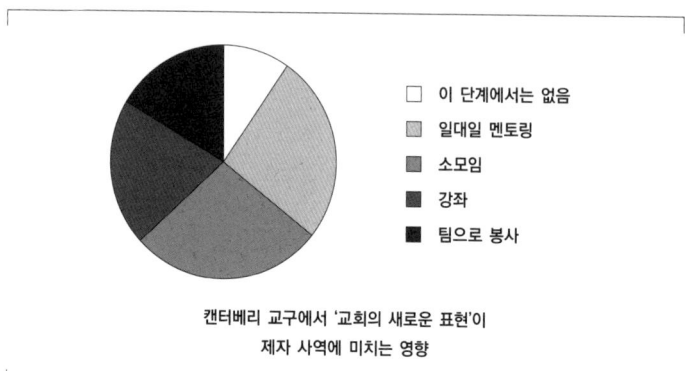

캔터베리 교구에서 '교회의 새로운 표현'이
제자 사역에 미치는 영향

예수님과 사도 바울은 제자들의 개별적인 신앙 여정에 대해 깊은 관심을 기울이셨다. 나다나엘이 예수님께 가장 먼저 반응했던 것은 예수님이 그를 부르셨기 때문만이 아니라 그가 그분의 마음을 보았기 때문이었다. 베드로는 단순히 제자 그룹의 한 구성원으로서뿐 아니라 자신만의 특정한 문제를 지닌 한 개인으로서 예수님의 끊임없는 안내와 책망과 격려를 받았다. 예수님은 가시는 곳마다 제자들이 사역에서 꾸준히 성장하기를 바라셨고,

---

24) '코칭'은 교회에서 우리가 '멘토링'이라고 부르는 행위를 표현하는 세속적 용어다. 한 사람이 다른 사람 곁에서 그가 스스로 선택한 길을 분별하고 따라가도록 돕는 일을 포함한다. '영적 지도'는 더 지시적인 성격이 강하며 정기적인 짧은 모임과 훈련 혹은 추천 활동이 포함된다. '기도 사역'은 때로 교회 예배라는 상황에서 단순히 다른 사람을 위해 기도하는 것을 가리켜 사용하는 용어이지만, 보통 두 사람이 한 팀을 이루어 관련 당사자의 필요를 집중해 듣고 분별하며 더 긴 기간 동안 기도하는 것을 가리켜 사용할 때가 더 많다.

동시에 그들이 개인적으로 발전하는 데 깊은 관심을 두셨다. 예수님은 그분의 제자들에게, 다시 말해 그분의 수련생들에게 기술을 전수하는 것으로 충분하지 않음을 아셨다. 그들의 인간적 연약함을 극복할 수 있도록 도와주셔야 했던 것이다.

바울도 그의 제자들에게 동일한 관심을 기울였다. 그는 때로는 이 사람과 때로는 저 사람과 동행하며 그들의 은사와 태도에 맞게 임무를 부여하고, 함께 여행하면서 필요에 따라 추가로 교육을 제공했다. 심지어 마가 요한의 경우에는 일시적으로 그를 완전히 포기할 정도로 강경한 태도를 취한 적도 있었다. 바울과 디모데의 관계에서 이 점을 가장 잘 확인할 수 있다. 그는 예수님이 제자들을 훈련하신 것과 너무나 흡사한 방식으로 디모데를 훈련했다. 먼저 디모데는 바울의 행동을 옆에서 지켜보고 들었으며, 다음으로 바울과 파트너로서 함께 사역했고, 마지막으로 독립적으로 사역하도록 파송되었다. 바울은 디모데에게 그가 배운 것을 다른 사람들에게 전달함으로 그들이 또 다른 사람들을 가르칠 수 있게 하라는 당부도 잊지 않았다. 그러나 바울은 디모데를 훈련한 것 못지않게 디모데의 개인적 문제를 다루는 데에도 많은 시간을 투자했다. 사역의 첫 단계를 거쳐 독립적인 교회 지도자로 성장하기까지 인내하며 그를 도왔다. 그에게 지속적인 조언과 격려를 아끼지 않았다. "내가 너를 사랑한다는 것을 기억하라. 너에 대해 예언한 것들을 기억하고 위축되거나 포기하지 말며 너의 건강을 돌보라."

오늘날 모든 제자는 이와 동일한 돌봄과 관심이 필요하다. 나는 그리스도인으로서 삶의 대부분 시간에 매주 기도 동역자를 만났다. 그는 내 마음의 근심을 하나님께 다 아뢰도록 도와주는 신뢰할 수 있는 사람이었다. 나는 사람들에게 개별적인 기도 사역을 제공하는 것 외에도 나 자신을 위해 정기적으로 이런 기도의 도움을 받고자 노력했다. 이 과정에서 하나님은 내가 희미하게 의식하고 있던 영적인 문제와 심리적 문제를 다루기를 원하신다는 것을 발견할 때도 있었다. 이런 식으로 함께 기도한 사람이 지금까지 수백 명이 넘는다. 보통 우리 교회 내의 셀 모임에 이미 소속해 있던 사람들이었고, 그들이 집중적인 경청과 기도의 시간을 통해 자신들의 개인적인 문제를 하나님께 아뢰도록 도왔다. 종종 훈련만으로는 할 수 없었던 방법으로 그들을 사역의 길로 이끌기도 했다. 이와 같은 내면의 변화가 없다면 사역과 선교에 대한 열정은 '의무감'에 얽매인 행위에 불과해질 수도 있다. 교회 지도자라면 대부분 알고 있듯이 이런 일은 지도자의 사기를 꺾고 교회 지체들의 죄책감을 유발한다. 어느 날 마을 한가운데를 흐르는 냇가에 서서 멍하니 흐르는 물을 바라보고 있던 교구 목사님에 관한 이야기가 생각난다. 지나가던 행인은 "왜 그러고 계시나요?"라고 물었다. 그는 이렇게 대답했다. "이 냇물을 구경하고 있는 중입니다. 이 마을에서 제가 억지로 밀지 않아도 움직이는 유일한 것이거든요."

실제적인 훈련뿐 아니라 개인적 차원에서 필요한 영적인 조언과 지지를 받을 확실한 방법은 많다. 영적 안내자를 찾을 수도 있고 수련회에 참석할 수도 있다. 우리는 다른 사람들, 즉 동료나 성령 충만한 목회자 훈련 모임에서 만난 사람들에게서 지혜롭고 예언자적인 조언을 받을 수도 있다. 교회 리더들은 함께 모여 마음의 고민을 나누거나 지역 단위의 지원 네트워크에 합류할 수도 있고, 또래 멘토링 그룹에 참가할 수도 있다. 어떤 방식을 선택하든지 당신을 알고 있는 누군가가 당신에게 도전하는 동시에 지지할 수 있도록 하라.

바울이 디모데를 훈련하다

1. 제자
- 사도행전 16장: 바울은 디모데를 만난 후 더베와 루스드라로 그를 데려간다. 디모데는 바울의 사역을 지켜보지만, 적극적인 역할을 맡지 않는다.
- 사도행전 20:4-5: 바울은 디모데를 포함해 일곱 명의 제자를 드로아에 먼저 보내고 그곳에서 그들을 가르친다.

2. 파트너
- 로마서 16:21: 디모데는 이제 바울의 동역자로 기록된다.
- 빌립보서 1:1: 바울과 디모데는 빌립보 교회에 함께 서신을 보낸다.
- 데살로니가전·후서: 편지를 보내는 사람은 바울과 실라와 디모데다.

3. 동등한 지위
- 디모데전·후서: 디모데가 에베소 교회의 감독으로 임명받았다.

바울이 디모데의 멘토 역할을 하다

- 디모데전서 1:2: "믿음 안에서 참 아들 된 디모데."
- 디모데전서 1:18: "내가 네게 이 교훈으로써 명하노니 전에 너를 지도한 예언을 따라."
- 디모데전서 4:7, 12, 16: "경건에 이르도록 네 자신을 연단하라", "누구든지 네 연소함을 업신여기지 못하게 하라", "네가 네 자신과 가르침을 살피라."
- 디모데전서 5:23: "네 위장과 자주 나는 병을 위하여는 포도주를 조금씩 쓰라."
- 디모데전서 6:20: "망령되고 헛된 말과 거짓된 지식의 반론을 피함으로 네게 부탁한 것을 지키라."
- 디모데후서 1:3-7: "내가 밤낮 간구하는 가운데 쉬지 않고 너를 생각하여."
- 디모데후서 1:6-7: "안수함으로 네 속에 있는 하나님의 은사를 다시 불일 듯 하게 하라 하나님이 우리에게 주신 것은 두려워하는 마음이 아니요 오직 능력과 사랑과 절제하는 마음이니."
- 디모데후서 2:1-3: "너는 그리스도 예수 안에 있는 은혜 가운데서 강하고 또 네가 많은 증인 앞에서 내게 들은 바를 충성된 사람들에게 부탁하라 그들이 또 다른 사람들을 가르칠 수 있으리라 너는 그리스도 예수의 좋은 병사로 나와 함께 고난을 받으라."
- 디모데후서 2:15, 22-24: "부끄러울 것이 없는 일꾼으로 인정된 자로 자신을 하나님 앞에 드리기를 힘쓰라", "청년의

정욕을 피하라", "어리석고 무식한 변론을 버리라", "모든 사람에 대하여 온유하라."
- 디모데후서 3:14-15: "배우고 확신한 일에 거하라 너는 네가 누구에게서 배웠는지 기억하라."

결론

"이 세대를 무엇으로 비유할까 비유하건대 아이들이 장터에 앉아 제 동무를 불러 이르되 우리가 너희를 향하여 피리를 불어도 너희가 춤추지 않고 우리가 슬피 울어도 너희가 가슴을 치지 아니하였다 함과 같도다"(마 11:16-17).

이 책에서 우리는 예수님이 첫 제자들을 부르신 방식부터 오늘날 개인이자 공동체로서 제자가 된다는 것이 무슨 의미인지까지 여러 내용을 다루었다. '제자'에 해당하는 헬라어 단어 '마데테스'(*mathetes*)는 복음서에서 보았듯이 도제 훈련의 의미를 함축하고 있음을 살펴보았다. 예수님에게 도제 훈련은 공동체, 즉 오늘날 교회라고 하는 공동체 안에서 이루어져야 한다는 점을 지적했다. 제자의 복수형이 교회이기 때문이다. 또한 예수님이 작정하신 공동체가 되려면 외부적 지향점을 지녀야 함을 보았다. 주님의 말씀을 진지하게 받아들이려면 이것에 대해 의도적으로 생각해야 하며, 하나님을 모르는 세계에서 예언자적 공동체로 산다는 것이 우리 상황과 환경에서 구체적으로 무엇을 의미하는지 발견하는 일을 시작해야 한다고 주장했다. 하나님의 이야기에서 개인으로나 공동체로 우리의 역할을 찾는다는 것이 무엇을 의미하는지 발견해야 하는 것이다. 이런 삶의 방식을 받아들일 때만 우리는 예수님이 하신 대로 하기를 바라시는 그분의 기대에 부응하게 될 것이다. 그분의 몸으로 살아가며 그분의 성령으로 섬길 때 우리도 가난한 자들에게 복된 소식을 전하고, 사로잡힌 자들에게 자유와 눈먼 자들에게 보게 함을 선언하며, 압제당하는 자들이 자유를 얻고 하나님의 나라를 선포할 수 있게 될 것이다. 또한 우리가 위험이나 고통에 대한 우리 문화의 혐오를 적극적으로 극복하지 않으면 이 중 어떤 것도 성취할 수 없다는 사실을 지적했다. 그리고 마지막으로 우리가 이런 일들을 스스로 하는 것만으로는 충분하지 않음을 살펴보았다. 다른 이들도 이 일을 하도록 가르쳐야 한다. 예수님의 제자가 된다는 것은 사람들을 제자로 삼으라는 위임 명령을 받아들이고, 아버지와 아들과 성령의 이름으로 세례를 주며, 예수님이 명하신 모든 것에 순종하도록 가르치는 것을 포함한다. 그리고 그렇게 할 때 주님이 우리와 함께해 주신다는 사실을 잊지 말아야 한다.

실생활에서 이것은 무엇을 의미하는가? 이에 관한 원리는 있지만, 청사진은 존재하지 않는다. 그것은 공동체가 함께하는 노력이며 부분적으로만 성공할 수 있고, 대부분 사람이 아직 경험하지 못한 일이다. 그러나 주님이 우리에게 짐을 지우려고 이런 명령을 주신 것은 아니다. 예수님은 부지런한 황소를 최대한 활용하는 데 익숙한 농부 세대에게 "내 멍에는 쉽고 내 짐은 가벼움이라"고 말씀하셨다.[25]

---

25) 마태복음 11:30.

아마 우리에게 더 적절한 메타포는 춤일 것이다. 모잠비크를 방문했을 때 니아사 호수의 니안자 여성들이 30년에 걸친 전쟁에도 동족에 대한 믿음을 어떻게 잃지 않고 지켜낼 수 있었는지 배우게 되었다. 그들은 헬렌 반 코버링이 불의와 폭력에 맞서 '생존의 영성'이라 부른 것을 함께 발전시켰다. 춤은 이 여성들이 믿음으로 치유를 위해 노력하고 공동체를 세우며 가난과 사회적 혼란과 굶주림에도 포기하지 않는 초인적 힘을 발휘할 수 있었던 방식을 설명하기 위해 채택한 메타포다. 헬렌은 과거의 이교도적 삶을 기반으로 하지만, 여성으로서 존엄하다는 예리한 자각과 사회적 목적과 성경과 교회의 전통적 관습에서 습득한 개인적 경건성을 결합했다. 니안자 여성들이 환경이 아니라 그리스도의 공동체로서 그들의 지위에 소망을 두고 그렇게 해서 더 나은 미래를 향해 나아갈 수 있었던 것은 믿음 때문이었다. 예수님은 "내가 온 것은 양으로 생명을 얻게 하고 더 풍성히 얻게 하려는 것"이라고 말씀하셨다.[26] 주님의 제안을 받아들이지 못할 만큼 너무 늦을 때는 없으며, 주님의 제안을 받아들이지 못할 만큼 너무 어려운 환경도 없다. 우리는 어떤 과정을 거쳐 니아사의 사람들에게 더 나은 미래가 펼쳐지고 있는지를 이미 보았다.[27]

나의 딸 베티는 춤을 배우고 있다. 딸아이는 교사 자격증을 얻기 위해 모든 연령대의 사람이 신체적이고 정서적 건강을 증진하는 데 춤이 어떤 역할을 하는지를 논문으로 썼다. 나는 딸과

---

26) 요한복음 10:10.
27) Helen Van Koevering, *Dancing their Dreams-The Lakeshore Nyanja Women of the Anglican Diocese of Niassa*(Kachere Series, 2005), 114-115쪽. 본서 5장에 나오는 니아사 교구의 논의 내용을 참고하라.

대화하면서 노년에 대한 선구적인 연구로 유명한 정신과 의사 엘리자베스 퀴블러 로스(Elisabeth Kubler-Ross)와 인터뷰했던 존 테일러의 해설이 생각났다. 그녀는 이 인터뷰에서 일반적인 요양원에서 실시한 실험적 프로젝트에 관해 설명했다.

> 그들은 모두 거의 반송장처럼 휠체어에 앉아 있었어요. 대부분 마비 상태에다 겨우 숨만 쉬고 있었지 살아 있다고 하기에 민망할 정도였죠. 그들은 텔레비전을 볼 때도 있었는데 무엇을 보았느냐고 물어보면 아마 답할 수 없었을 거예요. 우리는 댄서인 젊은 여성을 초청해서 오래된 아름다운 선율에 맞추어 춤을 추어달라고 부탁했어요. 그녀는 차이콥스키 음반을 가져와서 틀고 원 모양으로 휠체어에 앉아 있는 이 노인들 사이에서 춤을 추기 시작했어요. 그러자 갑자기 노인들이 움직이기 시작했어요. 한 사람은 자기 손을 계속 바라보더니 "오 저런, 십 년이나 이 손을 움직이지 않았구려"라고 말했어요. 104세의 할아버지는 짙은 독일어 억양으로 "춤추는 모습을 보니 러시아 차르를 위해 춤을 추었던 때가 생각나는구려"라고 말했어요.[28]

이 이야기를 회고하면서 테일러 주교는 이것은 단순히 주목할 만한 치료 방법에 관한 이야기가 아니라 거의 죽어 있거나 송장

---

28) 이 인터뷰 내용은 1984년 4월 18일 BBC에서 방송했고 The Listener에서 출판했다. John V. Taylor, *A Matter of Life and Death*(SCM Press, 1986), 35쪽에서 인용했다.

이나 다름없는 사람들에게 정말 살아 있다는 것이 무엇인지 생생히 전달될 때 일어날 수 있는 일을 보여주는 사례라고 말한다. 이것은 예수 그리스도가 주변 사람들에게 미치는 영향과 우리 삶에 성령이 미치는 영향과 힘에 대해 중요한 사실을 보여준다. 춤추기에 늦을 때는 절대 없다.

성경은 춤추는 사람들로 가득하다. 다윗은 사람들의 웃음거리가 되는 위험을 기꺼이 감수하면서 여호와의 언약궤 앞에서 춤을 추었다. 시편 기자는 "소고 치며 춤 추어 [주를] 찬양할지어다"라고 재촉했다. 전도서 기자는 "춤출 때가 있으며"라고 말했다. 예레미야는 유배 중인 하나님의 백성에게 "내가 다시 너를 세우리니 네가 세움을 입을 것이요 네가 다시 소고를 들고 즐거워하는 자들과 함께 춤추며 나오리라"고 약속했다. 예수님은 "피리를 불어도 너희가 춤추지 않고"라고 갈릴리 거민들을 책망하셨다.[29]

어떤 면에서 제자도는 춤추는 것과 비슷하다. 제자도는 실제적이며, 공부가 아니라 도제 훈련을 통해 배워야 한다. 함께할 때 가장 잘할 수 있으며, 옆에서 직접 본 사람들이 마음으로 설득당함으로 완전히 몰입하게 된다. 하지만 주술사의 춤을 저지하고자 몇 명의 그리스도인이 로버트 마데트의 잘못을 지적했을 때 발견했듯이 올바른 춤을 추어야 한다. 제대로 춤을 추어야 모두가 숨죽여 바라본다. 그것은 일종의 예배이며 우리 영혼과 몸을 하나님께 드리는 제사다. 다윗 왕이 여호와 앞에서 춤을 추자 더 웅

---

29) 사무엘하 6:14(다윗), 시편 150:4, 전도서 3:4, 예레미야 31:4-14, 마태복음 11:17(예수님).

장하고 더 기품 있는 무엇인가를 구하고 있던 그의 아내는 저주에 가까운 혹평을 했지만, 여호와 하나님은 다윗을 통해 한 집을 짓게 하겠다고 하시면서 그와 그의 모든 집안에 복을 주시겠다고 약속하셨다. 그 집은 예루살렘의 위대한 성전이 되었다. 베드로는 새로운 기독교 공동체들에 그들이 산 돌로서 거룩한 집으로 지어져 가며 하나님의 기이한 행적을 선포할 거룩한 제사장으로 부름받았음을 알려주면서 바로 이 성전을 떠올렸을 것이다.

그렇다면 우리는 어떻게 춤을 추는가? 우리는 혼자서 춤을 춘다. 루시 페피아트(Lucy Peppiatt)는 "우리는 댄스 파트너를 따르듯이 예수님을 따른다"라고 말했다. 또한 우리는 함께 춤을 춘다. 우리가 부름받은 목적을 이루고자 세상 속으로 나아갈 때 함께 춤을 추게 된다. "선교는 오늘 하나님의 미래에 대한 음악을 듣고 그 음악에 맞추어 춤을 추도록 세상 모든 사람을 초청하는 것이다"라고 크리스토퍼 라이트는 주장한다.[30] 제자의 복수형은 교회다. 우리는 혼자만의 춤을 추도록 초청받았고 또한 함께 춤을 추도록 초청받았다. 고통 중에도 소망을 품고 기뻐하면서 춤을 춘다. "춤을 추면 만사를 다 잊어버린다"라고 나의 딸 베티는 말한다.

그렇다면 집에 마냥 앉아 있겠는가? 아니면 일어나서 인생의 고속도로와 샛길에서 믿음의 춤을 추겠는가? 고통이 없이는 춤을 추지 못한다. 그것은 우리가 울도록 초대되었기 때문이다. 하지만 그 결과는 생명이다.

---

30) Lucy Peppiatt, *The Disciple: On Becoming Truly Human*(Cascade Books, 2012), 151쪽, 4장 참고; Christopher J. H. Wright, *The Mission of God-Unlocking the Bible's Grand Narrative*(IVP, 2006), 6장 참고.

"우리가 복음이라고 부르는 것은 멋진 단어다.
사람들이 기쁨으로 충만해 노래하고 춤추며
즐거이 뛰어놀 수 있는 행복하고 좋은 소식을 가리킨다."
-윌리엄 틴데일

부록 1. 나눔을 위한 질문

예수님의 제자로 부름받다:
왕국 공동체에서 받는 도제 훈련

1. 새로운 시작

마태복음 4장 23-24절로 이 연구를 시작하라. 이 두 절에서 유의해서 살펴보아야 할 핵심은 예수님이 오시면서 그 나라도 함께 도래했다는 사실이다. 이것은 일련의 기적들, 주로 치유의 기적으로 분명하게 드러났다.

육신을 입으신 예수님은 동시에 어디서나 계실 수 없었다. 예수님이 있으신 곳에서 8킬로미터 떨어진 거리에서 끔찍한 일이 일어날 수 있었다. 그러나 예수님이 계신 곳에 하나님나라가 임했다. 예수님이 계신 곳을 하나님이 통치하셨다. 예수님이 재림하시면 그 나라가 편만하게 될 것이다. 그러나 그때까지 기다려야 한다.

- 새로운 하나님나라의 일부가 된다니 어떤 느낌인가?

2. 제자의 권한

마태복음 10장 1-10절, 마가복음 3장 13-19절, 누가복음 10장 1-11절을 읽으라. 최초의 제자들은 이 새로운 하나님나라의 도제로 부름받았다. 그들은 예수님이 하신 일을 보았고 예수님이 하신 대로 행동했다. 제자들이 있는 곳에 하나님나라가 있었다. 제자들이 있는 곳에 하나님의 통치가 임했다.

- 자신이 예수님이 훈련하시고 파송하신 70명 중 하나라고 상상해보라. 그분이 맡겨주신 사명에 대해 어떤 생각이 드는가?

3. 성령을 의지함

이제 사도행전 2장 37-47절을 보라. 많은 무리가 예수님의 제자로 새로운 삶을 시작했다. 예수님이 성령으로 세례를 받으셨기 때문에 이 새로운 제자들도 성령으로 세례를 받아야 했다. 그들은 성령을 통해 그분을 영접했고, 성령은 그들을 공동체로 빚어주셨다. 이 공동체가 있는 곳마다 성령이 함께 계셨다. 성령 충만한 공동체가 있는 곳마다 그 나라가 임했다. 이 구절에서 하나님나라가 드러난 다양한 방식을 살펴보라.

- 오늘날도 마찬가지다. 자신이 속한 교회가 성령 충만한 공동체라면, 교회의 교인들이 제자로 성숙했다면 다시 말해 하나님나라의 도제라면 하나님이 통치하시는 증거들이 도처에 보일 것이다. 이런 경험을 하고 있는가? 그렇지 않다면 그런

사람이 되고 싶은가?

4. 변화된 삶을 살기

- 이제 로마서 14장 17절, 고린도전서 4장 20절, 갈라디아서 5장 22-23절을 살펴보라. 이 절에서 하나님나라 공동체의 특징을 나타내는 4개의 단어를 이야기해보라. 그런 다음 자신의 삶을 되돌아보라. 그런 공동체에서 제자가 되는 특권을 누린 적이 있는가?

5. 예수님이 행하신 대로 행하기

마태복음 28장 18-20절을 읽으라. 새로운 제자의 특징은 무엇인가? 이제 마태복음 10장 7-8절을 살펴보라. 주님이 이런 명령을 하신 이유는 무엇인가?

- 요한복음 14장 10-12절을 살펴보라. 예수님은 여기서 자신이 아버지가 행하신 대로 행하므로 그분의 제자들도 그분이 행하신 일을 하게 될 것이라고 말씀하셨다(또한 누가복음 6장 40절을 살펴보라). 이것이 예수님의 도제인 우리에게 어떤 의미가 있는가?

- 고린도전서 12장 4-11절을 읽으라. 그분이 행하신 대로 행하고자 할 때 우리가 활용할 수 있는 자원은 무엇인가? 이런 자원들은 개인으로서 우리가 아니라 그리스도의 몸의 지체

로서 우리에게 주어진 것임을 기억하라. 그렇다면 이런 자원들을 바라보는 우리의 태도가 어떻게 달라져야 하는가?

6. 새로운 계명

요한복음 13장 34-35절을 묵상하는 시간을 가지라. 예수님은 절대 제자들을 혼자 보내지 않으셨다. 항상 적어도 2명 이상이 함께하도록 하셨다. 예루살렘 공동체에서는 3,000명의 제자가 함께 있었다. 가장 중요한 것은 제자들 간의 관계였다. 서로를 사랑하라는 계명을 진심으로 받아들여야 했고, 그렇지 않으면 모두 길을 잃게 될 것이며, 그 나라는 기반을 상실할 것이다. 다음 구절들을 살펴보고 그들이 이 중요한 계명을 지키는 여부에 따라 얼마나 결과가 달라지는지 확인해보라.

- 요한복음 14:15-16
- 요한복음 14:21
- 요한복음 15:9-17

- 서로 사랑하라는 이 명령은 오늘날 우리에게 실제로 어떤 의미인가?

7. 빛과 소금으로 살기

- 마태복음 5장 13-16절을 읽으라. 제자들에게 세상의 소금이라고 하신 예수님의 말씀은 무슨 의미인가? 오늘날 우리 상

황에서 이 말씀은 무슨 의미인가?

- 예수님은 또한 제자들에게 어두운 세상을 비추는 빛과 같다고 말씀하셨다. 세상 사람들이 그들의 착한 행실을 보고 하나님의 존재를 인정하게 될 것이라고 말씀하셨다. 당신이 처한 상황에서 이것은 무슨 의미인가?

8. 여행에 필요한 양식

예수님은 제자들에게 기도하라고 가르치셨다. 제자 공동체들은 가르침을 받기 전에는 기도하는 법을 알지 못했다. 누가복음 11장 1-4절을 살펴보라. 예수님의 기도 학교에서 어떤 교훈을 배울 수 있는가? 당신의 교회 공동체는 기도하는 법을 알고 있는가? 혼자서 기도해야 한다고 암시하는 내용이 전혀 없다는 점을 유념하라. 기도는 기본적으로 제자들이 만나서 함께 해야 하는 행위다.

9. 평가하기

예루살렘의 제자들은 많은 것을 배워야 했다. 성령의 격려를 받고 고무된 그들은 서로를 사랑하는 법을 배워야 했다. 또한 믿음을 이해하도록 가르침을 받아야 했다. 에베소서 1장을 통독하고 기독교 공동체가 함께 이해하고 배워야 하는 목록을 작성해보라. 당신이 속한 공동체는 이런 목록을 이해하고 있다고 생각하는가?

10. 예수님의 제자가 되는 길이 쉬운 편인가?

하나님나라 공동체에 참여하고 예수님의 제자가 되는 것은 그렇게 어려운 일이 아니다. 사도행전 2장 38절을 다시 살펴보라. 요구 조건이 단순하다는 것을 알게 될 것이다. 회개하고 세례를 받으면 된다.

그러나 제자들은 제자도를 지키기 위해 때로 큰 대가를 치러야 함을 알게 될 것이다. 아래 구절을 살펴보고 예수님이 이 대가를 어떻게 설명하시는지 확인해보라.

(1) 마태복음 18:21-22   (2) 마태복음 19:21-26
(3) 누가복음 6:27-31   (4) 누가복음 9:23
(5) 누가복음 14:25-33   (6) 요한복음 12:24-26

- 당신이 치른 제자도의 대가는 무엇이었는가? 교회 공동체의 지체들과 예비 지체들이 이 대가를 확실히 알고 있는가?

부록 2. 묵상을 위한 질문

제자도의 여정에 대하여

"제자도가 없는 기독교는 그리스도가 없는 기독교다."
디트리히 본회퍼

1. 기독교의 제자는 누구인가?

이것은 자주 사용하는 용어이지만, 깊이 생각해보는 경우는 거의 없다. 먼 거리에서 아주 미미한 수준의 부정확한 각도로 화살을 발사했을 때처럼 수 세기가 흐르면서 제자라는 단어는 목표한 표적에서 계속해서 멀어지고 있는 것처럼 보인다. '제자'라는 단어를 생각할 때 어떤 것을 떠올리게 되는가? 이 단어를 자신에게 적용하고 있는가?

> "제자도는 예수님의 메시지를 삶에서 구현함으로 그분을 닮아간다는 절대 포기할 수 없는 일생의 과제를 말한다."
> ─앨런 허쉬

2. 학생인가? 도제인가?

영어 단어 'disciple'(제자)은 '배우는 사람'이라는 뜻이며 우리는 제자도를 배움의 과정으로 이해한다. 이 배움에는 학습이 포함된다. 그러므로 우리에게 제자도의 성장은 종종 지식과 이해, 특히 성경에 대한 지식과 이해가 깊어진다는 것을 의미한다. 그러나 성경을 읽어보면 예수님의 제자들이 공부하는 모습을 찾아볼 수 없다. 예수님이 하신 대로 실천하도록 훈련하는 모습만 있을 뿐이다. 그들은 제자라기보다 도제에 훨씬 더 가깝다. 당신은 예수님이 행하신 대로 행하는 법을 배우고 있는가?

> "나를 믿는 자는 내가 하는 일을 그도 할 것이요"(요 14:12).
> –예수님

> "스스로 믿는지 아닌지 묻지 말고 예수님이 순종하라고 말씀하신 일을 오늘 하나라도 실천했는지 스스로 물어보라. 혹은 하지 말라고 금하신 일을 실제로 금했는지 스스로 물어보라. 주님이 명하신 어떤 일도 순종하지 않으면서 주님을 믿는다고 혹은 심지어 그분을 믿고 싶다고 말하는 것은 어처구니없는 일이다."–조지 맥도널드

3. 지식? 아니면 인격의 변화?

예수님을 따르기로 결단하면 우리의 안내자이자 선생님으로

성령을 받게 된다. 우리 삶에 성령이 함께하심으로 우리는 성장하고 변화될 수 있다. 예수님을 점점 더 닮아가게 되고, 우리는 속사람이 점점 더 깨끗해짐으로 인격의 내면적 아름다움을 구비하게 된다. 이 개념을 묵상하는 시간을 가지라.

> "하나님 안에서 우리는 정죄받지도 규정당하지도 않고 영원히 변화되어가는 과정에 있게 된다."-구닐라 노리스
> (Gunilla Norris)

4. 혼자인가? 함께인가?

우리는 인생을 개인적인 차원에서 생각하는 데 익숙하며 이런 사고는 믿음을 대하는 우리의 태도에도 영향을 미친다. 그러나 신약에서는 전혀 다른 모습을 보게 된다. 예수님은 개인을 모으신 것이 아니라 3년 동안 모든 것을 함께할 무리를 모집하셨다. 서로 사랑하고 의지하며 함께 사역하도록 가르치셨다. 주님은 그들을 떠나 하늘로 가신 후 성령을 보내셔서 그들과 함께하게 하셨고, 성령은 그들을 개인이 아니라 한 나무에 연결된 나뭇가지로서 또한 한 몸을 이루는 여러 지체로서 섬기도록 준비시켜 주셨다.

- 당신은 함께 기도하고 배우며 사역할 수 있는 공동체에 속해 있는가?

"우리는 서로와 나누는 것만을 세상과 나눌 수 있다."-짐 월리스

5. 제자의 복수형은 교회다

'제자'라는 단어는 복음서 전반에 사용하고 있고, 사도행전에서도 사용하는 단어이지만, 서신서에는 한 번도 등장하지 않는다. 그 이유는 무엇인가? 제자도는 무엇보다도 예수님을 따르는 것임을 분명히 하기 위해서다. 그러나 또 다른 이유가 있다. 베드로, 야고보, 요한은 제자도에 대해 이야기할 때 새로운 단어를 사용했다. 바로 '교회'라는 단어다. 교회는 집단 명사다. 함께 예수님을 따르도록 부름받은 사람들의 모임을 말한다. 한 집 한 집이 모여 마을을 이루듯이 제자 개개인이 모여 교회를 이룬다. 제자의 복수형은 제자들이 아니라 교회다. 이 의미는 우리가 사용하는 단어에도 함축되어 있다. 영어 단어 '교회'(church)는 '주님의'라는 의미가 있다.

- 당신은 교회를 예수님을 따르기로 결단한 제자들의 모임으로 설명하고 있는가?

"교회는 사람들이 부활하신 예수님을 만나고 서로 만남으로써 그 만남을 유지하고 심화시키는 일에 헌신할 때 세워진다."-로완 윌리엄스

6. 일생의 여정

예수님의 제자가 된다는 것은 여행하는 것이었고 그것은 언제나 마찬가지다. '그리스도인'이라는 표현이 생기기 전에 예수님의 제자들은 '그 도'의 추종자들로 알려져 있었다. 기독교 제자도는 무엇인가를 알고 믿으며 참석하거나 소속하는 문제가 아니라 함께하는 여정, 우리의 인격과 삶의 방식을 변화시킬 여정, 여기서 시작되지만 궁극적으로 다른 세계로 들어가게 하는 여정을 시작하는 것이다. 제자도는 예수님이 우리에게 허락하신 공간으로 나아가는 법을 점진적으로 배우는 여정이다.

> "복음을 실천하며 일상생활에서 사람들과 관계하는 곳마다 복음을 나누고 일생 제자로 살아가도록 훈련하는 데 초점을 맞춘 공동체를 가꾸지 않는 이상 영국은 절대 복음에 우호적이지 않을 것이다."-마크 그린

7. 결코 쉬운 길이 아니다

"누구든지 자기 십자가를 지고 나를 따르지 않는 자도 능히 내 제자가 되지 못하리라 너희 중의 누가 망대를 세우고자 할진대 자기의 가진 것이 준공하기까지에 족할는지 먼저 앉아 그 비용을 계산하지 아니하겠느냐"(눅 14:27-28).-예수님

8. 당신에게 제자도의 대가는 무엇인가?

"위대하고 고귀한 사명을 감당하고 싶지만, 나의 중요한 의무는 아무 볼품없는 천한 일을 마치 위대하고 고귀한 일처럼 이루어내는 것이다. 세상은 영웅들의 거대한 추진력만이 아니라 성실한 일꾼들의 작은 추진력이 모여서 발전해간다."-쇠렌 키르케고르

9. 은혜를 구하는 기도

"내 은혜가 네게 족하도다 이는 내 능력이 약한 데서 온전하여짐이라 하신지라"(고후 12:9).-사도 바울

- 자신의 제자도 여정에 대해 생각하면서 그동안 기도해온 내용들(도제 훈련, 인격 형성, 공동체, 여정, 대가)을 곱씹어보라. 당신에게 필요한 하나님 은혜의 핵심 요소는 무엇인가?